Hilmar Hoffmann

Frankfurts starke Frauen

Begegnungen 1945 bis heute

Mit Fotos von Anna Meuer

SOCIETÄTSVERLAG

Jugendfotos: Privatarchive
Foto Seite 175: Frank Röth (F. A. Z.)

Satz: Nicole Proba, Societäts-Verlag
Druck und Verarbeitung: freiburger graphische betriebe
Schutzumschlaggestaltung: Jutta Schneider, Frankfurt am Main
Printed in Germany 2006
ISBN-10: 3-7973-1002-1
ISBN-13: 978-3-7973-1002-6

Inhaltsverzeichnis

Vorwort

Das große Leserinteresse an der Porträtsammlung *Die großen Frankfurter* (2004) hat den Verlag ermutigt, unter dem Titel *Frankfurts starke Frauen* jene gute Erfahrung zum Inventar des allgemeinen Bewußtseins zu machen, wie viel unsere Stadt nicht nur dem sogenannten starken Geschlecht verdankt, sondern auch ihren nicht minder starken Frauen. Dies Buch ist eine Hommage an die Frauen und an die Weiblichkeit.

Individuelle Beiträge zur Größe Frankfurts lassen sich vorzüglich an der menschlichen Größe vieler Frankfurter Frauen verläßlich nachvollziehen. Vor einem halben Jahrhundert hat Simone de Beauvoir, diese wichtigste aller Theoretikerinnen der Frauenbewegung, in ihrem damals Furore machenden Buch *Le deuxième sexe (Das andere Geschlecht, 1949)* die traditionelle Rolle der Frau in der Gesellschaft als Produkt einer Entwicklung patriarchalischer Strukturen definiert. Ihr Ziel, die Frau durch die Chancengleichheit im Streben nach Selbstverwirklichung auf die gleiche Ausgangsebene für Ansehen, Wirkungsmöglichkeiten und Erfolg zu heben, wurde inzwischen allerdings nur qualitativ erreicht, nicht auch schon quantitativ. In den Vorstandsetagen der großen Banken und Konzerne zum Beispiel sucht man weibliche Namensschilder an den Türen zu den großen Gehältern immer noch vergebens.

Der Verlag wirbt mit dem Vorzug des Autors, die hier gewürdigten Frauen alle persönlich gut zu kennen und mit deren mancher befreundet zu sein. Insofern eignen den Porträts bewußt auch autobiographische Züge. Weil sich das „treu geschilderte Leben der Einzelnen“ nach Schopenhauer aus vielen persönlichen Begegnungen speist, durfte desto weniger den Hinweisen aus zweiter Hand vertraut werden.

1970 von der schmalen Emscher an das breite Ufer des Mains gewechselt, vom rauhen Milieu der Bergarbeiterstadt Oberhausen ins schillernde Flair der Bankenkapitale Frankfurt, hatte ich seitdem viele Jahre Gelegenheit, die Bekanntschaft und Freundschaft jener Frauen zu suchen, zu pflegen und zu vertiefen, die mit ihrer Vita entscheidend zur Steigerung des Ansehens unserer Stadt beigetragen haben. Diese autobiographisch eingefärbte Nähe zum pluralen Subjekt dieses Buches könnte für den Leser den Reiz des Authentischen erhöhen. Dem Unterhaltungswert von Biographien vertrauend, wird meine beim Verfertigen des Textes kaum verborgene Empathie zu den Porträtierten hoffentlich auch jene emotionale Qualität vermitteln, die das Leserinteresse steigert.

Mit der alphabetischen Gliederung wurde eine unziemliche Rangordnung vermieden: Aus Sicht des Autors sind alle aus gleichem ehrenbürgerwürdigen Holz geschnitzt. Ihre Biographien dienen als Medium der Möglichkeit, sich in andere Menschen hineinzuversetzen.

Ausgewählt wurden Frankfurter Frauen, die nach dem Kriege eine herausragende Rolle in der Stadt gespielt und damit einen hohen Bekanntheitsgrad erlangt haben. Mit dieser durch Einzigartigkeit und kritische Intelligenz erworbenen Reputation mögen sich die Bürger dieser Stadt vielleicht um so leichter identifizieren. Alle ausgewählten starken Frauen verweigern sich dem flachen Schema von *Madame*, jenem Magazin für die extravagant emanzipierte Dame, ohne deshalb jenem ultimativen Feminismusideal zu entsprechen, das dem früheren Emanzenjargon der *Emma* eigentümlich war. Statt dessen werden hier ausschließlich Frauen porträtiert, die in den nach wie vor patriarchalischen Strukturen der Gesellschaft ihren Aufstieg nicht der Quote verdanken. Sie gehen kraft eigener Lebensleistung, Intelligenz und Kreativität, also aus ungeborgter Souveränität, ihren Weg nach oben. Die Bezugsgrößen unterliegen keiner anderen Bewertung als jener, die sich die Frauen als gleichrangige Wesen in den Koordinaten unserer Wettbewerbsgesellschaft wohl selbstbewußt auch selber zumessen würden. Weil diese Energien und Ambitionen oft hart aufeinanderstoßen, bilden sie beim Elitewandel unserer modernen Gesellschaft ein schwankendes Geflecht aus Herkunft und Bildung, Karriere und Perspektiven.

Aus dem Mosaik eines riesigen Faktensteinbruchs lassen sich die Signaturen einer Metropole vorzüglich als personifizierte Gesamtstimmung eines halben Jahrhunderts abbilden. Andererseits sind 60 Jahre viel zu kurz, als daß sie sich auf der Zeitskala der Evolution schon verbindlich messen ließen.

Geschichtsschreibung hielt der große Korse Napoleon für die Summe der Lügen, auf die sich eine Mehrheit verständigt. Da mit Ausnahme von Marie-Luise Kaschnitz alle noch mitten unter uns leben, ist die Würdigung Frankfurts starker Frauen noch frei von historischer Patina. Jedenfalls in dieser Hinsicht ist die Summe der Porträts noch im Stadium des Werdens. Da die meisten Leser viele der Frauen kennen, würden sie als deren Zeitgenossen sofort in der Lage sein, detektivisch noch so fromme Lügen des Autors oder der Interviewten in den einzelnen Lebensbildern auszumachen. Ob aus der porträtierten Auslese dereinst mal Denkmäler oder gar mythische Figuren werden, hängt vom Wandel der Bewertungskriterien ab. Wer in den Annalen der Stadt überleben wird, darüber werden spätere Generationen von Historikern entscheiden. Wie wenig hierin aber auf die Zukunft zu bauen ist, darauf hat uns schon Frankfurts großer Philosoph und notorischer Frauenhasser Arthur Schopenhauer in seinen Aphorismen zur Lebensweisheit pessimistisch eingestimmt: „Einem bei Lebzeiten ein Monument setzen, heißt die Erklärung ablegen, daß hinsichtlich seiner der Nachwelt nicht zu trauen sei.“ Angesichts der Ambivalenzen, der Erinnerung unterworfen ist, ist Zeitgeschichte kein finaler Prozeß.

Ich habe versucht, die im Buch durch eine subjektive Auswahl exponierten Persönlichkeiten des öffentlichen Lebens als für ihre jeweilige Zunft besonders herausragende individuelle Beispiele zu charakterisieren. Ihre Wahl verdankt sich keinem Schönheitswettbewerb, sondern ihren einzigartigen Lebensleistungen. Deren Summe fließt in den konzentrischen Wissensspeicher ein, aus dem Geschichtswürdiges einmal ablesbar sein wird. Aus der Geschichte einer Stadt und derjenigen Persönlichkeiten, die sie mitgeschrieben haben, leitet sich ihre Identität her.

Der Parcours aus 28 Lebensläufen und deren je individueller Semantik vermitteln als Zwischensumme jüngst geschehender Geschichte zugleich ein einzigartiges Spektrum unserer Stadtgeschichte nach dem letzten Krieg. In den Porträts reflektiert sich gleichsam eine persönliche Liebeserklärung an meine Stadt Frankfurt am Main.

Dieses Buch ist auch als ein Versuch zu verstehen, die Exklusivität von biographischen Partituren prominenter Frauen aufzuheben, indem ich deren Lebenswerk als zeithistorischen Subtext mit der Geschichte der Stadt verknüpfe. Die weiblichen Signaturen eines halben Jahrhunderts spiegeln in den unterschiedlichen Herkünften und Ausbildungen, Jahrgängen und Professionen, Mentalitäten und Zuversichten die gesellschaftlichen Verhältnisse einer vom beschleunigten Wandel geprägten Zeit nach 1945: Die bunte Mannigfaltigkeit der Charaktere und ihre subjektiven Befindlichkeiten sind lebendige Chiffren einer multiplexen Gesellschaft, die keinen Stillstand duldet. In ihrer Summe zeichnen sie die ökonomische wie die intellektuelle Physiognomie unserer Stadt. Die Exzellenz dieser Elite, die Verantwortung und Menschlichkeit verbindet, ist ihre Moral.

Wie wir sehen, leben nicht nur große Männer in ihren Werken fort, auch große Frauen spiegeln die Farbigkeit einer Epoche, deren Fortschritt ihnen genauso zu verdanken ist wie den „Herren der Schöpfung".

Mit Ausnahme des Porträts „Hannelore Elsner" wurden alle übrigen von den hier versammelten starken Frauen autorisiert. Der Leser kann sich also in der Gewißheit bequem zurücklehnen, daß alle Daten und Fakten stimmen.

Was aber ist mit den starken Ehefrauen starker Männer, die in deren Schatten leben? Um an exemplarischen Fällen die Erfahrung zu bestätigen, wie sehr die Macht der Männer der Geduld ihrer Frauen geschuldet ist, seien abschließend wenigstens einige dieser starken Ehefrauen in ihrem Bürgeradel kurz gewürdigt:

Die gelernte Buchhändlerin **Sigrid Ahrlé** ist seit 1966 mit Frankfurts bekanntestem Maler, dem Allroundgenie Ferry verheiratet. Sie trägt ihm zwar nicht die Staffelei hinterher, aber bei allen Aktionen und Porträtierungsaktivitäten ist sie in Sichtnähe verantwortlich für alles Nichtkünstlerische im langen Künstlerleben von Ferry Ahrlé: Ferrys viele Bücher hat sie penibel lektoriert. Er nennt sie sein Markenzeichen.

Rosel Arnsberg, die unermüdlich das Erbe ihres Mannes Paul Arnsberg, des großen Historikers des Judentums und der Shoah, betreut und weitervermittelt, war zu dessen Lebzeiten die vitale Quelle seiner Inspiration und in allen organisatorischen und technischen Fragen seine rechte Hand. Sie hält sein Vermächtnis lebendig.

Ida Bubis und ihr Mann Ignatz galten auch in der Öffentlichkeit als unzertrennliches populäres Paar. Als Ignatz Bubis in Berlin zum Vorsitzenden des Zentralrats der Juden berufen wurde und kaum mehr Zeit für sein Immobilienimperium fand, ist seine Frau Ida in die Bresche gesprungen. Ohne Ida hätte er seine Rolle als moralische Instanz der Republik nicht gelingen lassen können.

Elisabeth Fetscher kennt wie keine andere das umfangreiche Lebenswerk ihres Mannes Iring, emeritierter Professor für Politikwissenschaft an der Goethe-Universität. Sie hat fast alle seine Manuskripte getippt, und in manchen Fragen der alltäglichen Soziologie hat sie ihm manchen praktischen Ratschlag zwischen die Zeilen geschrieben. Ohne ihre Geduld wäre vielleicht manches nur im Kopf des Professors gespeichert geblieben.

Hedi Hesselbach, die bescheidene Witwe von Walter Hesselbach, dem langjährigen Chef der Bank für Gemeinwirtschaft, der mit dem ersten Hochhaus am Theaterplatz die Inkunabel für Frankfurts Skyline schuf, gilt als sympathischer Prototyp einer sozialdemokratischen Bürgerlichkeit; sie ist noch heute Walter Hesselbachs irdische Botschafterin in metaphysisch obdachloser Zeit.

Rosalinde Arndt war die bessere Hälfte von Oberbürgermeister Rudi Arndt. Sie hat jene Menschen mit ihrem Charme und ihrer Freundlichkeit versöhnt, denen der Oberbürgermeister Rudi Arndt gern auf die Füße getreten hatte. Die von ihr organisierten Künstlerfeste im Privathaus des Oberbürgermeisters sind legendär.

Sylvia von Metzler ist die von der Frankfurter Gesellschaft umschwärmte schöne Traumfrau an der Seite ihres erfolgsbesonnten Mannes Fritz, seit 2004 Ehrenbürger seiner Vaterstadt Frankfurt. Selber tief involviert in etlichen Fördergremien, motiviert und unterstützt sie ihren Mann in seinem mäzenatischen Tatendrang.

Helga Müller wird weniger mit dem angesehenen Notariat ihres Mannes Wolfgang in Verbindung gebracht, außer daß sie ihm, wie Freunde jedenfalls wissen, immer den Rücken freigehalten hat. Selber seit Jahren an multipler Sklerose erkrankt, hat sie sich um die Förderung von Hilfsquellen für ihre Leidensgenossen so exemplarisch verdient gemacht, daß ihr das Bundesverdienstkreuz verliehen wurde.

Teofila Reich-Ranicki hat ihren Mann Marcel im Warschauer Ghetto kennen- und liebengelernt. In Frankfurt gibt es keinen Auftritt ohne jeweils den anderen Lebenspartner. Sie war in bitteren Tagen der Verfolgung und während seiner langen Glanzjahre seine treue Gefährtin und steht noch heute immer dicht und mit liebenswertem Alterscharme an seiner Seite, also nicht in seinem Schatten. Ohne sie, sagt er auch in jedes Mikrophon, wäre er und sein imposantes Lebenswerk nicht denkbar. Im Warschauer Ghetto hatte sie für ihren Marcel Erich Kästners *Lyrische Hausapotheke* illustriert.

Inge Schubert hat mit dem heutigen Ehrenbürger und Generalkonsul von Chile, Bruno H. Schubert, schon 1998 Diamantene Hochzeit gefeiert. Sie war während der Ausbauphase seines Henninger-Weltunternehmens eine geistreiche, charmante Gastgeberin bei den fast täglichen Einladungen zum Dinner, aber auch eine gelegentlich scharfzüngige Gesprächspartnerin, die sich zu sagen traute, was er diplomatisch lieber beschwieg.

Diese beliebig ausgewählten Kurzporträts starker Ehefrauen aus meinem engeren Freundeskreis stehen *pars pro toto* für abertausende andere, die in ihren Ehen die Karrieren ihrer Männer entscheidend beflügelt haben.

Frolinde Balser

Anfangs waren wir Konkurrenten. Der Casus war eher simpel: Die Historikerin Frolinde Balser wollte in der alten Kaiserstadt am Main Kulturdezernentin werden, ich bin es geworden. Auf dem denkwürdigen Unterbezirksparteitag der Frankfurter SPD im Frühjahr 1970 sind mir im tristen Ambiente des Bürgerhauses Nied auch die Stimmen jener SPD-Frauen zugefallen, die Monate vorher die Genossin Frolinde aufs Schild gehoben hatten. Oberbürgermeister Walter Möller pochte ultimativ auf einen Mann von draußen, keinen Parteisoldaten mit starker Frankfurter Parteilobby und schon gar nicht eine Genossin aus dem „rechten Spektrum“. Daß ich in Nied Glück hatte und Frolinde leider Pech, hat sie mir eine Weile heimgezahlt, wozu sie als damalige Vorsitzende des Kulturausschusses Gelegenheit hatte. Ihrem guten Ruf als unbequeme Frau hat sie jedenfalls alle Ehre erwiesen. Das hat mich zwar eine Menge zusätzlicher Energie gekostet, aber eine robuste Portion davon hatte ich ja aus dem Ruhrgebiet ans Ufer des Mains gerettet. Sie hätte „manches anders gemacht als ihr Konkurrent“, gab sie der *Frankfurter Allgemeinen* wahrheitsgemäß zu Protokoll.

Als mit Frolinde Balsers Aufstieg ins Amt der Stadtverordnetenvorsteherin – also zur ersten Bürgerin ihrer geliebten Stadt Frankfurt – im Jahre 1976 ihr politischer Ehrgeiz befriedigt war, fiel von Stund an ein milderes Licht auf den Kulturdezernenten. In ihrem neuen hohen Amte hatte sie schließlich Objektivität als erste Bürgerpflicht zur Maxime ausgerufen. Intime Freunde sind wir zwar nicht geworden, dafür sind unsere Temperamente wohl auch zu gegensätzlich gepolt. Aber an gegenseitigem Respekt hat es in unserer Beziehung nie gemangelt. Im Lichte einer versöhnlichen Rückschau verbindet uns gleichwohl mehr als nur das, was jene teilen, die man Parteifreunde zu nennen pflegt.

Nicht von ungefähr hat Frolinde Balser gleich zu Beginn ihres neuen Amtes ein Gutachten über die Kompetenzabgrenzung zwischen Stadtparlament und Magistrat in Auftrag gegeben. Sie hat immer gewußt, warum sie was erreichen wollte. Mit analytisch-soziologischem Blick auf unsere asymmetrische Gesellschaft ging es ihr vorzüglich um einen gerechten Ausgleich zwischen arm und reich als Staatsziel.

Frolinde Balser habe ich von Anfang an als kompetente, weil umfassend gebildete Kulturpolitikerin hochgeschätzt, auch wenn unsere Ansichten manches Mal diametral entgegengesetzt waren. Einig waren wir uns im demokratischen Mindestkonsens, daß in einer Stadt mit dreißig Prozent Ausländeranteil die multikulturelle Stadtteilarbeit in all ihren Mischverhältnissen nicht minder wichtig war als Theater und Museen. Den Widerspruch in der aberwitzigen Idee, Integration durch Assimilation zu befördern, hat sie früh erkannt und entsprechend eindeutig thematisiert.

Weil auch Frolinde Balser im Fehlen von Stadtteilbibliotheken einen gesellschaftlichen Anachronismus sah, wollte sie eine Mindestausstattung zur kommunalen Selbstverpflichtung erheben, mit zehntausend Büchern bis vor die Haustür. Insofern hatte ich zumindest bei diesem Projekt eine streitbare Kombattantin an meiner Seite. Aus beruflicher Erfahrung klug, wußte auch sie: Nur der Leser aus Leidenschaft ist in der Lage, an den großen Entwicklungslinien des Denkens, der Gefühls- und der Werteinstellungen und damit an den Problemlösungen der Gesellschaft teilzuhaben.

1924 im hessischen Ober-Ingelheim geboren, ist die Tochter des Studienrats Karl Balser und einer Lehrerin in solider bildungsbürgerlicher Tradition aufgewachsen. Während des Krieges hat sie in Heidelberg Abitur gemacht, kurz bevor ihr Jahrgang für den Reichsarbeitsdienst zwangsrekrutiert wurde. Schon früh hat sie die negativen Seiten des Hitlerregimes erfahren müssen, als ihr Vater wegen seiner pazifistischen Gesinnung und seinem weltbürgerlichen Anspruch aus dem staatlichen Schuldienst entfernt wurde.

Frolinde Balser hatte sich auf eine kulturelle Karriere mit den Schwerpunkten Erwachsenenbildung und Bibliothek schon durch die Wahl ihrer Studienfächer kompetent vorbereitet. In Heidelberg und Straßburg hat sie Philosophie studiert, in Stuttgart approbierte sie zur Diplom-Bibliothekarin. Zur Schärfung ihres professionellen Profils hospitierte sie 1951 über ein Vierteljahr lang in Bibliotheken der USA, wo die amerikanischen Kollegen von Frolinde Balser mehr gelernt

haben als sie von ihnen. Nach ihrer Zeit als Bibliothekarin in Ludwigsburg, Essen, Hamburg und im Heidelberger Amerika-Haus ist sie 1953 an die Heidelberger Alma mater zurückgekehrt, um Geschichte, Pädagogik und Politikwissenschaft zu studieren.

Ihre Promotion absolvierte sie vier Jahre später glanzvoll mit magna cum laude in der Stadt, die Hölderlin einmal „der Vaterlandstädte ländlich schönste“ nannte und der er „ein köstlich Lied“ gewidmet hat. Das Dissertationsthema „Die Anfänge der Erwachsenenbildung in Deutschland“ hätte ein guter Anknüpfungspunkt an meine Interessen als dem Gründer einer Volkshochschule in Oberhausen sein können. Immerhin fand ich ihre ungeteilte Unterstützung bei der Kommunalisierung der Frankfurter Volkshochschule.

Die Volkshochschule hatte auf der kulturpolitischen Agenda einen hohen Stellenwert als ein Ort, wo einer nachholen und aufarbeiten kann, was die Schule den Menschen an musischer Bildung, ästhetischer Erziehung, an Vermittlung von Leselust, Lebensweisheiten und sozialer Kompetenz schuldig blieb: als Voraussetzung dafür, in einer total verdinglichten Welt menschenwürdig zu überleben.

Bevor Frolinde Balser 1961 nach Frankfurt übersiedelte, hat sie vier Jahre lang am Heidelberger Institut für Sozialgeschichte als Forschungsassistentin gewirkt. Ihre weithin beachteten Forschungsergebnisse zur Geschichte der Sozialdemokratie in Deutschland veröffentlicht sie 1962 in zwei Bänden unter dem nüchternen Titel *Sozial-Demokratie 1848/49–1863. Die erste deutsche Arbeiterorganisation „Allgemeine deutsche Arbeiterverbrüderung" nach der Revolution*, ein Standardwerk bis heute. Der Hessische Landesverband der Erwachsenenbildung versichert sich 1961 ihrer Kompetenz, indem er sie nach Frankfurt holt; die Leitung der „Pädagogischen Arbeitsstelle" gibt ihr bis 1969 reichlich Gelegenheit, ihre Ideen in konkrete Planungen umzusetzen und diese weiterzuvermitteln.

Als in der Wolle gefärbte Sozialdemokratin stellt sie in dieser Stadt der real existierenden Widersprüche ihren reichen Erfahrungsschatz und ihren Ideenreichtum der Partei zur Verfügung. Zwanzig Jahre, von 1964 bis 1985, bleibt sie im Vorstand der SPD-Fraktion eine wichtige Impulsgeberin. Auch hier hat die streitbare SPD-Frau Maßstäbe gesetzt und nicht zuletzt das Niveau der Parlamentsdebatten deutlich gehoben. Statt unverbindliche rhetorische Girlanden zu winden, hat sie ihre Debattenbeiträge und Argumente auf begrifflicher Genauigkeit fundiert: Unter dem zwanglosen Zwang ihrer besseren Argumente wollte sie ihre Kontrahenten zum Nachdenken zwingen, am besten, bevor diese das Wort ergriffen.

Ihre Lebenskosten finanziert sie über viele Jahre als wissenschaftliche Kraft der Universität Frankfurt. Hier war sie für zentrale Aufgaben wie Planung, später auch für Weiterbildung und Fernstudium verantwortlich. Als Lehrbeauftragte für Kommunal- und Regionalpolitik erfreuten sich ihre Vorlesungen regen Zulaufs, schließlich hat sie von ihren Eltern eine affektive pädagogische Ader geerbt.

Ab 1972 diente sie siebzehn Jahre in Folge als Abgeordnete im Parlament des Umlandverbandes Frankfurt, zuletzt als dessen stellvertretende Vorsitzende. 1976 wird sie als erste Frau zur Vorsteherin einer Stadtverordnetenversammlung einer deutschen Großstadt gewählt. Sie verspricht, Moral und Anstand zur Grundlage ihres Amtes zu machen. Statt Gedanken anderer zu verwerfen, greift sie diese auf. 1979/1980 zieht sie als Nachrückerin in den Bonner Bundestag ein, eine intellektuelle Bereicherung für unser Parlament bei soviel illiteratem Durchschnitt. Sie hörte in diesem hohen Hause förmlich das Gebälk ächzen, sooft Bundestagsmitglieder vom Schlage der Hessen Dregger oder Kanther ihre national-populistischen Sprüche klopften. Daß Frolinde Balser bei aller überragenden politischen Exzellenz mit entsprechender intellektueller Grundierung keine größere bundespolitische Rolle gespielt hat, mag außer an ihrem offensiven Widerspruchsgeist gegenüber auch der oberen Parteinomenklatur an der von ihr für entbehrlich gehaltenen Telegenität gelegen haben. Diesen Aspekt aus der Schmuckkastenperspektive im Zeitalter der kosmetischen Bravour zu vernachlässigen, kann karriereschädlich sein. Vielleicht fehlte ihr auch das kameragerechte Liebfrauenlächeln einer bundesamtlichen Bilderbuchmutter vom Schlage einer Von der Leyen. Die *Frankfurter Allgemeine Zeitung* bescheinigt Balser „eine gehörige Portion Eigensinn, der sie in ihrer Partei nur zu oft in eine Minderheitenrolle gebracht“ habe, was noch dadurch befördert worden sei, „daß sie sich dem dominierenden Links-Trend nicht anpassen“ mochte.

Nach ihrer vierjährigen Mandatszeit ist Frolinde mir noch einmal publizistisch in die Parade gefahren, als ich mich geweigert hatte, trotz massiver Proteste vor allem der Jüdischen Gemeinde, dem Theater zu verbieten, das umstrittene Fassbinderstück *Der Müll, die Stadt und der Tod* zu spielen. Statt dessen hat mir hierin der CDU-Oberbürgermeister Walter Wallmann unverbrüchlich zur Seite gestanden. Uns beiden war der Artikel 5,3 des Grundgesetzes („Eine Zensur findet nicht statt“) wichtiger, als noch so massiven öffentlichen Protesten nachzugeben. Frolinde Balser hatte gegen antisemitische Tendenzen einer Inszenierung polemisiert, die sie gar nicht gesehen hatte, während uns die gesamte Presse nach der nichtöffentlichen Generalprobe vom Antisemitismusvorwurf freigesprochen hatte.

Einer der vielen nachhaltigen Verdienste der immer bescheiden aufgetretenen Frolinde Balser liegt in ihren Schriften von bleibender Aktualität. Nicht nur ihr bereits erwähntes Standardwerk über die Sozialdemokratie hat manche Magisterarbeit und Dissertation über die heroische Frühgeschichte der SPD inspiriert. Auch ihre profunden Bücher über Frankfurts stolze Historie haben zahlreiche unbekannte

Aspekte zutage gefördert. Ihr 1995 als Band XX der Veröffentlichungen der Frankfurter Historischen Kommission erschienenes Werk *Aus Trümmern zu einem europäischen Zentrum. Geschichte der Stadt Frankfurt 1945 bis 1989* ist eine spannende, kenntnisreiche Lektüre der materiellen und ideellen Entwicklung unserer Stadt nach einem erbarmungslosen Vernichtungskrieg.

Frolinde Balser ist zu Recht vielfach geehrt worden. Sie erhielt außer der Römerplakette die Ehrenplakette der Stadt, das Bundesverdienstkreuz und die begehrte Wilhelm-Leuschner-Medaille, die höchste Auszeichnung des Landes Hessen. Als Frolinde Balser 1989 mit dem Ehrentitel „Stadtälteste“ ausgezeichnet wurde, resümierte sie im Römer kurz und bündig ihre politische Maxime des Handelns, die ihr empfahl, Rücksicht auf das Gemeinwohl zu nehmen und sich auf ihrer Suche nach der sachlich besseren Lösung vom politischen Denken statt vom reinen Taktieren leiten zu lassen, gerade auch dann, wenn alles schon „festgezurrt“ scheint.

Das Einhalten der demokratischen Spielregeln und der Grundwerte der Freiheit und Toleranz gegenüber anderen Meinungen ist ihr besonders wichtig. Kultur definiert sich in Frolinde Balsers abwägendem philosophischen Gestus als Fähigkeit zur Anerkennung des anderen, auch als die Kompetenz zu zweifeln und zum Selbstzweifel. Kultur darf nicht zum Mittel werden, sondern muß selbst Zweck bleiben; Kultur als Bürgerrecht ist für sie ein Staatsziel.

Obwohl Frolinde Balsers tadellose politische Biographie beispielhaft ist, wehrt sie sich gegen den Verdacht, eine moralische Institution zu sein. Eben deshalb ist sie es!

Fragebogen

1. Ihre nachhaltigste (oder liebste) Kindheits- oder Jugenderinnerung?
Es war der 11. März 1933. Eingemummelt in ein warmes Mäntelchen spielte ich, 8 Jahre alt, im großen Garten des mehrere Jahrhunderte alten, auch großen Hauses in Ingelheim, Stiegelgasse 48. Viel später hat dort übrigens Richard von Weizsäcker seine ersten und glücklichen Berufs- und Ehejahre verbracht, wie mir Frau von Weizsäcker einmal erzählt hat.

Damals, 1933, tauchte plötzlich ein Auto in der Einfahrstraße auf, vier Männer stiegen aus, kamen auf die im Winter verschlossene nördliche Eingangstür zu und rüttelten unwillig daran. Ich dachte bei mir, wie dumm sie doch sind, und erklärte ihnen, im Winter wäre die Tür eben zu, sie müßten um das Haus herumgehen.

Gar nicht viel später sah ich das Auto, ziemlich vollgepackt wie mir schien, wieder wegfahren und spielte weiter. Da wußte ich noch nicht, daß das Ingelheimer Kinderparadies mit diesem Tag beendet war: Der Vater war weggeholt worden. Mit vorgehaltener Pistole, wie man mir erst lange nachher erzählt hat.

2. Wer oder was hat die Anfänge Ihres beruflichen Lebensweges entscheidend mitgeprägt?

Zuerst und allgemein mein Vater. Dann mit Hinweis auf die Tätigkeit in Öffentlichen Büchereien Professor Reinhard Buchwald (Volksbildner und Literaturwissenschaftler), im bibliothekarischen Beruf Prof. Dr. Erwin Ackerknecht und im Studium in Heidelberg vor allem Professor Alfred Weber, aber auch Studienkollegen aus den verschiedenen Abschnitten meines Studiums in Kriegs- und Nachkriegszeit.

3. Welches bedeutende Frankfurter Ereignis (welche Begegnung) hat sich besonders tief in Ihre Erinnerung eingegraben?

Der Besuch von John F. Kennedy, dem strahlenden, jungen amerikanischen Präsidenten 1963, am 25. Juni, einem wunderschönen Sommertag. Wie später die West-Berliner waren auch die Frankfurter hingerissen von der Persönlichkeit Kennedys und dem weltpolitischen Ereignis, denn die Bundesrepublik Deutschland war in ihren Anfangsjahren noch nicht verwöhnt durch bedeutende Politiker als Besucher. Der Römerberg war vollgepackt mit Menschen, die winkten und jubelten und die den an sich beliebten hessischen Ministerpräsidenten Georg August Zinn nicht ausreden lassen wollten, denn sie waren auf Kennedy eingestimmt. Und dann wertete dieser auch noch die Paulskirche als „Wiege der deutschen Demokratie“ und unterstrich so Frankfurts Bedeutung in der Geschichte Deutschlands.

4. Welcher Autor, Maler, Komponist, Politiker usw. hatte gehörigen Einfluß auf Ihre Arbeit?

Erst Hermann Hesse, dann Günter Grass, Siegfried Lenz und viele andere. Frankfurter Stadtpolitiker, Willy Brandt, Helmut Schmidt und Annemarie Renger.

5. Mit welchen wichtigen Menschen sind Sie befreundet?

Ich bin eher mit „unwichtigen“ Menschen befreundet.

6. Welcher Typ Mensch ist Ihnen zuwider?

Angeber mit wenig dahinter.

7. Welches Faktum war rückschauend ein besonders wichtiger Meilenstein/Wendepunkt in Ihrer „Karriere"?

Als 1953 der Vorstand des Bibliotheksverbandes die mir anvertraute, mit Hilfe der Amerikaner gegründete „Arbeitsstelle für das Öffentliche Büchereiwesen", unter anderem wegen Geldmangel, nicht mehr fortführen wollte. Das gab mir Gelegenheit, das in Kriegszeiten begonnene und mehrfach unterbrochene Studium zu beenden und zu promovieren.

8. Was ist von Ihren Wünschen unerfüllt geblieben oder mißlungen und warum?

Unerfüllte Wünsche gibt es ebenso wie erfüllte. Mißlungen ist leider eine Fortsetzung des Bundestagsmandats bei der Neuwahl 1980, schlicht wegen zu geringer politischer Unterstützung.

9. Was finden Sie an Frankfurt liebenswert?

Die Mundartanklänge der Umgangssprache; das viele Grün, die sich relativ rasch zusammenfindende Stadtgesellschaft, Fluß- und umgebende Landschaft und nicht zuletzt das Gewicht der bedeutenden Geschichte dieser Stadt.

10. Was verdiente Ihren Tadel an den Frankfurter Verhältnissen/Strukturen, an der Kommunalpolitik usw.?

Die hessische Stadt- und Gemeindeverfassung macht es den Kommunalpolitikern nicht sonderlich leicht, irgend etwas Neues oder weniger Beliebtes durchzusetzen. So ist schnelles Arbeiten nicht gerade ein Markenzeichen der Verwaltung, des Parlaments oder des Magistrats. Dafür sind aber die Mitwirkungsmöglichkeiten auch der Bürgerschaft über die Ortsbeiräte in Frankfurt gut organisiert.

11. Welche hier vergessene Frage hätten Sie gern (und wie?) beantwortet?

–

12. Haben Sie ein Lebensmotto, eine Arbeitsdevise?

Außer Goethes „... heitern Sinn und reine Zwecke, nun, man kommt schon eine Strecke ..." nichts Festgezurrtes.

Hildegard Becker-Toussaint

Unvermeidlich hing auch in Hildegard Beckers Studenten-WG ein Poster von Che Guevara, diesem großen Melancholiker der Gerechtigkeit. Wie die Ikone der gerechten Revolution suchten im Symboljahr 1968 auch die meisten Jurastudenten dieser Generation nach Selbstvergewisserung. Wie die intellektuellen Matadore der Studentenbewegung sehnte sich auch Hildegard Becker nach dem verlorenen Reich der Ideale und des angewandten Humanismus. Ihre Ideale waren die zu aktualisierenden Imperative der Aufklärung. Man war nicht nur gegen den Vietnamkrieg und die Professorenherrlichkeit, viel grundsätzlicher wollte man recht gnadenlos sein ethisches Gütesiegel der ganzen Gesellschaft aufdrücken.

In ihrer steilen Karriere von der Dorfschülerin zur Leitenden Oberstaatsanwältin beim Hessischen Generalstaatsanwalt hat die spätere Hildegard Becker-Toussaint jedenfalls keine Spur von Skepsis oder Zweifel an der moralischen Richtschnur dieser Ideale in ihren schönen blauen Augen erkennen lassen. Sie wird aber schnell gelernt haben, daß moralische Urteile juristisch nicht immer haltbar sind.

Das halbe Jahrhundert von der Einschulung in Golzwarden bei Brake an der Unterweser, wo in der einklassigen Dorfschule noch Plattdeutsch gesprochen wurde, über die Waldorfschule in Frankfurt mit Abitur auf dem neusprachlichen Goethe-Gymnasium in Frankfurt bis zur Berufung als Leitende Oberstaatsanwältin spiegelt nicht nur gesellschaftlich, sondern auch politisch und kulturell eine bewegte Zeit der Bundesrepublik. Mit entsprechenden persönlichen Querbezügen ist dies auch die Geschichte des bewegten Lebens der Hildegard Becker-Toussaint.

Hildegard Becker wurde 1944 geboren, aufgewachsen ist sie im äußersten Norden der Republik, an der Unterweser, bei ihrer Großmutter. Die Kriegswitwe führte dort einen dörflich-romantischen Gasthof, während Hildegards Mutter Helene Rahms als freie Journalistin an unterschiedlichen Orten tätig war, um Geld für die Familie zu verdienen. Ihr Mann, Hildegards Vater, ist erst 1952 aus der Hölle russischer Kriegsgefangenschaft zurückgekehrt. Diese frühe Zeit ihrer Sozialisation ohne Vater war von starken Frauen geprägt und hat entsprechende Spuren hinterlassen, die angesichts so vielen Unrechts in jenen Jahren ihren Sinn für Gerechtigkeit geformt haben. Für ihre Berufswahl waren diese einschlägigen Erfahrungen entscheidend: Sie wollte die Waage der Justitia unbedingt selber handhaben, mit einer Feinheit, wie sie die sprichwörtliche Goldwaage verlangt.

Nachdem ihre Mutter 1953 im Feuilleton der *Frankfurter Allgemeinen* eine feste Anstellung bekommen hatte, übersiedelte sie nach Frankfurt. Später studiert Hildegard hier und in Berlin Jura und parallel auch einige Semester Soziologie, ein Fach, das ihr bei ihrem sozialen Engagement im Dienste der Justiz später nützlich sein sollte, besonders, als ihre „Klienten" jugendliche Sexualstraftäter waren.

Bevor Hildegard Becker 1974 in Frankfurt auch ihr zweites juristisches Staatsexamen absolviert hatte, entsandte sie der DAAD mit einem begehrten Fulbright-Stipendium nach Amerika auf Bildungsreise. In Georgetown, Washington D.C., sollte sie ihr juristisches Wissen optimieren. Vom *american way of life* fasziniert, blieb sie noch ein weiteres Jahr in den U.S.A., um dort bei einer großen angesehenen Anwalts-Societät, Arnold and Porter, eine Assistentenstelle auszufüllen, der sie hervorragende Referenzen für später verdankt. In diesem ebenso distinguierten wie lockeren Umfeld hat sie kosmopolitisches Flair als Lebensweise schätzengelernt. Von ihrer zweieinhalbjährigen Referendarzeit verbrachte sie wiederum ein halbes Jahr bei dieser Kanzlei in der amerikanischen Hauptstadt.

Bei ihrem Anstellungsgespräch im Hessischen Ministerium der Justiz in Wiesbaden Ende 1974 bat sie darum, ihr die Möglichkeit offenzuhalten, jederzeit in den Richterstand wechseln zu können, wenn sie als Staatsanwältin in die Justizlaufbahn einsteigen sollte. Der Hintergrund dieser Bitte dürfte wohl eher hierarchischer Natur gewesen sein, denn Staatsanwälte sind von Amts wegen nicht auf das Privileg sachlicher und persönlicher Unabhängigkeit abonniert wie ihre Richterkollegen. Sie haben gefälligst Weisungen ihres Vorgesetzten zu befolgen, der einen bestimmten Fall jederzeit an sich ziehen kann. Diese von vielen für anachronistisch gehaltene gesetzliche Regelung

verdankt sich dem Vorbild der französischen Untersuchungs- und Anklagebehörden des 19. Jahrhunderts und ist unter dem gerichtsnotorischen Begriff „Procureur“ in die Justizgeschichte eingegangen.

Nicht nur böse Zungen behaupten, vom Weisungsrecht müsse im Falle des Verdachts einer Straftat bei prominenten Politikern deshalb kein Gebrauch gemacht werden, weil der vorauseilende Gehorsam ausreiche, peinliche Anklagen gar nicht erst zu erwägen. Ausgerechnet in Berlusconis Sonnenstaat Italien sind Staatsanwälte unabhängig wie die Richter. Sie müssen Disziplinierungen oder Repressalien in Form eines Karriereknicks nicht befürchten, dafür allerdings den Colt der Mafia, jedenfalls sooft eine Verbindung der Politik zur Mafia im Spiel ist. Die Ermordung der Staatsanwälte Giovanni Falcone und Paolo Borsellino sind tragische Exempel für die Macht von Mafiabossen.

Mafiaähnliche Strukturen wurden auch in der Rhein-Main-Region ausgemacht: Der European Kings Club war ein vom Frankfurter Raum aus gesteuerter Massenbetrug mit insgesamt 40 bis 60 Mio. DM Schaden bei „kleinen“ Leuten, Rentnern und einer hohen Anzahl türkischer Gastarbeiter. Es wurden 72 % Rendite bei Anlage der Ersparnisse, der

Altersvorsorge und ähnlichem versprochen. Als sich Ableger der Kings Clubs in Österreich, der Türkei und der Schweiz rasend schnell ausbreiteten, rief die Staatsanwaltschaft die Medien zur Hilfe: Die Leute wurden gewarnt. Findigen Journalisten gelang es auch, zur Steuerung benutzte PCs und aussagebereite Opfer aufzutreiben, so daß das Schneeballsystem bald dahinschmolz. Das Geld war ein für allemal auf den Caiman Islands versickert.

Den inhaftierten Beschuldigten gelang es mit Hilfe von Mittelsmännern aber perfekt, Polizei und Staatsanwaltschaft bei den Opfern als die eigentlich Verantwortlichen für das finanzielle Desaster dastehen zu lassen – schließlich seien sie es gewesen, die den Goldesel geschlachtet hätten. Auch nach rechtskräftiger Verurteilung der Hauptangeklagten zu mehr als acht Jahren Haft fühlten sich die Anleger eher vom Staat als von den Tätern betrogen. Die Staatsanwälte – auch Hildegard Becker-Toussaint – hatten lange Zeit auch privat mit wütenden Nachstellungen der Opfer zu kämpfen.

Als der Hessische Justizminister eine Persönlichkeit mit juristischer Allroundausbildung suchte, die für vier Jahre den Justizdienst gegen die Mitwirkung an einem Projekt des Bundesjustizministeriums zu tauschen bereit wäre, hat Hildegard Becker spontan zugesagt. In Mannheim hat das interdisziplinär zusammengesetzte Team aus Soziologen, Psychologen, Statistikern und Juristen eine systematische Bewertung der sogenannten einphasigen Juristenausbildung vorgenommen und dabei sieben juristische Fakultäten auf den Prüfstand gestellt. Das Projekt mußte schließlich, wie so viele andere hochgejubelte Projekte der Bundesregierung, *au fond perdu* abgebucht werden. Gleichwohl hat Hildegard Becker bei diesem wissenschaftlichen Experiment viel für ihre künftige Praxis gelernt. Keine verlorene Zeit auf der Karriereleiter.

Nach ihrer Mannheimer Zeit hat sie den Psychoanalytiker Jochen Toussaint geheiratet, der längst mein guter Freund geworden ist, ein geradliniger Altachtundsechziger, der keine moralischen Kompromisse eingeht. Beider heute 27jähriger Sohn Niclas hat Jura studiert und absolviert jetzt seine Referendarzeit. Der zweimeterfünf große Filius wohnt bei seinen Eltern gegenüber dem Hessischen Rundfunk. Die triste Fassade des Senders wird durch eine Sichtblende aus uralten Kastanienbäumen freundlich abgeschirmt.

Da die Geburt des Sohnes damals berufliche Umplanungen notwendig machte, beantragte Hildegard Becker-Toussaint eine Halbtagsstelle und wurde nun als Richterin im Zivilrecht beim Landgericht in Frankfurt tätig. Im wesentlichen waren jetzt Bauprozesse zu entscheiden, bei denen sich die Parteien um kleine oder große Baumängel stritten.

Nach einem Jahr kehrt sie wieder zurück in die spannenderen Sphären der Staatsanwaltschaft, immer noch auf einer halben Stelle. Mit dieser Entscheidung wurde sie als deren Leiterin für eine Referendar-Arbeitsgemeinschaft zuständig. Ausgerüstet mit dem einschlägigen Erfahrungsschatz aus dieser Tätigkeit, bewirbt sie sich in ihrem vierzigsten Lebensjahr erfolgreich um eine Ganztagsstelle als Fortbildungsreferentin im Wiesbadener Justizministerium. Sie tauscht die Galerie der Täter, der Verstrickten und Schuldbeladenen im Frankfurter Gerichtspalast mit einer Galerie junger zukunftsgewisser juridischer Köpfe.

Nachdem sie 1987 zur Oberstaatsanwältin aufgestiegen war, drängt es sie nach sechs Jahren Ministerialbürokratie, wieder „vor Ort" zu arbeiten, dort, wo das Leben pulsiert und schwache Menschen ins Straucheln geraten läßt. Es reizt sie, in der Flut der Tatsachen, Vermutungen und Indizien den Kiesel zu finden, der die Lawine ins Rollen gebracht hat. Nur konsequent, übernimmt sie bei der Staatsanwaltschaft Frankfurt die Abteilung für Jugendkriminalität, Jugendschutz und Sexualstraftaten.

Als Leiterin der Jugendabteilung hatte sie viel mit Jugendbanden und -cliquen zu tun, die damals in Frankfurt für Aufsehen sorgten. Die Tätigkeit war auch bestimmt durch die Mitarbeit in unterschiedlichen Gremien zur Prävention von Straftaten, die zusammen mit dem Jugendamt Strategien gegen besonders brutale Bandenkriminalität junger Ausländer zu erarbeiten versuchten. Daniel Cohn-Bendit als Stadtrat für „Multikulti" war häufiger Gesprächspartner und einfallsreicher Vermittler.

Besonders beeindruckt und psychisch sehr belastet haben Becker-Toussaint Fälle von Vergewaltigung. „Mit einem Opfer, einer jungen Frau, die durch den Prozeß gegen ihren Vater ganz besonders traumatisiert wurde, habe ich noch jahrelang korrespondiert. Sie hatte zwar den Mut gehabt, nach zehn Jahren Mißbrauch den Vater anzuzeigen und den Prozeß ins Rollen zu bringen. In der Hauptverhandlung schreckte sie aber im letzten Augenblick davor zurück, gegen ihn und die Mutter, die den Mißbrauch toleriert hatte, auszusagen. Das Mädchen hatte den Druck der Familie, beide ins Gefängnis zu bringen, nicht ausgehalten. So wurden schließlich beide freigesprochen."

Als 1993 bei der Staatsanwaltschaft Frankfurt die Stelle des hauptamtlichen Pressesprechers vakant wird, zögert der Minister keine Sekunde, Becker-Toussaint für diesen Sprung in die öffentliche Resonanz vorzuschlagen, ein Job, der nicht nur Flexibilität, verbale Versiertheit und vor allem viel Fingerspitzengefühl verlangt. Aus täglich über vierzig Verhandlungsfällen müssen etwa fünf der interessantesten und möglichst auch noch idealtypischen im verständlichen Konzentrat – und seien sie noch so verzwickt – mit Kompetenz und *convincing charme* unter die Gerichtsreporter gestreut werden. Und es sind ständig Fragen nach aktuellen Ermittlungen zu beantworten. Becker-Toussaint war bundesweit die erste Frau in dieser Position.

Als Pressesprecherin galt Hildegard Becker-Toussaint der täglichen Runde mit Journalisten und eingeladener Öffentlichkeit vier Jahre lang als das sympathische Gesicht der Justiz, ja als leibhaftige Justitia, die schöne Personifizierung der Gerechtigkeit. Über die Evaluierung der jeweils konkreten Fälle hinaus ist es ihr dabei gelungen, sich auch über alles aus juristischer Sicht scheinbar Marginale mit der Meinungsmeute zu verständigen; und auch dann, wenn es gar nicht sein mußte, hat sie noch über moralische Werte extemporiert: über Essentielles wie Selbstbestimmung, Menschenwürde, Freiheit, Werte. Werte im Sinne von Bewertungen, von Präferenzen, die geeignet sind, soziale Verhältnisse, sittliche Überzeugungen oder eine Kultur der Moral als Rechtskultur abzubilden.

Ist Ganovenehre eine justitiable Kategorie? Gerichte sprechen schließlich nicht nur Recht, sie sind durch ihre Urteile auch wichtige Akteure auf dem weiten Felde der Kultur. Wie die Kultur selbst sind auch das Recht und die Konjunktur der Werte dem stetigen Wandel unterworfen. Schon der Frankfurter Rechtsgelehrte Friedrich Carl von Savigny, seit 1842 Preußischer Minister für Gesetzgebung, unterschied die „leitenden Grundsätze" von jenen der „herrschenden Begriffe der

Zeit". Danach entwickelt sich auch das Recht im Lauf der Geschichte, das sich als organisches Erzeugnis letztlich dem Volksgeist verdankt.

In Erfüllung ihrer gesetzlichen Auskunftspflicht und um lancierten Gerüchten rechtzeitig den Boden zu entziehen, sind Staatsanwaltschaften gehalten, die Öffentlichkeit objektiv und regelmäßig zu unterrichten. In lebhafter Erinnerung ist der spektakuläre Fall des Baulöwen Jürgen Schneider, bei dem die Pressesprecherin täglich die jeweils neuesten Mutmaßungen über dessen Aufenthaltsort je nachdem bestätigen, relativieren oder dementieren mußte. Allein dieses über viele Monate sich fortschleppende Verfahren hat im Jahre 1994 Hildegard Becker-Toussaint achtzig Prozent ihrer Arbeitszeit beansprucht. Dieser dreiste Casus hat die gesamte Presse in Atem gehalten, von *Spiegel* bis *BILD*, von den Öffentlich-Rechtlichen bis RTL. Die Schlagzeile „Zwei Staatsanwälte gegen den Rest der Welt" hat immerhin genügt, zusätzliches Personal für diesen Fall zu rekrutieren. Becker-Toussaint erinnert sich an erfolglose Versuche, „den Pressevertretern auszureden, überall dorthin zu reisen, wo BKA oder Staatsanwaltschaft nach Schneiders Mittelsmännern fahnden".

Nach so vielen Stufen und Zwischenschritten, deren nur wenige hier erwähnt werden, hat die parteilose Hildegard Becker-Toussaint ohne politische Patronage schon mit fünfzig Jahren die oberste Sprosse ihrer Erfolgsleiter erklommen: Seit 1994 ist sie Leitende Oberstaatsanwältin, die erste Frau in Hessen, die mit diesem hohen Amt betraut wurde. Ministerin allerdings will sie nicht auch noch werden.

Wiederum als erste Frau wird Hildegard Becker-Toussaint 2000 für zwei Jahre zur Stellvertretenden Hessischen Generalstaatsanwältin berufen. Als parteipolitisch ungebundene Oberstaatsanwältin macht sie der Hessische Justizminister im gleichen Jahr zur Stellvertretenden Leiterin der Staatsanwaltschaft Wiesbaden, um das Verfahren gegen Kanther und Wittgenstein in Gang zu setzen, die in den CDU-Spendenskandal verstrickt waren.

Heute ist sie für ein besonders aufregendes Ressort zuständig, in dem niemand vor üblen Überraschungen sicher sein kann: Geldwäsche, Drogen und organisierte Kriminalität heißen die heißen Eisen. Kitty Pohl frohlockt entsprechend elektrisiert in *BILD*: „Knallharte Ermittlerin! Schrecken der Drogenbosse! – Chefin macht unerbittlich

Jagd auf Gesetzesbrecher, auf Mafiosi und Geldwäscher, auf Räuber und Wirtschaftskriminelle". Bei denen ist sie bald weniger gut beleumundet als bei deren Opfern. Weil sie eine Weile als „gefährdete Person" eingestuft wurde, erhielt sie Polizeischutz, und ihre Fenster daheim wurden mit Panzerglas gesichert – aufgrund ihrer Pressearbeit zur Auslieferung eines wegen Mitgliedschaft in der al-Qaida in Frankfurt festgenommenen jemenitischen Scheichs und seines Reisebegleiters an die USA hatte Hildegard Becker-Toussaint Drohbriefe und wütende Telefonanrufe erhalten.

Vor den Schranken des Gerichts erscheinen die Ganoven übrigens nicht wie weiland Mackie Messer im Krimi-Look, sondern in gebügelten Anzügen von Armani. Inzwischen tarnen sich die Delinquenten in der Kleidung stinknormaler bürgerlicher Existenzen. Sie wollen sich ein schlechtes Gewissen nicht leisten. Weil sie glauben, nichts als ein läppisches Kavaliersdelikt begangen zu haben, treiben sie die Verfahren in die Länge und „mit Entsetzen Scherz". Doch kann der Handel mit Koks auch töten. Nicht alle Täter aber werden wie im Fernsehkrimi überführt, dafür sind die Beweismittel und Indizien oft nicht ausreichend. Schließlich ist der Gerichtssaal kein Kino, anders als beim Hollywoodfilm siegen hier nicht immer die Guten, wird der Zuschauer nicht immer mit Happy End ins wirkliche Leben entlassen.

Wer hinter der unauffälligen Eleganz der gutaussehenden, immer höflichen und unaufdringlich charmanten Hildegard Becker-Toussaint nicht die staatsanwaltliche Strenge vermuten mag, der höre ihre geschliffenen, hieb- und stichfesten Argumente im Schlußplädoyer und wie hart sie insbesondere mit Kriminellen im weißem Kragen ins Gericht geht, in der Hoffnung, diese am Ende dahin zu befördern, wo sie hingehören, hinter Schloß und Riegel. Ihre rhetorische Schärfe läßt im Kampf um Recht und Gerechtigkeit keine Wünsche offen.

Hildegard Becker-Toussaint lebt privat nach ihren eigenen Gesetzen. Dabei beherrscht sie aber auch Brechts Kunst zu leben. Zu Hause entspannt sie sich nach der täglichen juristischen Zwangslektüre bei einem guten Buch. Sie liebt japanische Literatur, zum Beispiel Murasaki und Kenzaburo Oe, Literatur-Nobelpreisträger des Jahres 1994. Ihre bevorzugte Lyrik sind Goethes Gedichte aus dem Alterswerk und die Gedichte Eichendorffs. Ich sehe sie und Jochen immer wieder in der Oper, bei Vernissagen, und – sofern dort ein später Beethoven oder eine Mahlersymphonie erklingen – auch in der Alten Oper. Was mich persönlich freut: Hildegard und Jochen sind eifrige Kinogänger, seit die Nouvelle Vague ihr Interesse für den Film gefangen nimmt. Auch Fassbinder ist einer ihrer Favoriten, dessen Schwarzweiß-Filme sie viel farbiger finden als all das bunte Technicolor.

Hildegard Becker-Toussaint erleben wir im persönlichen Umgang als eine wahrhaft liebenswürdige und in der Frankfurter Gesellschaft hochgeschätzte starke Frau. Mit ihr befreundet zu sein, möchten sich viele gerne schmeicheln. Weil kenntnisreich, hochgebildet und belesen, ist sie als unterhaltsamer Gast auf vielen Partys unfreiwilliger Mittelpunkt. Ihr gleichwohl bescheidenes Auftreten bei vielen Anlässen erregt meist mehr Aufmerksamkeit als jene Gesellschaftsdamen, die immer mehr herzeigen müssen, weil sie immer weniger zu sagen haben. „Freundlich sein" beherzigt sie weniger als Empfehlung ihres geliebten Dichters Bertolt Brecht – es entspricht ganz einfach ihrem Naturell.

Wenn auch nicht unbedingt in den Stunden unter ihrer schwarzen Robe, so schlägt in der jugendlich-schlanken Hildegard doch unaufhörlich ein großes Herz. Ihre prinzipielle Hilfsbereitschaft wurde ihr zur beiläufigen Selbstverständlichkeit. Ich durfte häufig davon profitieren, und nicht nur als ihr und Jochens häufiger Gast beim stets opulenten Abenddiner: Sooft mein Rauhaardackel Bastel eine Pension bei fürsorglichen Menschen sucht, weiß er, wohin des Weges.

Ihr soziales und politisches Engagement vertagt sie nicht bis nach der Pensionierung. Zusammen mit Nikolaus Hensel gründete sie zum Beispiel schon vor Jahren den Verein „Jüdische Frankfurter und ihre Frankfurter Mitbürger", der noch immer erfreulich aktiv ist. Außerdem engagiert sie sich bei der jüdischen „Alexanderstiftung" für Journalisten, die sich der Aussöhnung Israels mit seinen palästinensischen Nachbarn widmet. Sie sitzt auch im Vorstand des Buchmann-Stipendien-Fonds. Schließlich ist sie Gründungsmitglied des bisher einzigen Rotary-Clubs in Frankfurt, in dem auch Frauen eine Rolle spielen.

Hildegard Becker-Toussaint selbst und ihre kleine Familie haben viel dazu beigetragen, ihr Leben glücken zu lassen.

Fragebogen

1. Ihre nachhaltigste (oder liebste) Kindheits- oder Jugenderinnerung?
Eine heitere Kindheitserinnerung: Schon im Vorschulalter lernte ich bei einem Besuch meiner Mutter, die in Hamburg arbeitete, während ich bei der Großmutter auf dem Lande untergebracht war, deren Geliebten, gleichfalls Journalist, kennen. Ich schätzte ihn sehr, sah ihn aber, trotz Nachfrage, lange nicht mehr. Er schien verschwunden. Erst als ich 10 Jahre alt und neuerdings zur Mutter nach Frankfurt gezogen war, tauchte er wieder auf und sollte meine Hausaufgaben betreuen: „Weißt Du noch, wer ich bin?" „Nein." „Du kennst mich schon; ich war schon immer da!" „Nein!" „Aber kennst Du vielleicht noch das Gedicht von den Meisen, das ich dir beigebracht habe?" „Ja, klar!" Und dann sagten wir glücklich im Chor das Gedicht auf:

Die A- und andern Meisen,
Die singen frohe Weisen
Und legen Ei bei Ei.
Der Frühling kommt per Dampfer
Mit Süß- und Sauerampfer
Wie schön ist doch der Mai

Eine befremdende, aber zeittypische Kindheitserinnerung: Eine nachhaltige – sicher nicht liebste, weil eher verwirrende – Erinnerung ist die Rückkehr meines Vaters aus russischer Kriegsgefangenschaft: Über meinem Kinderbett hing, seit ich mich erinnern konnte, das große Foto eines schönen, strahlend lächelnden jungen Mannes, der seine Offiziersmütze eher flott, etwas schräg auf dem Kopf trug. Mir war immer gesagt worden: „Das ist dein Pappi, der kommt bald!" Als ich etwa 5 Jahre alt war und ohnehin nicht mehr daran glaubte, hieß es aber plötzlich: „Der Pappi ist zurück. Er kommt heute." Alle strahlten. Tatsächlich, nach dem Mittagsschlaf trat überraschend statt meiner lieben Oma ein völlig fremder Mann an mein Bett. Er sagte, er sei mein Vater und wollte mich auf den Arm nehmen. Ich fürchtete mich und begann zu weinen. Der fremde Mann gefiel mir gar nicht. Er hatte eingefallene Wangen, sah dürr und traurig aus. Kurz, er glich so gar nicht dem strahlenden Helden auf dem Bild über meinem Bett. Alle waren nun „sauer" auf mich. Es wurde geschimpft; man entschuldigte sich für mein Benehmen. Ich begriff gar nichts, brachte mich möglichst schnell bei Spielkameraden in Sicherheit.

2. Wer oder was hat die Anfänge Ihres beruflichen Lebensweges entscheidend mitgeprägt?

Mein sehr engagierter, liberaler Ausbilder in der staatsanwaltlichen Ausbildungsstation der Referendarzeit, der spätere Hessische Generalstaatsanwalt. Dr. Christoph Schaefer war ein besonders ermutigendes Vorbild. Er war ein begeisterter Staatsanwalt und vermochte auch andere zu begeistern. Strafjustiz und Staatsanwaltschaft waren für ihn Institutionen, die für die Sicherheit und die Lebensqualität aller Bürger, besonders der einfachen Leute, Sorge tragen. Er zeigte auch, daß Staatsanwälte immer für die Gerechtigkeit des einzelnen eintreten müssen und können, ohne dabei Prinzipien zu verletzen oder in Konflikt mit dem Gewissen zu geraten.

3. Welches bedeutende Frankfurter Ereignis (welche Begegnung) hat sich besonders tief in Ihre Erinnerung eingegraben?

Der Streit um die Aufführung des Theaterstücks von Fassbinder *Die Stadt, der Müll und der Tod*. Damals habe ich, völlig sprachlos und entsetzt über die Schärfe der Diskussion, in der ein Freund von mir, ein über 80jähriger jüdischer Professor, extra aus Bonn anreiste, um in Frankfurt mitzudemonstrieren, begriffen, daß man hierzulande die Freiheit der Kunst und der Meinungsäußerung trotz Grundgesetz noch lange nicht ohne den historischen Kontext diskutieren kann.

4. Welcher Autor, Maler, Komponist, Politiker usw. hatte gehörigen Einfluß auf Ihre Arbeit?
Sigmund Freud möchte ich als den Autor mit dem größten Einfluß auf meine Arbeit und mein Denken nennen. Sein Denken ohne konventionelle Denktabus ist oft der Schlüssel zum Verständnis vordergründig rätselhaften menschlichen Handelns und rätselhafter Beziehungsstrukturen. Das ist/war für mich als Strafrechtlerin von eminenter Bedeutung, da ich systematisch mit Menschen zu tun habe, die gegen die Regeln des bürgerlichen Verhaltens verstoßen und intensive Affekte auslösen.

5. Mit welchen wichtigen Menschen sind Sie befreundet?
Alle meine Freunde sind für mich wichtige Menschen. Ich habe Freunde ganz unterschiedlichen Alters, unterschiedlicher Herkunft, mit unterschiedlichen Eigenschaften. Im übrigen gehört zur Freundschaft für mich ganz essentiell die Diskretion. Ich nenne daher hier keine Namen.

6. Welcher Typ Mensch ist Ihnen zuwider?
Einige Sorten: Solche Heuchler, die nicht einmal selbst wissen, daß sie welche sind. Machos, Antisemiten und autoritäre Persönlichkeiten (besonders in der modernen Erscheinungsform als Opportunisten) kann ich auch nicht leiden ...

7. Welches Faktum war rückschauend ein besonders wichtiger Meilenstein/Wendepunkt in Ihrer „Karriere“?
Es gab keinen eigentlichen Wendepunkt. Aber besonders wichtig war der Kontakt zum und die Arbeit im Deutschen Juristinnenbund. Auch wenn dies nicht unmittelbar oder mittelbar karrierefördernd war, so wirkte es sich doch einfach positiv auf das Selbstwertgefühl aus. Ich

fand dort Vorbilder, gelungene Frauenbiographien: Frauen, die Beruf und Familie zu vereinbaren wußten, handfeste Ratschläge gaben und untereinander solidarisch waren.

8. Was ist von Ihren Wünschen unerfüllt geblieben oder mißlungen und warum?

Einige Wünsche sind unerfüllt geblieben. Wer mag schon davon sprechen? Ich hätte unter anderem zum Beispiel gerne mit einer größeren Familie im Grünen gelebt. Aber: Nicht alles ging.

9. Was finden Sie an Frankfurt liebenswert?

Liebenswert an Frankfurt finde ich die Mischung aus Metropolen- und Kleinstadtatmosphäre. Hier gibt es elegante, weltläufige Architektur, das Museumsufer und sehr gute musikalische Angebote in der Oper und Alten Oper. Gleichzeitig hat man zahlreiche kleinstädtische Viertel mit bezahlbaren Kneipen. Das Mainufer und die abendliche Skyline sind wunderschön geworden.

Wenn auch tendenziell leider immer weniger Grünflächen da sind, so sind es doch noch im Ganzen gesehen eine respektable Menge.

Frankfurt hat auch wunderbare „Wochenendvorgärten" im Stadtwald, Odenwald, Rheingau, Taunus und – nicht zu vergessen – den Kurpark in Wilhelmsbad bei Hanau mit dem berühmten Schneckenberg.

10. Was verdiente Ihren Tadel an Frankfurter Verhältnissen/Strukturen, an der Kommunalpolitik usw.?

Der riesige Flohmarkt mit seiner schlechten Entwicklung zum professionellen Handel mit extra dafür hergestelltem Ramsch, Altkleidern und Hehlerware sollte nicht ausgerechnet am Samstag – Wochenende – eine Belastung für das schöne Museumsufer sein.

11. Welche hier vergessene Frage hätten Sie gern (und wie?) beantwortet?

–

12. Haben Sie ein Lebensmotto, eine Arbeitsdevise?

„Mach das Beste draus!"

Evelyn Brockhoff

Evelyn Brockhoff ist die jüngste unter den hier porträtierten Prominenten. Dieser Hinweis dient einzig und allein der zarten Anspielung, daß wir noch einiges von ihr erwarten dürfen.

Nachdem sie als erst 48jährige im Jahre 2004 zur Direktorin des Instituts für Stadtgeschichte gekürt worden war, hat sich Evelyn Brockhoff gleich nach Übernahme der neuen Verantwortung mit der Erfüllung des wichtigsten ihrer vielen Träume gut positioniert: mit dem sechs Millionen Euro teuren Magazin-Neubau an der Borsigallee. Der auf etwa dreißig Regalkilometer angelegte fensterlose Backsteinbau in Seckbach wird vorausschauend bis ins Jahr 2050 archivalischen Zuwachs aufnehmen können. Es ist kaum zu glauben, wie schnell Ereignisse Patina ansetzen und Geschichte werden. In diesem im Norden Frankfurts gelegenen „Gedächtnis der Stadt" und im Karmeliterkloster, wo das Institut für Stadtgeschichte seinen Stammsitz hat, werden schriftliche Dokumente zu Frankfurts reicher Geschichte seit 882 aufbewahrt.

Neben dem neuen Magazin hat Evelyn Brockhoff der Stadtkasse noch weitere sieben Millionen Euro abgetrotzt, um das Karmeliterkloster von Grund auf sanieren zu können. Außer dem Erhalt der wertvollen Ratgeb-Wandbilder und der Steigerung der Funktionalität des historischen Komplexes, geht es ihr auch um die Attraktivität des klösterlichen Innenhofs, der schon jetzt bei ihren vielen Events großen Zulauf hat.

Bereits der große Historiker Leopold von Ranke nutzte und rühmte die Frankfurter Archivalienfülle und den Schrein mit Dokumenten anrührender Authentizität als wesentliche Quellen zum Beispiel für die deutsche Reformationsgeschichte. Auch unser Goethe ist hier fündig geworden, die Prozeßakte der Kindsmörderin Susanna Margaretha Brandt diente ihm bei deren metaphorischer Stilisierung zum unschuldigen Gretchen im Faust.

Das bis 1992 ebenso gestreng wie gestrig „Stadtarchiv" genannte heutige Institut für Stadtgeschichte wurde schon 1436 gegründet und ist somit die älteste kulturelle Einrichtung Frankfurts. Seit 1959 residiert das Institut im Karmeliterkloster an der Münzgasse, das hier auf historischem Urgrund 1270 vom Karmeliter-Orden gegründet wurde. Historiker, Journalisten, Studenten, aber auch interessierte Laien können in den Archivalien stöbern, die nicht in esoterischen Depots Staub ansammeln, sondern genutzt werden sollen: Ohne Streben nach enzyklopädischer Vollständigkeit sammelt das Institut Dokumente heroischer Tage wie Kaiserurkunden und Privilegien der Stadt, aber auch Stiftungsakten, Dokumente zu Frankfurts Außenpolitik, Reichstagsakten vom 15. bis 19. Jahrhundert sowie alles über die schillernde Geschichte des Heiligen Römischen Reiches Deutscher Nation. Und natürlich finden sich hier viele bunte Details und Petitessen über das Leben der vielen berühmten oder auch nur berüchtigten großen Frankfurter bis in die allerjüngste Gegenwart. Zur 650-Jahr-Feier der Goldenen Bulle, jenes berühmten Gesetzeswerkes Kaiser Karls IV. von 1356, hat Evelyn Brockhoff 2006 die Ausstellung „Die Kaisermacher“ konzipiert, ein Beispiel für die neue Kooperation mit Historischem Museum, Jüdischem Museum und Dommuseum.

Evelyn Brockhoff gehört der neuen, vergangenheitskritischen Historikergeneration an. Die Ablagerungen der Frankfurter Geschichte, die letztlich deutsche Geschichte ist, sollen dem Vergessen entrissen und zum Sprechen gebracht werden, getreu dem Motto: Nur wer weiß, woher er kommt, weiß, wohin er geht. Bei der Vermessung der Epochen soll die Fülle der Dokumente und dreidimensionalen Objekte weniger Ehrfurcht vor dem Gewesenen als vielmehr Interesse an der Gegenwart stimulieren. Auch alles das, was in über fünfzigtausend Francofortensien schon überliefert wurde, also auch in Büchern wie diesem aus dem Societäts-Verlag oder aus dem Kramer-Verlag, die sich beide auf diese Sparte kapriziert haben, soll nicht der Heiligsprechung der Vergangenheit dienen, sondern einer kritischen Kontextualisierung.

Lange bevor Evelyn Brockhoff sich erträumte, im Stadtarchiv einmal als erste Frau eine Führungsposition zu bekleiden, hat die praktizierende Frankfurterin schon als Studentin unter ihrem Vorgänger Wolfgang Klötzer in dessen Regalen und Aktenschränken nach Dokumenten zur Architekturgeschichte gestöbert und gut zwei Jahre den Lesesaal des Archivs als Zweitwohnung genutzt: Für ihre Doktorarbeit

über Frankfurts langjährigen (von 1816 bis 1845) und legendären Stadtbaumeister Johann Friedrich Christian Hess ist sie hier fündig geworden. Dem berühmten Architekten des Klassizismus verdanken wir architektonische Schmuckstücke wie die alte Stadtbibliothek, das Rothschildpalais, die Paulskirche und die Affentorhäuser.

Mit ihrer Dissertation aus dem Jahre 1987 hat Evelyn Brockhoff für den Beginn ihrer Karriere ein solides Katapult gezimmert: Nachdem Baudezernent Hans-Erhard Haverkampf als Mitglied der Preisjury des Johann Philipp von Bethmann-Studienpreises ihr eingereichtes Manuskript gelesen hatte, engagierte er sie postwendend für die Leitung mehrerer Wettbewerbe, die für die künstlerische Ausgestaltung der Paulskirche ausgeschrieben waren. Im Verlauf der Jurysitzungen wurde auch Oberbürgermeister Wolfram Brück auf ihre Qualitäten aufmerksam, um sie bald als Referentin für kulturelle Fragen in sein Büro zu holen. Bereits in dieser Zeit ist eine ersprießliche Zusammenarbeit zwischen mir und Evelyn entstanden.

Nach Brücks Abwahl habe ich als damaliger Kulturstadtrat Evelyn Brockhoff als Kustodin in das Deutsche Architekturmuseum geholt, wo die mit baugeschichtlicher Kompetenz ausgewiesene Wissenschaftlerin für das Architekturarchiv zuständig war und später Stellvertreterin von Institutsdirektor Wilfried Wang wurde.

Und hier kommt ihre Doktorarbeit wieder ins Spiel, aus heutiger Sicht ein wirklicher Joker, ein Glücksfall nicht nur für Evelyn Brockhoff selbst, sondern auch für die Institutionen, für die sie gearbeitet hat oder heute arbeitet.

Dieter Rebentisch, der einst ihre Dissertation lektoriert hatte und inzwischen zum Direktor des Instituts für Stadtgeschichte aufgestiegen war, warb Evelyn Brockhoff vom Architekturmuseum ab und holte sie 1996 als stellvertretende Direktorin ins Stadtarchiv. Er wird geahnt haben, wie wertvoll sie dem Institut sein würde. Die Mitarbeiter hatten sie als leidenschaftliche Teamworkerin und als liebenswürdige Vermittlerin der trockenen Materie und hilfsbereite Kollegin schon kennengelernt. Mit historischem Sachverstand und charmanter Überzeugungskraft hatte sie ihre Ideen konsequent durchzusetzen gewußt und somit viel Vorschuß-Respekt genossen. War es ihr schon im Architekturmuseum gelungen, nach zähen Verhandlungen den Nachlaß von Baustadtrat Ernst May zu sichern oder die wichtigen Poelzig-Zeichnungen des IG-Farben-Hauses zu erwerben, so setzt sie auch als Leiterin des Instituts für Stadtgeschichte alles daran, wichtige Nachlässe an Land zu ziehen, wie zuletzt den von Oberbürgermeister Rudi Arndt oder das Archiv des Börsenvereins des Deutschen Buchhandels inklusive Friedenspreisarchiv.

Evelyns Eltern hatten bis 1985 das auch von Politikern und Gewerkschaftsbossen gern frequentierte Restaurant im Gewerkschaftshaus geführt, wo Kommunikation als Schlüssel für Erfolg praktiziert wurde. 1955 in Frankfurt geboren, wird Evelyn Hils im Milieu der elterlichen Gastronomie früh begriffen haben, wie wichtig es für den späteren Lebensjob ist, offen auf die Menschen zuzugehen und in Gesprächen auch das Gegenüber zu Wort kommen zu lassen und ihm dabei auch noch zuzuhören. Mit entsprechend fröhlichem Herzen führt sie das Institut, dessen Schatztruhe der Überlieferung sich noch weiter öffnen soll. Im Sanktuarium der guten alten Zeiten läßt sie den frischen Wind der Aktualisierung durchs Gemäuer wehen. Schon nach kurzer Zeit im Amt hat sich die Zahl der Besucher von jährlich 13 000 auf 60 000 vervielfacht, nicht zuletzt natürlich aufgrund der vermehrten Ausstellungs-, Vortrags- und Konzertangebote, zu denen die Menschen in Scharen strömen. Auch ihr optimistisches Lebensmotto dürfte der Gastwirtstochter früh eingewohnt worden sein, aus deren positiver Sicht ein Glas statt halb leer immer halb voll sein sollte.

Evelyn Brockhoff hatte sich mit standfestem Willen zur Remedur ermutigt, als sie ins Amt eingeführt wurde. Sie hat „größere Professionalität" versprochen sowie Vermittlung und Dienstleistung am Kunden zur Maxime des Hauses erklärt, das unter den Kulturinstituten bis dahin ein Dornröschendasein fristete. Auch der metaphorische Staub war aus dem Bildersaal der Vergangenheit nicht einfach wegzuwedeln, ohne daß gleichzeitig neue strukturelle Fundamente für den Aufbau der Sammlung und ihrer Vermittlung gelegt wurden. Sie wollte die Bannmeile des Vergessens überwinden helfen.

Von der „Karikatur eines Archivars der Studierstube" möchte sich Evelyn Brockhoff ein für allmal verabschieden. „Rechne mit Deinen Beständen": Wer Benns Rat ernst nimmt, wird die Summe aller überlieferten Zeugnisse, wie sie in dieser Fülle nur wenigen Stadtarchiven zur Verfügung stehen, als einmalige Chance begreifen, statt eines zur Belehrung geschrumpften Geschichtsfahrplans endlich eine mit geeignetem methodischen Besteck verlebendigte Stadtgeschichte zu vermitteln: in Vorträgen, Symposien, Ausstellungen, Publikationen und in Kooperation mit anderen Instituten.

Evelyn Brockhoff hat sich schon lange vorher mit vielen Publikationen und Ausstellungen kompetent eingemischt in die hierorts besonders zahlreichen und meist vehementen Diskussionen und strittigen Analysen der kulturellen Stadtentwicklung, einschließlich auch der von Georg Büchner geziehenen Facetten des „Fanatismus der Geschichte".

Geschichtsbesessen hat sie zum 150. Jubiläum der ersten Paulskirchenversammlung am 18. Mai 1998 im Rundfoyer des historischen Ortes eine Dauerausstellung präsentiert, die in modernen Wandvitrinen und einer Multivision mehrsprachig, sogar auf japanisch, beredte Auskunft gibt über die ersten Anfänge der Demokratie in Deutschland. Ein anderes Beispiel: Über das frühere Freizeitverhalten und die öffentlichen Orte für Muße und Müßiggang im alten Frankfurt hat sie einen nicht nur nostalgischen Bildband verfaßt. Ihr Buch über die Entwicklungsgeschichte Frankfurts zum Verkehrsknotenpunkt der heutigen Bundesrepublik spricht buchstäblich Bände: von der Eröffnung des Osthafens als eine zur Nordsee sich bahnende Wasserstraße, von der Einweihung des Flughafens 1935 und dem ersten Bauabschnitt der Autobahn bis zum heute größten Autobahnkreuz Europas. Die emotionale Linie zwischen Aufstieg und Fall kulminiert in den Schreckensbildern des Bombenangriffs vom 18. März 1944 auf Frankfurts schöne alte Häuser, als 500 Luftminen, 3000 Sprengbomben und über 1 Million Brandbomben auf die Dächer der Stadt niederprasselten. In dieser Höllennacht sind auch vom Karmeliterkloster nur Ruinen übriggeblieben. Glücklicherweise haben sich dabei die berühmten Ratgeb-Bilder aus dem frühen 16. Jahrhundert im Kreuzgang und an der Südwand des Refektoriums erhalten. Doch drei Viertel aller historischen Dokumente wurden ein Raub der Flammen.

Mit dem Hinweis auf ein gutes Dutzend Bücher aus ihrer Feder, die sich mit der Geschichte ihrer Heimatstadt Frankfurt beschäftigen (und auf die Herausgabe mehrerer wissenschaftlicher Publikationsreihen wie dem *Archiv für Frankfurts Geschichte und Kunst* oder der *Studien zur Frankfurter Geschichte*) wird ein weiteres Essential ihres amtlichen Ehrgeizes benannt: Sie möchte erreichen, daß sich auch die vielen bloß eingeplackten Frankfurter und die 25 Prozent ausländischer Mitbürger über die Öffnung der Quellen für einen auch affektiven Zugang leichter mit der Stadt identifizieren. Diesem Zweck dient eine von ihr verantwortete Internet-Präsentation über die dunklen Jahre der Stadt, über die Topographie des Terrors im Nationalsozialismus (unter *www.frankfurt 1933-1945.de*).

Evelyn hatte ihre ersten Lebenslektionen mit Hilfe der Fibeln ihrer Griesheimer Eichendorffschule gelernt, bevor sie später an die Karmeliterschule wechselt. Welch schönes Omen! Ihr Abitur machte sie an der Freiherr-vom-Stein-Schule in Sachsenhausen. Das Studium der Betriebswirtschaft hat sie im 3. Semester abgebrochen, nachdem sie einer Vorlesung über ihren Lieblingsmaler Tizian andächtig gelauscht hatte, die sie zum Studium der Kunstgeschichte motivierte. Als Nebenfächer belegte sie Archäologie und Kulturanthropologie. Als einer ihrer

Professoren sie wegen ihres Sinneswandels befragte, ob sie, wie viele andere ihrer Kommilitoninnen, vielleicht reiche Eltern habe oder reich geheiratet hätte, konnte sie die wohl auch ihrer adretten Erscheinung geschuldete Frage wahrheitsgemäß verneinen.

Die drei in Evelyn Brockhoffs Interessen sich bündelnden Leidenschaften fließen ideal ineinander: Frankfurt, Geschichte, Architektur. Und viertens wollte sie ihr profundes Wissen darüber an möglichst viele Menschen weitergeben: „Sammeln, bewahren, vermitteln, weitergeben", lautet ihre Maxime, mit der sie ihre Mitarbeiter zu motivieren und ahnungslose Stadtoberen zu überzeugen versteht. Dies ist wohl auch der Grund dafür, weshalb sie auf zahlreiche Vorstandsposten in historischen Vereinen und Institutionen berufen wurde.

Wie sonst hätte sie, unterstützt vom unschuldigen Charme der geborenen Optimistin, die sich meist im bestgelaunten Einklang mit sich selbst befindet, es geschafft, in so kurzer Zeit so viele Millionen Euro aus dem Stadtsäckel für ihr Institut abzuzweigen? Weil Evelyn Brockhoff die Frankfurter Geschichte mit großer Leidenschaft und neuen Ideen zu deren Präsentation zu ihrem Beruf gemacht hat und weil sie auf diesem weiten Felde „etwas bewegen will, wollte und bewegt hat", konnte sie sich binnen kürzester Frist Respekt verschaffen.

Evelyn Brockhoff ist selber eine waschechte Francofortensie. Hier geboren, hier aufgewachsen und zur Schule gegangen, hat sie an der Goethe-Universität studiert und in der Stadt am Main auch alle beruflichen Stationen gesucht und gefunden. „Die Stadt ist klein, überschaubar, intim ... Ihr unheimliches Angebot an kultureller Nahrung – alles zu Fuß erreichbar." Am Main hat sie auch ihren Mann kennengelernt, den freien Unternehmer Gerhard Brockhoff, und auch ihr Sohn Alexander wurde in Frankfurt geboren.

Für ein Institut, das die Geschichte der Stadt als Identitätsfaktor vermitteln möchte, gibt es keinen angemesseneren Ort als das Karmeliterkloster zwischen Münzgasse und Alter Mainzer Gasse, das älteste noch erhaltene Gebäudeensemble der Stadt. Auch dadurch legitimiert sich das Karmeliterkloster mit dem Institut für Stadtgeschichte und dem benachbarten Archäologischen Museum als Zentrum für Frankfurter Geschichte. Die Klosteranlage der Bettelmönche mit spätgotischer

Klosterkirche und Annenkapelle, mit Privilegienkammer im Quertrakt, mit Dormitorium und Refektorium im Hauptbau und dem einmaligen Kreuzgang mit seinem naturbelassenen klassischen Innenhof unter freiem Himmel wurde zwischen der Mitte des 13. Jahrhunderts und 1520 erbaut und erweitert. Nach der von Napoleon angeordneten Säkularisierung im Jahre 1803 öffnete dann das altehrwürdige Kloster der „Brüder unserer lieben Frau vom Carmel" auch profanen Zwecken Tür und Tor.

Schon 1803 wurde das Kloster im Zuge des „Reichsdeputationshauptschlusses" zweckentfremdet. Es wurde nacheinander als Kaserne, Warendepot, Feuerwehr, Kulissenlager, Zollbehörde, Schule und Feuerwache genutzt.

Erst zum Ende des 19. Jahrhunderts entdeckte man die wertvollen Wandgemälde aus den Jahren 1514–1521 von Jörg Ratgeb aus Schwäbisch Gemünd im Kreuzgang und im Refektorium wieder. Im Zuge der Restaurierung des Klosters in den 30er Jahren des 20. Jahrhunderts wurden sie von ihrer barbarischen Übertünchung befreit. Und wer hat 1999 darüber das erste profunde Buch unter dem Titel *Das Karmeliterkloster – Geschichte und Kunstdenkmäler* verfaßt und eine entsprechende Dauerausstellung dazu erarbeitet, damit jeder die Bilder und ihre Metaphern und Allegorien verstehen könne? Richtig: die von sympathischem Ehrgeiz beflügelte Evelyn Brockhoff.

Ihren vorläufig größten Erfolg konnte sie im Herbst 2006 mit der Megaschau „Die Kaisermacher" feiern. Sie koordinierte die Beiträge von Historischem Museum, Dommuseum, Museum Judengasse und ihrem eigenen Institut für Stadtgeschichte: Orte der ultimativen Verwandlung von historischer Zeit in Raum. Die Ausstellung besticht durch Brockhoffs Konzeption: Augenschmaus mit Krone, Zepter, Reichsapfel, Kaisermantel, Goldener Bulle, Tafelsilber, Gemälden, Möbel und deren didaktische Präsentation – ein emotional gestimmter, spannender Geschichtsunterricht *comme il faut*. Um es pathetisch auszudrücken: Hier umweht der Atem der Geschichte die vielen tausend Besucher.

Fragebogen

1. Ihre nachhaltigste (oder liebste) Kindheits- oder Jugenderinnerung?
Die jährlichen Sommerferien auf Langeoog.

2. Wer oder was hat die Anfänge Ihres beruflichen Lebensweges entscheidend mitgeprägt?
Mein Dissertationsthema Johann Friedrich Christian Hess.

3. Welches bedeutende Frankfurter Ereignis (welche Begegnung) hat sich besonders tief in Ihre Erinnerung eingegraben?
Der Brand des Selmi-Hochhauses 1972.

4. Welcher Autor, Maler, Komponist, Politiker usw. hatte gehörigen Einfluß auf Ihre Arbeit?
Tizian und Michelangelo.

5. Mit welchen wichtigen Menschen sind Sie befreundet?
Mit „positiv" Denkenden.

6. Welcher Typ Mensch ist Ihnen zuwider?
Der „negativ" Denkende.

7. Welches Faktum war rückschauend ein besonders wichtiger Meilenstein/Wendepunkt in Ihrer „Karriere"?
Meine Anstellung bei der Stadt Frankfurt.

8. Was ist von Ihren Wünschen unerfüllt geblieben oder mißlungen und warum?
Ich bin rundum zufrieden.

9. Was finden Sie an Frankfurt liebenswert?
Es ist reich an Geschichte und Kultur.

10. Was verdiente Ihren Tadel an Frankfurter Verhältnissen/Strukturen, an der Kommunalpolitik usw.?
Politische Entscheidungen und deren Umsetzung dauern sehr lange.

11. Welche hier vergessene Frage hätten Sie gern (und wie?) beantwortet?
–

12. Haben Sie ein Lebensmotto, eine Arbeitsdevise?
Wer nicht wagt, der nicht gewinnt.

Eva Demski

Unter den lebenden Schriftstellern Frankfurts ist Eva Demski die größte. Wenigstens in dieser Hinsicht bin ich mit Marcel Reich-Ranicki einer Meinung. Ihre Frankfurter literarischen Ahnen lassen sich an einer Hand abzählen: Neben den frühromantischen Dichterinnen Karoline von Günderrode und Bettina von Arnim wird aus dem 20. Jahrhundert auch Marie Luise Kaschnitz unvergessen bleiben.

Eva Demski wohnt seit 1954 am Frankfurter Dornbusch im Dichterviertel, wo auch sonst. Von ihrer Fallerslebenstraße bis zu meiner Liliencronstraße, in der ich mit Familie die ersten drei Frankfurter Jahre lebte, sind es keine tausend Schritte, die zu einer soliden Freundschaft geführt haben. Auch meine Frau Brunhild fühlte sich mit Eva in wechselseitiger Sympathie verbunden, die sich bald auch auf Evas großartige Eltern übertragen sollte. Evas Vater Rudolf Küfner war ein weltaufgeschlossener, vielgefragter Bühnenbildner und schon auf dieser gemeinsamen Ebene der Interessen ist zwischen Rudolf Küfner und meiner Frau, die jahrelang an den Theatern Bochum und Oberhausen engagiert war, der Gesprächsstoff nie versiegt.

Da Evas Vater bis 1952 am Stadttheater Regensburg den bildnerisch-ästhetischen Raum für alle Aufführungen von Oper und Schauspiel zu verantworten hatte, ist sein Kind Eva Küfner in einer Wunderwelt des Theaters aufgewachsen: „Mein letzter noch lebendiger Kindheitsort“. Da Literatur oft auch entsteht aus Nostalgie, also dem Wunsch heimzukehren, hat sich die spätere Schriftstellerin Eva Demski aus der Perspektive eines vier Jahre alten Mädchens in *Sumsemann* (2005) und in *Goldkind* (1979), ihrem ersten Roman gleich bei Luchterhand, an zwei prägende Theatererlebnisse erinnert: Jacques Offenbachs Oper *Hoffmanns Erzählungen* und Mozarts *Zauberflöte* waren ihre frühen plastischen Eindrücke von einer ästhetisch ins Irreale transzendierten Welt, in der die menschliche Stimme vorzüglich im Melos des Gesangs ihre große Faszination entfaltet. Ihr Vater hatte im Theater am Bismarckplatz die atmosphärischen Dekors auf die Bühne gezaubert, vor deren Rampe Eva „die Musik nur als Musik, die Stimmen nur als Stimmen, Bilder, Farben, Bewegungen nur als sie selbst, nicht als Transportmittel für Inhalte“ mit ungetrübtem Genuß erlebte, als „eine der kostbarsten Erfahrungen“ ihres Lebens. Als Rilke-Verehrerin kannte sie natürlich dessen Gedicht *Karussell* und die schöne Verszeile „aus dem Kinderland, das lange zögert, eh' es untergeht“. Wie wir Leser wissen, wird Eva Demskis Kinderland in ihren Erinnerungen nicht verlöschen. Sie wird „zur Magie ihrer Orte“ immer wieder „zurückkehren“. Dazu zählt auch Frankfurts Dichterviertel am Dornbusch.

Alles andere als ein dezidierter Wagnerianer, wird Rudolf Küfner gleichwohl am „Théâtre Royal de la Monnaie“ in Brüssel Wagners *Ring* inszenieren. Der Vater war „tief enttäuscht“ gewesen, als Eva ihren ersten *Tristan* in Bayreuth „gesehen und gehört hatte, und ich mich gar nicht mehr beruhigen konnte vor Glück“. Später hat Vater Küfner für den Hessischen Rundfunk unter anderem die legendäre Quizshow *Einer wird gewinnen* mit Kuhlenkampf inszeniert.

Was Eva Demski als nachempfindendes Subjekt „ihre frühe Prägung“ nennt, hat aber nicht den vermuteten Ehrgeiz geweckt, fürs Theater Stücke zu schreiben: „Denn ich will nie etwas anderes sein als Zuschauer.“ Angesichts einer blutleeren zeitgenössischen Bühnenliteratur eigentlich bedauerlich, weil das deutsche Stadttheater nichts dringlicher bräuchte als eine den Theaterorganismus erquickende Blutzufuhr in einer Mischung aus frei flottierender Phantasie, praller Sinnlichkeit, dramatischer Spannung, frischer Spontaneität, und dies alles in genauer Sprache. Und mit Hamlet bitte auch: „Mehr Inhalt“. Dies sind alles Elemente, die Eva Demski reichlich zu Gebote stehen.

Nach dem Abitur an dem altsprachlichen Lessing-Gymnasium in Frankfurt hat Eva Küfner in Mainz und Freiburg Philosophie, Germanistik und Kunstgeschichte studiert. Seit ihrer Hochzeit 1968 mit dem Rechtsanwalt Reiner Demski zieren dessen Namen ihre Bücher.

Reiner Demski, ein ungestümer Intellektueller, hatte während und nach der 68er-Studentenrevolte als Verteidiger der RAF-Kommunardin Gudrun Ensslin weidlich Schlagzeilen gemacht. Seit diesem kurzen Herbst der Anarchie arbeitete Eva Demski beim Hessischen Rundfunk

und frischte mit ihrer Lust am kritischen Denken die Sendungen an der Bertramswiese auf, wie zum Beispiel *Titel, Thesen, Temperamente.* Sie gab der suspendierten kritischen Reflexion neue Nahrung.

Wie Reiner Demski war auch sie ein geistiger Sproß der Frankfurter Schule mit ihrer Kritischen Theorie, die versuchte, die Fackel der Aufklärung nicht verlöschen zu lassen. Demskis Skepsis gegenüber einem dominanten Expertenwissen und dem Besserwissen der Politik wies sie als Erbin der Aufklärung aus. Als Reiner Demski 1974 unerwartet stirbt, bedeutet der Verlust ihres auch intellektuellen Gefährten eine gravierende Zäsur in ihrem Denken. Darüber reflektiert sie in ihrem auf diskrete Weise autobiographisch durchwärmten Roman *Scheintod* (1984), einer spannenden, sehr poetischen Lektüre über den plötzlichen Tod eines Anwalts der linken Szene und idealischen Theoretikers der Revolution. Mit der Hölderlin entlehnten beziehungsvollen Widmung „Wem sonst, als Dir" wurde dieser wunderbar maßlose Roman aus der Mitte ihrer Existenz heraus herzerregend erzählt. Auch hier gelingt es ihr wieder, den Leser in die Gedankenwelt ihres Protagonisten zu verstricken.

Annette Baumgartl bemerkt in ihrem Essay *Fragmente einer Liebe*, daß in Demskis Roman *Scheintod* der Tote sein Geheimnis nicht preisgibt: „Die Gerichtsmedizin kann die genaue Todesursache nicht feststellen. Sein Tod ergibt keine sinnvolle abgeschlossene Geschichte und wirkt deshalb so beunruhigend. Die Versuche der Frau zu erzählen und sich zu erinnern, werden durch das Bild des toten Körpers immer wieder gestört. Der Roman kann letztendlich nur die Leere wiederholen, die der Tod des Mannes hinterläßt." Demskis *Scheintod* fesselt durch die Unbeugsamkeit einer klaren Sprache. Auch hier kommt die Stoffindung aus dem innersten Ich. Ihre narrative Nähe zu den genau beobachteten Figuren der Frankfurter Szene der sechziger Jahre ist der Wirklichkeit entliehen. Die Verwandlung von Wirklichkeit in Literatur ohne delikate Schlüsselroman-Prätention verdankt sich ihrem untrüglichen Sensorium für die Leichtigkeit des Seins in der Kunst. Den Frankfurtbezug dokumentiert das Cover mit Max Beckmanns *Der eiserne Steg*.

Unser beider Wege haben sich oft gekreuzt, privat und beruflich. So gleich zu Beginn meiner Frankfurter Zeit, als Eva Demski mich 1971 im Auftrag des Hessischen Rundfunks auf dem Höhepunkt der Kontroverse um „marxistisch infizierte Schrifttafeln" des Historischen Museums interviewte. Zuvor hatte sie schon den Vorzeigebaron der altkonservativen Phalanx gegen die neue Dauerausstellung, den Freiherrn von Bethmann, verarztet. Der Vormann der selbsternannten Wagenburg „Adel und Banken" gab der Reporterin Demski zu Protokoll: „Ach, wissen Sie, gnädige Frau, der Kapitalismus ist wie ein Rassepferd, das muß man eben reiten können." Eva Demski spielte mir den Mitschnitt der freiherrlichen Suada vor und verschaffte mir so eine prima Steilvorlage.

Mit professioneller Handschrift hat Eva Demski für den HR auch Schriftstellerporträts gezeichnet, über ihre Brüder im Geiste Joseph Roth und Gottfried Benn sowie über „die Duse" oder über Hans Neuenfels, die Duse der extravaganten Regie, und wie diese alle ihre Biographien bewältigt haben.

Eva Demski gab immer mehr, als ihr vom Journalismus abverlangt wurde. Sie hat nie fügsame Texte geschrieben; als große Unzeitgemäße hat sie auch im öffentlich-rechtlichen System stets ihre Unabhängigkeit bewahrt. Wie ihre New Yorker Kollegin Hannah Arendt hat sie „essayistisches Denken ohne Geländer“ in Literatur umgesetzt. So liest sich ihre Biographie wie die Geschichte ihrer sprachlichen Prägung.

Nicht länger aus öffentlichen Töpfen verköstigt, verdient sie ihr Geld seit 1979 als freie Schriftstellerin. In ihrem ersten Buch *Goldkind* (1979) beschreibt sie ihr aufgehendes Ich in ihrem seligen Kindheitsort Regensburg liebevoll wie einen Kleistschen Dichtertraum. Schon hier kündigt sich ihr großes Talent an, ihre subjektiven Projektionen bis in den Erkenntnisbereich hinein als Prinzip der Wahrheitsfindung gelingen zu lassen. Zwei Jahre später folgt mit *Karneval* (1981) eine Philippika gegen die lärmende Sprachlosigkeit des Zeitgeistes. Für diese schnörkellos gelungene Vergegenwärtigung der Zeitgeistphänomene, die uns täglich umstellen, erhält sie prompt den angesehenen Preis der Klagenfurter Jury. Fortan wird Eva Demski an der literarischen Börse hoch gehandelt.

Mit narrativer Wollust schreibt sie Essays unter anderem für das *F.A.Z.-Magazin* und für das *Kursbuch*. In ihrem Sammelband *Von Liebe, Reichtum, Tod und Schminke* (2004) bevorzugt sie den Essay als offene Form, weil besonders geeignet, furioses Lesevergnügen zu stiften. Darin sind mir zwei anrührende Texte die liebsten: jener über ihren Mann und eine weitere Liebeserklärung an den Vater. Daraus wäre zu lernen, daß Liebe wohl die einzige Währung ist, bei der einer nichts verliert, der sie verschwendet. Mit evozierender Kraft erzeugt sie mit ihren Essays ein Wechselbad der Gefühle, wenn sie etwa ihre Kindheitserinnerungen Revue passieren läßt, einfühlsam und zeitkritisch, zwischendurch immer wieder auch unerbittlich sarkastisch mit einem Beigeschmack von Ironie. Stilbewußte Leser werden den lange nachklingenden lyrischen Ton zwischen den Zeilen genießen. Für diesen Essayband ließ sich auch ihr Freund Marcel Reich-Ranicki erwärmen, mit dem sie eine partielle Wahlverwandschaft verbindet. In seinem *Literarischen Quartett* war sie jedes Mal eine eigenwillige Sparringspartnerin, bei der er ganz schön auf der Hut sein mußte. „Ich habe aus diesem Buch, in dem Lebenserfahrung, Intelligenz und eine elementare Ausdruckskraft eine selbstverständliche Einheit bilden, viel gelernt –

über die Liebe, die so schön und so furchtbar sein kann, über den Reichtum, der Glück und Last ist, über den Tod, der uns mit allerlei Waffen naht, über die Schminke, die hier für den Kampf des Menschen gegen die Vergänglichkeit steht“ (Marcel Reich-Ranicki).

Als Glücksfall sollte sich Eva Demski für die Frankfurter Poetikvorlesungen erweisen, sie brachte im Wintersemester 1998/99 eine große Studentengemeinde der Goethe-Universität auf die Beine. Unter Anspielung auf jenen schwierigen Dichter aus der Lüneburger Heide, Arno Schmidt, hatte sie als Titel *Zettelchens Traum* gewählt und den Untertitel als Frage formuliert: „Warum sollte der Mensch nicht sein Geheimnis haben?“ Im nun abermals erweiterten Aufgabenbrevier der Demski setzt sich die neue Poetikdozentin mit Hilfe oft momentgeborener Inspirationen exemplarisch mit der grassierenden Schreibwelt von Tagebüchern auseinander. Im Rückgriff auf Thomas Mann und Peter Rühmkorf, auf Rahel Varnhagen und Anaïs Nin bis hin zu der Hure Margot werden über viele Jahre, Länder und Gesellschaften hinweg jene Möglichkeiten durchdekliniert, „wie mit Hilfe der Tagebücher das dünne Seil zwischen Einzigartigkeit und geschichtlicher Bedeutungslosigkeit mit Anmut beschritten und ohne Absturz bewältigt werden kann“ (Demski). Zusammen mit den Alpha-Tieren der deutschen Literatur Heinrich Böll, Günter Grass, Martin Walser und Uwe Johnson haben die Frankfurter Wilhelm Genazino und Eva Demski als Poetikdozenten das hiesige Kulturleben um eine neue Dimension bereichert.

Neben ihren Erfolgsbüchern *Goldkind* und *Scheintod*, in denen sie für das menschliche Maß eine ganz eigene literarische Form gefunden hat, halfen die Romane *Afra* (1992) und *Das Narrenhaus* (1997) mit erzählerischer Differenzierung Demskis literarischen Ruhm zu begründen. *Afra* erzählt erlebnisprall die Geschichte eines dunkelhäutigen „Dorfkindes“, an dessen anschaulichem Beispiel die Autorin jene diskriminierende Praxis anprangert, der hierzulande Kinder ausgesetzt sind, die gern als „exotisch" stigmatisiert werden. Mit frappanter Verve ist es ihr gelungen, über das Lebensgefühl dieser unter uns in der Fremde lebenden Generation, über ihr wurzelloses Dasein ein augenöffnendes Buch zu schreiben.

Das Narrenhaus erzählt in geglückter Balance vom Regiment einer präpotenten Hausmeisterin und den höchst variablen Reaktionen der Mieter dieses bis in die vierzehnte Etage hochgetürmten Narrenhauses. *DIE ZEIT* bewundert die Vielzahl „wunderbar beobachteter und prägnant beschriebener Realitätsfragmente, aus denen Handlung und Charaktere komponiert sind". Witz und Spott über das Fernsehen und den Fußball sowie auf unsere aktuellen Befindlichkeiten geworfene Schlaglichter erhellen hier Themen wie Liebe, Krankheit, Alter, Tod, die Eva Demski tief aus dem reichen Fundus der Wirklichkeit greift. Was wir beim Schmunzeln wieder bestätigt finden: Demskis Kapital ist ihre Sprache, die aus der spannenden Polyphonie des gemeinen Alltags ihre Werte schöpft; hier dokumentiert sie konkret Zustände einer überreizten allgemeinen Ratlosigkeit.

Wenn Eva Demski in ihrem schönen Reisebuch *Lesbos* (2006) die Kühle und Frische sapphischer Odensprache feiert, dann überhöht sie in ihrer eigenen Sprachmelodie die rustikale Einfachheit der Inselmenschen ebenso wie die antike äolische Baukunst mit mythischen Mosaiken und Plastiken. Nach Sapphos eigenem Bekunden „rieselt ein Feuer unter ihrer Haut", wenn sie die Myriaden Olivenhaine, Rebenfelder und das weite Weideland zu einem einzigartigen Panorama unter bizarrem Himmelslicht, zur Heimat verdichtet. Wir lauschen in Demskis sprachlicher Anverwandlung dem äonenfernen, einzigartigen Melos der Lesbos-Welt mit lyrisierenden Sirenenklängen, leidenschaftlichen Liebesliedern und schönen Götterhymnen jener größten Lyrikerin der Antike: Sappho. Ein irrlichternder Name, in den jeder etwas ganz anderes hineingeheimnist, als was Sappho ursprünglich versprach: die absolute Reinheit der Poesie. Dieses Buch ist ein schönes Beispiel dafür, wie sich die Autorin dem Werk einer anderen nähert, das dabei ihr eigenes Wort hinzugewinnt.

Es gehört zur Wahrheit dieses Porträts, auch über einen gravierenden Konflikt zwischen Eva und mir zu berichten, der mich beinahe ihre Freundschaft gekostet hätte. Ihr Zorn hat mich im Jahre 1987 jedenfalls kalt erwischt. Zorn und Wut sind schließlich ihre Energiequellen nicht nur beim Schreiben. Im Herbst 1986 wurden auf dem Areal der alten Judengasse Mauerreste des Frankfurter Ghettos aus dem 15. Jahrhundert entdeckt. Tage später wurden noch zwei Mikwes gefunden, zwei gut erhaltene rituelle jüdische Taufbäder, ein einzigartiger Fund, der sogar interesselose Gemüter bewegte. Auf historisch kontaminierter Erde war der Mammutbau der Stadtwerke schon zur Hälfte hochgezogen, der Rest war auf dem nun sakrosankten Areal der brisanten Funde geplant. Eine rabiate Bürgerinitiative versuchte den Weiterbau mit aller Macht zu verhindern. Statt dessen sollte sich ein gnädiger Himmel als Dach über der „offenen Wunde" wölben. Unter den vielen Freunden, die in der Protestwelle gegen diesen bundesweit beraunten Skandal der Ignoranz das Wort führten, waren auch Iring Fetscher und Eva Demski. Ja, „die Sartres sind immer gegen uns", würden Magistratsmitglieder wohl gewettert haben, hätten sie dieses Verdikt de Gaulles aus der Zeit des Algerienkrieges gekannt. Wäre ich nicht Mitglied des Magistrats gewesen, hätten Demski und Fetscher mich wohl auf ihrer Barrikade gefunden. Künstler und Intellektuelle haben die Pflicht, Dinge schärfer zu sehen.

Da Oberbürgermeister Wolfram Brück der Faszinationsgeschichte einer versunkenen jüdischen Kultur gegenüber die notwendige Sensibilität vermissen ließ, sollte sich stellvertretend für den Magistrat der Kulturdezernent in einem Akt der Selbstermächtigung in zivilem Ungehorsam üben und den Oberbürgermeister „zur Räson bringen". Entweder sollte ich den sofortigen Baustop durchsetzen oder gefälligst zurücktreten. Die Beschlußlage von Magistrat und Stadtparlament machten aber, wie auch die rechtsgültigen Bauverträge, einen Baustop zur blanken Illusion. Wie aber waren die stummen Zeugen der Frankfurter Geschichte uneingeschränkt anschaulich der Nachwelt zu vermitteln? Nur in Form einer dem Genius loci würdigen Erinnerungsstätte. Allein diesem Ziel konnte mein Engagement damals dienen. Psychologisch unterstützt vom Druck einer intelligent-moralisch argumentierenden Protestbewegung und Demskis emphatischem Plädoyer für die Sicherung der Judengasse, konnte ich unter der Androhung, meine Loyalitätspflicht als Magistratsmitglied aufzukündigen, immerhin erreichen, daß jene für eine Überbauung verplante Fläche für die Präsentation der musealen Substanz um ein Drittel erweitert wurde.

Nach bangen Wochen des Liebesentzugs hat Eva Demski mich wieder in ihre freundschaftlichen Arme geschlossen. Was ich dabei gelernt habe: Ohne gehörige Ambivalenzen ist die Freundschaft mit einem schriftstellerischen Genie nicht zu haben.

Eva Demski hat zu Recht viele Ehrungen erhalten: die Goethe-Plakette des Landes Hessen und der Stadt Frankfurt und den Kulturpreis der Stadt Regensburg. 1988 wurde sie in der Nachfolge von Karl Krolow, Wolfgang Koeppen und Nicolas Born zur Stadtschreiberin in Bergen-Enkheim gekürt. In meiner Begrüßungsrede im zugigen Bergener Festzelt nannte ich sie „eine Schriftstellerin, die sich mit den Widersprüchen und den Hoffnungen in unserer Gesellschaft auseinandersetzt. Sie wird auch weiterhin zum produktiven Streit der literarischen Öffentlichkeit wesentlich beitragen." In ihrer Antrittsrede artikulierte sie ihr „Unbehagen bei dem Gedanken, daß Schriftsteller in die Rolle des schlechten Gewissens der Nation gedrängt werden und gewissermaßen als moralische Trüffelschweine nichts lieber tun sollen, als Skandale zu wittern und sie auszugraben".

Ich habe mich immer gewundert, wie es großen Schriftstellern, wie den genannten, in dieser entsetzlichen Idylle gelingen konnte, ihre Träume in Literatur zu deponieren. Eva Demski war, glaube ich, die einzige, die im Haus an der Hasenpforte längere Zeit tapfer durchgehalten und ihre Eindrücke gespeichert und intuitiv verdichtet hat. Auch in der essayistischen Verarbeitung ihrer Bergen-Enkheimer Impressionen war ihr Sprache jedenfalls nicht gegeben, um ihre Gedanken zu verbergen. In den Diskussionen mit den Einwohnern hat sie diese zu Co-Autoren gemacht. Sprache ist für sie der edelste aller Kommunikationswege. Ja, Schreiben ist für Eva Demski „das Abenteuer, andere mitzunehmen auf eine Reise". Sie beherrscht eben auch den urbanen Ton.

Auf ihrer langen Reise nach Thailand hat sie die Leser ihres neuen Buches *Das siamesische Dorf* (2006) mitgenommen. Das bei Suhrkamp erschienene Buch fügt sich nicht in das System gängiger literarischer Genres, vielmehr zerfließen hier die Grenzen zwischen Autobiographie, Roman, Reisebuch, Sozialdrama und Krimi. Gleichwohl liest sich das Buch so mitreißend fesselnd wie ein Kriminalroman der oberen Klasse. Wir genießen nicht nur Demskis zarte Kunst des Andeutens, sondern auch die handgreifliche Konkretisierung ihrer literarischen Phantasie, wenn sie mysteriöse Verstrickungen und mafiöses Treiben bis hin zum käuflichen Kindersex als dramaturgische Spannungselemente einsetzt. Damit widerspricht sie übrigens einmal mehr jener Adorno-These, wonach Phantasie von Frauen entflammt werde, denen „Phantasie gerade abgeht". Mit dieser fesselnden Lektüre hat sich Eva Demski vom Schöffling-Verlag verabschiedet, zu dessen Ruhm sie über viele Jahre als Hausautorin (und Gesellschafterin) beigetragen hat. Bei der Buchpremiere im Mousonturm nannte ihre neue Verlegerin und Freundin Ulla Unseld-Berkéwicz *Das siamesische Dorf* eine brisante Mischung aus Weltstoff und Mysterium.

In meinen *Erinnerungen* (2003) bedauerte ich im letzten Satz des Demski-Kapitels „Das unbestechliche Goldkind", daß ich mit der Freundin Eva viel zu selten längere Gespräche geführt habe und daß ich dieses Manko zu meinen großen Versäumnissen zähle. Mehr als lange Telefonkabel verbindet uns aber, was Dichter ehedem eine Sternenfreundschaft genannt haben, eine Art Telepathie der Herzen.

Mit ihrem Œuvre ist Eva Demski eine der wenigen produktiven Konstanten der Stadt Frankfurt, der sie mit der Tugend des Zweifels mehr dient als andere mit gefälligem Beifall. So lebt sie in Frieden mit der Stadt, „weil die nicht fordert, daß man sich zu ihr bekennt". Im Gespräch mit der *Frankfurter Rundschau* läßt sie sich sogar ein verstecktes Kompliment entlocken: „Frankfurt ist die Stadt, die nichts von einem will, keine Bekenntnisse, keine Hysterie, keinen Kölschen Frohsinn, keine Berliner Cleverness. Frankfurt will nichts, da können tolle Sachen gedeihen. Weil Frankfurt sich so zurücknimmt, ist es ziemlich geeignet, hier zu leben und zu arbeiten. Den Glamour werden wir nicht mehr hinkriegen, das wäre eher komisch. Schon ‚Die kleinste Metropole der Welt' klingt komisch. Soll sie's doch bleiben!" (*Frankfurter Rundschau* vom 12. 5. 2006)

Vielleicht schenkt uns Eva Demski ja eines fernen Tages eine seelische Biographie über unsere zwittrige Stadt Frankfurt am Main.

Fragebogen

1. Ihre nachhaltigste (oder liebste) Kindheits- oder Jugenderinnerung?
Mit meinem Vater im Theater (Stadttheater Regensburg).

2. Wer oder was hat die Anfänge Ihres beruflichen Lebensweges entscheidend mitgeprägt?
Das Theater Frankfurt.

3. Welches bedeutende Frankfurter Ereignis (welche Begegnung) hat sich besonders tief in Ihre Erinnerung eingegraben?
Der Kampf um den Börneplatz.

4. Welcher Autor, Maler, Komponist, Politiker usw. hatte gehörigen Einfluß auf Ihre Arbeit?
Joseph Roth, Hieronymus Bosch, Mozart, Presley, Rousseau (der Maler), überhaupt die „Naiven".

5. Mit welchen wichtigen Menschen sind Sie befreundet?
Alle meine Freunde sind wichtig.

6. Welcher Typ Mensch ist Ihnen zuwider?
Wichtigtuer.

7. Welches Faktum war rückschauend ein besonders wichtiger Meilenstein/Wendepunkt in Ihrer „Karriere"?
Der Tod meines Mannes Reiner Demski.

8. Was ist von Ihren Wünschen unerfüllt geblieben oder mißlungen und warum?
Kann ja noch werden!

9. Was finden Sie an Frankfurt liebenswert?
Seinen Mangel an Glamour.

10. Was verdiente Ihren Tadel an Frankfurter Verhältnissen/Strukturen, an der Kommunalpolitik usw.?
Ach Gott, das ändert sich täglich.

11. Welche hier vergessene Frage hätten Sie gern (und wie?) beantwortet?
–

12. Haben Sie ein Lebensmotto, eine Arbeitsdevise?
Viele.

Claudia Dillmann

Der Weg an die Doppelspitze von Filminstitut und Filmmuseum war Claudia Dillmann nicht vorbestimmt. Als Schülerin der Klosterschule des Ursulinenordens in Geisenheim im Rheingau wurde sie auf gottgefälligere Interessen hingeleitet als auf das unter moralischem Dauerverdacht stehende Medium Film. Auf ihrer klösterlichen Mädchenschule St. Ursula hat sie ausschließlich unter weiblichen Autoritäten ihre Adoleszenz erlebt, von der Direktorin und der Äbtissin bis hin zu den Lehrerinnen war alle Kommunikation feminin geprägt.

Gut, daß sie drei Brüder hatte. Da Claudia als „Externe" ihre Freizeit außerhalb der Klostermauern verbrachte, hat sie mit ihnen in der Welt des Kinos Abwechslung gefunden. Mit ästhetisch noch naiven Augen verschlang sie alles, was aus dem Kleinstadt-Projektor auf die Leinwand strahlte. Den Bond-Film *007 jagt Dr. No* (1962) mit Sean Connery bezeichnet sie „als Durchbruch in meiner erotischen Entwicklung", während sie Victor Flemings *Vom Winde verweht* (1939) mit Clark Gable nachhaltigen Einfluß auf ihr Männerbild verdankt. Claudia sah Filme aber schon früh anders als Adorno, der in seinem Traktat über die Kulturindustrie „vom Kino nur Unheil erwartet, das in dunklen Räumen der Hausfrau Asyl bietet, wo sie ein paar Stunden unkontrolliert dabeisitzen kann". Ohne sich dem Grundethos ihrer Klosterschule zu entfremden, entwickelt Claudia Dillmann im Verhältnis von religiöser und säkularer Sphäre ihre eigene Kultur und ihre individuelle Gesittung.

Die Vorliebe für die (Gefühls-)Sensationen auf der Leinwand hinderte sie nicht, ihr Augenmerk auch den Autorenfilmen der Nouvelle Vague zu schenken oder am Beispiel exquisiter Hollywood-Klassiker den Unterschied zwischen Kitsch und Kunst zu lernen, Truffaut, Godard, Chabrol zu verehren oder Filme von Alfred Hitchcock, Billy Wilder, Howard Hawks als Meisterwerke wahrzunehmen und zu lieben. Gleichwohl kam die Kinematographie für sie noch nicht als berufliches Lebensziel in Betracht. Sie wollte nach dem Abitur unbedingt

Journalistin werden. Statt fertige Produkte zu würdigen, wollte sie lieber selber produktiv sein und Ereignisse und Versäumnisse, politisches Handeln und Hadern mit der eigenen Feder reflektieren und dem Abonnenten zur Frühstückslektüre empfehlen. Auch wenn das für eine angehende Journalistin vielleicht ein noch zu großes Wort war, fühlte sich Claudia Dillmann den Prinzipien der Aufklärung verpflichtet, wollte die verlorene Moral der Menschen, die Menschlichkeit im Umgang miteinander retten. Im Sinne des Jesuitenpaters Oswald von Nell-Breuning wollte sie das sozialpolitische Denken wiederbeleben in der frommen Hoffnung, daß es gelänge, die gefährdete soziale Symmetrie wieder ins rechte Lot zu rücken.

Aus dieser Überlegung heuerte sie nach einem zweijährigen Volontariat bei der *Offenbach Post* mit 23 nicht etwa im Feuilleton der *Frankfurter Rundschau* an, sondern als Reporterin zunächst in der Stadtredaktion, dann als Redakteurin in deren liberalem politischen Teil, der „Seite Drei", also dort, wo Meinungen je nachdem bestritten oder gebildet wurden. Für Leitartikel lagen mit dem Paradigmenwechsel in Philosophie und Politik im berühmten Herbst 1977 die heißen Themen quasi auf der Straße: Schleyer-Hinrichtung durch die RAF, Anti-Atom-Demonstrationen, Nachrüstungsdebatte. Der Episodenfilm *Deutschland im Herbst* (1977) von Alexander Kluge, Rainer Werner Fassbinder und Edgar Reitz hatte das Dilemma reaktionärer Politik damals auf den Punkt gebracht. Mit sensorischer Intelligenz und semidokumentarischen Mitteln gelingt es dem Film, eine Analyse der restaurativen Bundespolitik zu formulieren, gegen die neben Studenten und Gewerkschaftern auch Künstler und Intellektuelle als wortmächtige kritische Masse den Aufstand probten. Die Presse begleitete mit publizistischen Verstärkern den damaligen Vulgärglauben an die gesellschaftsverändernde Macht der Intellektuellen und Schriftsteller. Claudia Dillmann kämpfte publizistisch auf deren Seite der Barrikade.

Obwohl ihr bei der *Rundschau* eine große Karriere offenstand, wollte sie sich eine Auszeit vom hektischen Termindruck gönnen, wollte nicht ständig auf Achse sein und auf der Lauer liegen nach Neuigkeiten. Vor allem aber konnte sie ohne die Aussicht auf Jahre eines intensiven Studiums intellektuell nicht glücklich werden. Das

waren ausreichende Gründe, um sich 1981 an der Frankfurter Universität zu immatrikulieren.

An der Johann Wolfgang Goethe-Universität belegt sie die Fächer Germanistik und Kunstgeschichte sowie Theater-, Film- und Fernsehwissenschaft, damals noch ohne eindeutige berufliche Präferenzen. Die von ihr mehr aus Interesse denn als Option auf einen lebensdienlichen Job in dieser Zeit kuratierten Ausstellungen am neuen Deutschen Filmmuseum (1984 eröffnet) über die „Geschichte der filmischen Wahrnehmung" oder die Entstehung des Ufa-Jubiläumsfilms *Münchhausen* (1943) von Josef von Baky runden ihre Ausstellungsvita zur Selbstempfehlung als kenntnisreiche Filmexpertin ab.

Nach dem großen Erfolg ihrer Ausstellung über den Berliner Filmproduzenten Artur Brauner, zu der sie auch den umfangreichen Katalog verfaßt hatte, suchte sich das Filmmuseum ihre profunden Filmkenntnisse und ihre kustodische Begabung, kinematographisches Wissen an ein neugierig gemachtes Publikum zu vermitteln, dauerhaft zu sichern und engagierte sie 1991 als Kuratorin. Schon damals hat sie Führungsqualitäten erkennen lassen, sonst wäre sie nicht bereits ein

Jahr später zur stellvertretenden Direktorin des Deutschen Filmmuseums aufgestiegen.

Da für den Rang eines Museums die aus Nachlässen bestehende Ruhmesgalerie ein wichtiges Indiz ist, hat Claudia Dillmann sich bemüht, rechtzeitig die Hinterlassenschaften wichtiger Regisseure, Schauspieler, Drehbuchautoren und Filmarchitekten an Land zu ziehen. So ist es ihr zum Beispiel in zähen Verhandlungen gelungen, das wichtige Archiv des Produzenten Artur Brauner nach Frankfurt zu holen. Auch die kompletten Film-Skizzen und -entwürfe des berühmten Architekten Hans Poelzig hat sie mit Hilfe der Haeuser-Stiftung ins Deutsche Filmmuseum integriert, bei Privatleuten in Berlin einen Original-Architekturentwurf von Walter Reimann für *Das Cabinet des Dr. Caligari* (1920) entdeckt und den Nachlaß des berühmten Regisseurs und Schauspielers Paul Wegener ausfindig gemacht.

„Das Filmmuseum als Neugründung eröffnete uns jungen Kuratoren tatsächlich außerordentliche Spielräume“, sagt Claudia Dillmann im Gespräch, „da es als kultureller Vorläufer für weitere Häuser in Europa Maßstäbe setzen konnte. Die Diskussion, wie sich im Medium der Ausstellung Wissen über Film und seine Geschichte vermitteln lasse, beschäftigte uns auch theoretisch über mehrere Jahre; die historische Aufarbeitung des deutschen Films nach 1945 und die wechselseitige Beeinflussung der Filmkunst und der Avantgarden des 20. Jahrhunderts waren auch für mich faszinierende Themen. Die 1992 von mir kuratierte Ausstellung zu ‚Eisenstein im Kontext der russischen Avantgarde‘ mit Originalen aus fünf Moskauer und Petersburger Museen, deren Ausleihe zu jener Zeit einem Abenteuer glich, machte auch die großen Feuilletons auf unsere Arbeit in Frankfurt aufmerksam.“

Bevor 1980 mit der Planung des Deutschen Filmmuseums in der entkernten Patriziervilla Ecke Schaumainkai/Schweizerstraße begonnen wurde, hatte ich mit dem Deutschen Filminstitut in Wiesbaden vertraglich schon geregelt, daß wesentliche Sammlungen des Instituts 1984 vom Rheinufer in Biebrich an das Sachsenhäuser Museumsufer nach Frankfurt übersiedeln sollten, in den 3. Stock des neuen Hauses. Schon damals war klar, daß spätestens im neuen Jahrhundert zusammenwachsen mußte, was zusammengehört: Filminstitut und Filmmuseum. Die Vorentscheidung für diese Fusion war gewissermaßen schon 1997 mit der Berufung der exzellenten Claudia Dillmann zur Direktorin des Deutschen Filminstituts gefallen.

Um Claudia Dillmanns Selbstbewußtsein zu charakterisieren, genügt ein kurzer Rekurs auf das Vorstellungsgespräch, das ich im Verwaltungsrat des Deutschen Filminstituts mit der Aspirantin im Frühjahr 1996 geführt hatte. Als einzige unter den fünf Kandidaten der Endrunde hat sie unerschrocken dem Vorsitzenden immer dann fröhlich widersprochen, wenn der sich mit seiner eigenen Filmkenntnis zu weit vorgewagt hatte, so daß die Befragung zu einer Art Pingpongspiel mutierte. In ihrer Entschlossenheit zeigte sich in charmanter Anmutung ihr Selbst. Als der Verwaltungsrat schon mutmaßte, die Kandidatin habe nicht den Hauch einer Chance, war die Überraschung groß, als ich Frau Dillmann vorschlug, das Filminstitut in die Zukunft zu führen: Wer in einer Situation, wo die eigene Zukunft auf dem Spiel steht, mit so viel energischem Widerspruch riskiert, sich unbeliebt zu machen, schien mir auch geeignet, mit ähnlich offenem Visier an der Spitze dieses wichtigen Instituts entsprechend furchtlos dessen Interessen zu vertreten.

Das Deutsche Filminstitut (DIF) wurde im Jahre 1949 in Wiesbaden als „Institut für Filmkunde e.V." gegründet. Träger sind inzwischen die Städte Frankfurt und Wiesbaden, die Bundesregierung, die Hessische Landesregierung, die Murnau-Stiftung, das ZDF und für die ARD die Degeto sowie die SPIO, die Spitzenorganisation der Filmwirtschaft e.V. Nach der Fusion trägt die Stadt Frankfurt den Löwenanteil des Gesamtetats.

Mit ihrem akribischen Masterplan und dem nötigen Drive hat Claudia Dillmann das Filminstitut aus dem Dornröschenschlaf erlöst und als gehörige Größe in der Medienlandschaft positioniert und damit ins allgemeine Bewußtsein gehoben. Die konkurrenzlose Fundgrube von mehr als fünfzigtausend Fachbüchern, tausenden von Fachzeitschriften seit 1907, 20 000 Drehbüchern, über 1,5 Millionen Fotos, 30 000 Plakaten und mehreren hunderttausend Filmkritiken hat sie zur tausendfach nachgefragten Informationsbörse für Fachleute ebenso wie für jedermann geöffnet. Aus der Fülle des Materials zog die wandelnde Film-Enzyklopädie Dillmann die grandiose Idee, ein Internetportal für Auskünfte über den deutschen Film zu erfinden: In Sekundenschnelle kann sich jedermann kostenlos jede gewünschte Auskunft über 60 000 deutsche Filme seit 1895 herunterladen. Inzwischen wird das Portal mehr als eine Million Mal pro Monat von 250 000 Wißbegierigen angeklickt, um sich Inhaltsangaben, Biographien und Themen des deutschen Films zum Schmökern und Lernen zu übereignen.

Information als eine der Kernkompetenzen des Instituts ist in einer immer höher anschwellenden Sturmflut der Informationsmedien bei unheimlich globaler Simultanität nur mit Spezialisten zuverlässig im Griff zu behalten, die bei Dillmann in erster Linie Filmexperten sind und erst in zweiter Linie Informatiker im Sinne von technischem Know-how. Weil Information die Währung der Demokratie ist, ist sie ein desto kostbareres Gut, das nicht ungefiltert ins große Netzwerk gelangen darf, welches von Neonazis und potentiellen Terroristen mit ideologischem Trash kontaminiert zu werden droht. Nur mit geprüfter Qualität kann sich das Institut am Markt der Meinungen und an der Fachbörse der Medien behaupten.

Nachdem die Länder der ehemaligen sowjetischen Hemisphäre sukzessive Mitglied der EU geworden oder für einen Beitritt nominiert worden waren, wollte Claudia Dillmann mit deren „Rückkehr nach Europa" (Václav Havel) anhand ihrer neuesten Filmproduktionen die einseitige Perspektive deutscher Fernsehreportagen konterkarieren: durch authentische Reflexionen aus originaler Quelle weit über den Rahmen der Leinwand hinaus. Denn die Gesellschaft dieser Nationen beobachtet und beschreibt sich über das Medium Film seismisch wahrhaftiger selber als mit den Vorurteilen des fremden Blicks von außen: „Von der bildmächtigen Sprache kann der Westen noch einiges lernen" (Dillmann). Auch mit Hilfe der visuellen Medien kann hoffentlich gelingen, daß Europa seine konzentrische Identität gewinnt.

Um diese Filmkunst einem größeren Kreis von Interessenten zugänglich zu machen, erfand Claudia Dillmann mit „GoEast" das Festival des mittel- und osteuropäischen Films. Seit 2001 stellen Regisseure und Autoren aus Polen, Rußland, Ungarn, Tschechien oder den baltischen Ländern ihre neuesten Filme im Wiesbadener Kino „Caligari“ vor; die Resonanz auch in der internationalen Presse rechtfertigt den riesigen Aufwand. Die erfolgreiche Umsetzung von Ideen wie „GoEast“ weist Claudia Dillmann auch als eine Topmanagerin aus, in der sich ein Überschuß an Idealismus und ein gehöriger Schuß Pragmatik zur Effizienz verschwistern.

Ihr Verhältnis zum Medium Film hat sie als „lustvoll“ bezeichnet. Dies ist einer der Gründe dafür, daß sie auch spätabends noch im Filmmuseum anzutreffen ist. Im Kino des Hauses, das sich als erstes Kommunales Kino der Republik ab 1970 in über 150 Städten fortzeugen konnte, führt sie in historische oder aktuelle Filme ein; sie lehrte an der Uni Frankfurt Filmgeschichte und in anderen Städten macht sie mit Vorträgen auf die Frankfurter Filminitiativen aufmerksam. Sie hat Sitz und Stimme in Jurys internationaler Gremien und Festivals, wirkte bei der Vergabe des Deutschen Filmpreises mit und ist Gutachterin in der Filmbewertungsstelle Wiesbaden. 2004 wurde sie in Anerkennung ihrer Frankfurter Erfolge zur Präsidentin der Vereinigung der Europäischen Kinematheken gewählt, ein Amt, das sie seitdem häufig nach Brüssel, Straßburg oder Luxemburg führt. Manchmal führt sie sich aber ganz privat und ohne Publikum bei einem Glas Rheingauer Riesling aus dem Weingut ihres Bruders Karlo einen ihrer Lieblingsfilme zu Gemüte, zum Beispiel *A Foreign Affair* (1948) von Billy Wilder, *Vertigo* (1958) von Alfred Hitchcock oder einen Streifen von Antonioni, Visconti oder Fellini. Hin und wieder delektiert sie sich auch an einem Film aus der von ihr gegründeten Internetpräsentation über die „Pionierinnen des deutschen Stummfilms“; für die Erforschung dieser wichtigen Ressource weiblicher Kreativität hat sie die Förderung der Frankfurter Maecenia-Stiftung erhalten. Die klassischen deutschen Stummfilme der Murnau-Stiftung verleiht ihr Institut rund um den Globus und nicht nur an Goethe-Institute.

Seit 2006 ist Claudia Dillmann Direktorin des fusionierten Instituts „Deutsches Filminstitut/Deutsches Filmmuseum“. Einstimmig gewählt! Eine Sisyphosarbeit erwartet sie und ihr Team, dessen leidenschaftliches Interesse am Film sich in beiden Häusern zum Vorteil der täglichen Vermittlungsrolle längst bewährt hatte. Diese Mannschaft ist in den wesentlichen Positionen von Claudia Dillmann ausgewählt worden. So verdankt das Publikum ihrer Spürnase für Talente und Charaktere nicht nur die Qualität der Vermittlungsarbeit, sondern auch die freundliche Atmosphäre, zu der jeder und jede einzelne nicht weniger beiträgt als die charmante Chefin. Sie hat die Crew außer mit neidlos respektierter Kompetenz durch Fairneß zusammengeschmiedet und dauerhaft motiviert. Dillmanns Personentableau ist über die scheinbaren Grenzen des Möglichen immer wieder hinausgewachsen.

Nachdem die Dauerausstellung des Museums als dessen zentrales Vorzeigestück zwanzig Jahre als Publikumsmagnet gut funktionierte, ist das Interesse daran verbraucht. Eines der dringlichsten Projekte der neuen Gesamtdirektorin ist eine publikumsorientierte, spannende Neukonzeption der ständigen Ausstellung. Dafür muß sie auch noch die nötige Million beschaffen. Angesichts der in den letzten Jahren entstandenen neuen Galaxis der Bildschirmmedien und des Internets muß die Visitenkarte des Filmmuseums auf diese neuen Herausforderungen entsprechend reagieren. Damit kann das Haus zugleich einen wichtigen Beitrag zur Vermittlung von Filmkultur und Medienkompetenz an Kinder und Jugendliche leisten, die zwar über aktuelle Hollywood-Produktionen Bescheid wissen, deren filmästhetische Erziehung aber von niemandem außerhalb des Filmmuseums geleistet wird. Die Klage, Kinder und Jugendliche konsumierten Filme kritiklos, kann nur dann verstummen, wenn ihnen kritische, ästhetische, historische Kriterien vermittelt werden.

Wer Claudia Dillmann zu charakterisieren hat, wird außer ihrer Freundlichkeit selbst noch unter Streß sowie ihrer nie eitel ausgespielten Souveränität ihre kämpferische Natur besonders hervorheben. Als eine in puncto Film fahrlässig inkompetente Kulturdezernentin 1993 das Kommunale Kino begraben wollte, und das auch noch mit dem hilflosen Argument, man könne sich die Filmästhetik doch genauso gut „über ein Video reinziehen“, da stand Claudia Dillmann mit mir auf den Barrikaden. Dillmann und ihre Kinofreunde starteten einen Hilferuf, der in der internationalen Filmwelt ein positives Echo fand: Gegen soviel kulturpolitische Ignoranz unterschrieben ihren Protest Weltstars wie Ingmar Bergman, Bernardo Bertolucci, Wim Wenders, Volker Schlöndorff, Alexander Kluge und Hanna Schygulla. Kein hermetischer Kunstraum, demonstriert das Kommunale Kino, heute leider unter einem anderen Namen, allabendlich seine Unentbehrlichkeit.

Berlin hat kürzlich versucht, Claudia Dillmann abzuwerben und zur Leiterin der dortigen Kinemathek zu machen, als Nachfolgerin des nicht minder bedeutenden Hans Helmut Prinzler. Wer hätte sich in Frankfurt nicht über ihre Absage gefreut?

Claudia Dillmann eignet ein Hauch britischer Weltläufigkeit. Ihre preußische Disziplin und Solidität verfeinert nobler Charme zur Tugend der Empathie. Klarer Verstand, hohe Fachkompetenz und solide Allgemeinbildung kennzeichnen die Prinzipalin der Filmforschung und Filmvermittlung in Deutschland.

Fragebogen

1. Ihre nachhaltigste (oder liebste) Kindheits- oder Jugenderinnerung?
Meine Erziehung war stark katholisch geprägt, ohne daß mir dabei Zwang angetan worden wäre. Die Familie besaß ausgedehnte Obstgärten, in jener Zeit (Ende der 1950er Jahre) herrschte noch nicht die Monokultur des Weinbaus im Rheingau. Wir waren viel draußen unterwegs, am Rhein, in den Obstgärten, auf Wiesen und Feldern. Während der Kirschernte lag ich einmal zur Mittagszeit in einem der Obstgärten im Gras, über mir die mächtigen, engstehenden Bäume, aus denen die fröhlichen Stimmen der Erntehelfer zu hören waren, und darüber spannte sich einer jener makellosen blauen Sommerhimmel, an die wir uns so oft zu erinnern glauben, wenn wir an die Kindheit denken. Entscheidend aber war mein Gefühl: das eines wohligen Aufgehoben- und Ganzseins mit der Welt, eines Geborgenseins in Gott, einer vollkommenen Harmonie. Da hat wohl meine kindliche Seele ihre Flügel weit gespannt, und tatsächlich war mir, als würde ich schweben. – Natürlich hat der Katholizismus mit seinen rituellen, das Jahr gliedernden Feiern immer wieder Sensationen für das kindliche Gemüt bereitgehalten, das Feierliche, Pathetische, Pompöse, Farbenprächtige, solche Gesamtkunstwerke wie an Fronleichnam mit Orgelbrausen, Weihrauch, tausenden von Blumen und dem großen „Te Deum“ – die Teilnahme daran, die innere, hat mich sehr geprägt. Vielleicht habe ich solche Erfahrungen später im Kino und in der Oper gesucht. Und gelegentlich gefunden.

Die Jugend war vor allem ein langer Abschied von dieser Kindheit, mit den üblichen Kämpfen und Krämpfen verbunden. Aber die Ursulinen und die weltlichen Lehrer haben viel darangesetzt, Glauben, Selbstvertrauen, soziale Verantwortung in uns dauerhaft zu verankern. Ich war auf einer Mädchenschule, und dort waren Frauen die Autoritätspersonen: die Direktorin, die Äbtissin. Auch das hat geprägt.

2. Wer oder was hat die Anfänge Ihres beruflichen Lebensweges entscheidend mitgeprägt?

Wenn meine Bewerbung um ein Volontariat nicht erfolgreich gewesen wäre, hätte ich nach dem Abitur Germanistik in Mainz studiert. So aber kam ich bei der *Offenbach Post* in eine linksliberale Stadtredaktion anno 1973, als es kein Thema gab, das nicht politisch diskutiert worden wäre. Die permanente Auseinandersetzung, bisweilen lautstark, die Hektik des Tageszeitungsgeschäfts, die rasche Umsetzung von Erlebtem in Geschriebenes und Gedrucktes waren verstörend. Das bedeutete: schneller Denken lernen, schlagfertiger werden, verblüffungsfester, härter. Ich war damals 19 Jahre alt und ganz sicher nicht „emanzipiert", aber ich wußte, und hielt unbeirrbar daran fest, was ich nicht wollte: zuständig sein für Kultur, Soziales, Schule und andere typische Frauenthemen. Ich kann diesen Widerwillen, der in Entschlüsse mündete, in der Erinnerung an nichts Konkretem festmachen, ich habe vielleicht nicht einmal bewußt – dafür war ich zu jung, zu wenig taktisch und irgendwie auch zu „bürgerlich" – entschieden, in klassische Männerdomänen einzubrechen. Jedenfalls wählte ich statt des Kulturressorts als nächste Station der Ausbildung „Sport" und danach wollte ich Polizeireporterin werden. Man schüttelte die Köpfe und schickte mich probeweise an den Tatort eines Mordes. Den italienischen Priester, dessen Leiche da vor mir lag, hatte ich gekannt. – Es ging mir auch in den Folgejahren nicht um den einzelnen Fall, so aufregend er sein mochte, sondern eher, denke ich, um ein Herantasten an Existentielles: Grenzbereiche faszinierten mich, Ausnahmesituationen, sehr merkwürdige Menschen. Über dieser Faszination wuchs dann der professionelle Überbau. Und als ich mich bei Werner Holzer, dem damaligen Chef der *Frankfurter Rundschau*, vorstellte, schüttelte auch er den Kopf über die dann 23jährige Reporterin. Und stellte mich ein.

3. Welches bedeutende Frankfurter Ereignis (welche Begegnung) hat sich besonders tief in Ihre Erinnerung eingegraben?

Das war im Spätsommer 1977, im „Deutschen Herbst". Schleyer-Entführung, „Landshut", Mogadischu, die Selbstmorde in Stammheim, die großangelegten Fahndungen. Die Rundschau hatte mich kurz nach der Einstellung zu einem FDP-Seminar nach Gummersbach geschickt, bei dem der damalige Bundesgeschäftsführer Günter Verheugen die Basis der Partei um liberale Standfestigkeit nachgerade anflehte. Mitten hinein platzte die Nachricht von der Entführung der Lufthansa-Maschine voller Touristen. Mein Artikel über die Zertrümmerung gerade mühsam wieder aufgebauter liberaler Haltungen ist nie erschienen, andere Nachrichten waren drängender. – Über den Empfang der zurückkehrenden befreiten Geiseln auf dem Frankfurter Flughafen habe ich dann berichtet, die Namensgleichheit mit der Chef-Stewardeß der „Landshut" hatte mich sogar in den abgeschirmten Angehörigen-Bereich befördert. Eine Reporterin hat solche Mißverständnisse zu nutzen.

So hab ich Frankfurt kennengelernt: an den Tatorten, denen des Bahnhofsviertels wie denen des Westends, bei den Demonstrationen, den Straßenschlachten, in den Camps der Verlorenen, bei Gefängnisbesuchen in Preungesheim, bei rituellen Maifeiern der Neonazis. Daniel Cohn-Bendit, damals *Pflasterstrand*-Herausgeber, zeigte mir an meinem Schreibtisch anklagend die Fotos der Redaktion nach der letzten Hausdurchsuchung, in den ersten Reha-Einrichtungen für Drogenabhängige interviewte ich stundenlang Ausstiegswillige wie Sozialpädagogen, im Polizeipräsidium trank ich spätabends mit Mitgliedern der Mordkommission oder saß mit einem pensionierten Polizeifotografen und dessen Ehefrau auf dem Sofa, während die beiden in „seinen" Alben blätterten, als handele es sich um Familien-Erinnerungen.

Wenige Jahre später sollte ich auf einer der häßlichen Bänke des häßlichen Uni-Campus in Bockenheim im Sommerlicht liegen und denken: Frankfurt ist doch schön!

In den vier Jahren zwischen 1977 und 1981 in der *Frankfurter Rundschau*, zuerst in der Stadtredaktion, dann im Politik-Ressort „Seite 3", war ich allen politisch und gesellschaftlich aufwühlenden Themen nahe gewesen: Terrorismus, Neonazis, Nachrüstungsdebatte, Sponti-Szene, AKW-Bewegung, Grünen-Gründung, Wallmanns neuer Stadt- und Ordnungspolitik, dem beginnenden Protest gegen die Startbahn West. Ich hatte relativ schnell Karriere gemacht, war mit 27 Jahren auch Korrespondentin der *ZEIT* mit Berichten aus Frankfurt und Hessen. Es reichte. Ich hatte genug. Unser mit Respekt und scheuer Distanz bedachter Großvater war 1978 gestorben, 1979 starb unsere Mutter überraschend im Alter von nur 48 Jahren, knapp ein Jahr später unser Vater. Mein jüngster Bruder war, als meine Mutter starb, 16 Jahre alt. Unsere verehrte, bewunderte Großmutter würde, das war absehbar, die Verluste nicht verwinden können. So kam zusammen, was zunächst als Karrierebruch wahrgenommen wurde: Ich verließ den *inner circle* der *Rundschau*, die täglichen Diskussionen mit Hans-Herbert Gaebel, der geduldig meinen Anti-Amerikanismus zu mildern suchte und mir zum Abschied Karten für das (letzte?) Ella Fitzgerald-Konzert in der Jahrhunderthalle schenkte; mit Roderich Reifenrath, der – von mir als „legalistisch" attackiert – unverdrossen das geltende Recht beispielsweise in der Frage von Hausbesetzungen hochhielt; mit Karl Grobe, der meinen völligen Mangel an Kenntnissen der Geschichte der Comintern beklagte; mit Hans-Joachim Noack, der den im Alltag ansonsten schwer durchsetzbaren Feingeist des Journalismus verkörperte; mit „Charly" Krumm, dem liberalen Haudegen der Reporterzunft; schließlich mit Gerhard Ziegler, der moderat vermittelte zwischen alldem. Zum prägenden Team gehörten noch Jutta Stössinger, die sich federleicht und unerschrocken in durchaus unterschiedlichen Milieus bewegen konnte, Ulrike Füssel, die handfest, dabei zartfühlend Arbeitsalltag analysierte, Hans-Jürgen Biedermann, dieses Vorbild an Unkorrumpierbarkeit, und Jürgen Schreiber, der die Einsamkeit des Langstreckenläufers mit der des Vordenkers verband.

4. Welcher Autor, Maler, Komponist, Politiker usw. hatte gehörigen Einfluß auf Ihre Arbeit?

1984 hatte ich das Angebot, noch vor Eröffnung des neuen Filmmuseums an dessen Dauerausstellung mitzuarbeiten, gerne angenommen, ohne zu ahnen, daß sich daraus ein neuer Beruf ergeben würde. Während des Studiums, das ich 1987 abschloß, kristallisierten sich aber schon Film und Kunstgeschichte als meine eigentlichen Interessengebiete heraus. Das bedeutete für mich in gewisser Weise einen Wechsel vom (geschriebenen) Wort zum Bild, von der Politik zur Ästhetik – auch wenn ich in den Folgejahren die wirtschaftlichen und gesellschaftlichen Produktionsbedingungen von Film nie ganz aus den Augen verlor. Die Weimarer Zeit – Stummfilm, Literatur, Bildende Kunst – die italienische Renaissance und die Goethezeit wurden meine Schwerpunkte. Und sind es, ergänzt um die spanische Malerei, bis heute geblieben. Der anhaltenden Stummfilm-Leidenschaft fröne ich einmal im Jahr beim Festival in Bologna. Und mein imaginäres Museum besteht aus Bildnissen, die mich unmittelbar getroffen haben und seitdem nicht mehr loslassen: zum Beispiel El Grecos Porträt des Hortensio Félix Paravicino in Boston, „Quappi in Rosa" von Max Beckmann in Madrid, natürlich „Las Meninas" von Velázquez, Vermeers „Bei der Kupplerin" in Dresden, „Le Tricheur" von Georges de la Tour in Paris, gemaltes menschliches Dasein. Und Cezanne. Eines der vielen Bücher, die mich nachhaltig beeinflußten, möchte ich herausstellen: *Das Kinobuch* von Kurt Pinthus, 1914 erschienen, in dem junge Schriftsteller und Schriftstellerinnen ziemlich (irr)witzige und meist untaugliche Film-Erzählungen fürs damals neue Medium entwickeln, und bei den knappen biographischen Informationen fand ich als Studentin dann fast durchgängig die Hinweise „gestorben im Exil", „Selbstmord im Exil" – Ausgangspunkt für eine intensive Beschäftigung mit Holocaust, (Film-)Exil und Remigration.

5. Mit welchen wichtigen Menschen sind Sie befreundet?
Menschen, mit denen ich befreundet bin, sind mir wichtig, ob sie „wichtige Menschen" sind, spielt keine Rolle.

6. Welcher Typ Mensch ist Ihnen zuwider?
Zuwider sind mir Heuchler.

7. Welches Faktum war rückschauend ein besonders wichtiger Meilenstein/Wendepunkt in Ihrer „Karriere"?
Als ich mit 27 mich verstärkt um meine Familie zu kümmern und außerdem zu studieren begann, hatte ich schlicht eine Aus-Zeit im Sinn. Ich würde, das erschien mir jedenfalls nicht fraglich, Journalistin bleiben, Berufswünsche waren also mit dem Studium nicht zu verbinden, so daß ich schlicht Hobbys in Fächer umsetzte: Ich las gerne (also

Germanistik, neuere und ältere), war früher häufig ins Kino gegangen (also Theater-, Film-, Fernsehwissenschaft) und besuchte gern Museen (Neuere Kunstgeschichte). In keiner Weise sah ich voraus, daß das Studium die Grundlagen meines bisherigen Berufs völlig in Frage stellen würde. Ich schrieb ja weiter, für die *Rundschau*, für *Die Zeit*, aber daß die Absenz vom Journalisten-Alltag und das Eintauchen in eine andere Art von Arbeit, das intensive, ruhige, lange Recherchieren, Nachdenken, Schreiben nicht vorhergesehene Auswirkungen haben würde, erkannte ich erst 1986, als ich in der fränkischen Provinz in einem Intensivkurs angehende Journalisten ausbildete. Plötzlich schien mir das, was ich da weiterzugeben hatte an journalistischen Grundsätzen, gewürzt mit Erfahrungen, als völlig fremd, mir nicht zugehörig.

8. Was ist von Ihren Wünschen unerfüllt geblieben oder mißlungen und warum?

Ich hatte das Glück, in den 1980er Jahren den kulturpolitischen und kulturellen Aufschwung in Frankfurt miterleben zu dürfen, die Aufbruchstimmung in dem noch jungen Filmmuseum und seinem ebenso jungen Team: Ausstellungen machen, Bücher schreiben, stundenlange Gespräche. Damals hätte ich nicht für möglich gehalten, eines Tages den Großteil meines Arbeitsalltags mit der Suche nach Kooperationspartnern und Geld zuzubringen, mit Drittmittelakquise, Antragschreiben, Organisation und anderen Kultur-Management-Aufgaben. Ich vermisse die Möglichkeit zur Versenkung in ein Thema, den langen Recherche-Prozeß, das ruhige Einlassen auf die Lektüre, die Diskussionen unter Fachleuten. Beides zu vereinen, mag mir nicht recht gelingen.

9. Was finden Sie an Frankfurt liebenswert?

Liebenswert an Frankfurt ist seine Mischung von Internationalität, großer architektonischer Geste, Bodenständigkeit in den Stadtteilen, Flair am Fluß. Und das alles auf engstem Raum. Und mit einem höheren Grad an Durchlässigkeit zwischen Milieus und Szenen als in anderen Städten.

Mein Frankfurt-Bild, sein „Image“, wird vom Museumsufer bestimmt, mit dem Blick auf Skyline, Dom und Main, mit seinem internationalen Renommee, seinen Besuchern von überall her, mit den Herumirrenden, die den Sitz der LVA Hessen nicht finden, und mit seiner Flaniermeile am Ufer, wo sommers die Kinder aus allen Stadtteilen toben und abends die Einheimischen ihre Picknick-Plätze besetzen.

Die Stadt könnte sich der Verdichtung ihrer selbst in diesen Bildern vom Fluß und seinen Ufern noch bewußter werden. Finde ich. Und finde es auch in den Gesichtern von Freunden aus München oder Berlin, die einfach nur staunen.

10. Was verdiente Ihren Tadel an Frankfurter Verhältnissen/Strukturen, an der Kommunalpolitik usw.?

–

11. Welche hier vergessene Frage hätten Sie gern (und wie?) beantwortet?
Die, was es bedeutet, als Frau „stark" zu sein, also eine immer noch mit „männlich" assoziierte Eigenschaft oder Bedeutung anzustreben oder zu haben; die, ob Frauen immer noch besser sein müssen als Männer, um vergleichbare Positionen einnehmen zu können; die, bei welcher Gelegenheit die Zuweisung der Geschlechterrolle, das Selbst-Bild und die Ambition miteinander in Konflikt gerieten. Die Fragen stellen heißt, sie damit zu beantworten.

12. Haben Sie ein Lebensmotto, eine Arbeitsdevise?
Nein, ein Lebensmotto habe ich nicht, meine Arbeitsdevise könnte lauten: carpe diem!

Gabriele Eick

Gabriele Eick ist das beste Beispiel einer „Patchwork-Karriere". Kaum zwanzig Jahre alt, startet die ausgebildete Versicherungskauffrau 1971 voll durch und kurvt gleich bei IBM Deutschland in die erste Runde ihrer wechselvollen Laufbahn ein. Nach diversen innerbetrieblichen Zwischenstationen residiert sie als Direktorin für das Vertragspartnergeschäft schließlich in der Leitungsetage von IBM.

1978 unterbricht sie die berufliche Praxis und absolviert Studien der Fachrichtung „business administration" an der Columbia University New York, wo sie ihre professionelle Palette um Kenntnisse in Industriepsychologie und Personalmanagement erweitert. Wie schnell sich der erworbene Mehrwert an ökonomischem Wissen amortisieren wird, erfährt sie wenig später bei der A. C. Nielsen Marketingforschung, die sie als „Marketing Direktor für Gebrauchsgüter Europa" engagiert.

1990 bindet Oberbürgermeister Andreas von Schoeler sie als Chefin der Frankfurter Wirtschaftsförderung GmbH an die Stadt – ein Glücksfall für die Bankenmetropole am Main. Hier konnte sie ihre glänzenden Verbindungen spielen lassen, die sie nüchtern „Netzmanagement" nennt. Mit ihrer Arbeit half sie nicht zuletzt den Finanzpolitikern in Westeuropa zum Wohle Frankfurts auf die Sprünge. Neben Paris, London, Luxemburg war seinerzeit auch die damalige Bundeshauptstadt Bonn am Sitz der Europäischen Zentralbank interessiert. Nicht nur Eicks sprichwörtlich langer Atem hat dazu beigetragen, die Väter der Europäischen Zentralbank endlich davon zu überzeugen, daß allein Frankfurt der angemessene Ort für erfolgreiche internationale Finanzwirtschaft sei. Während der Mißerfolg ein Waisenkind ist, kennt der Erfolg viele Väter; sie heißen Helmut Kohl, Andreas von Schoeler, Hilmar Kopper, Hans Eichel und so weiter – aber nur eine Mutter: Gabriele Eick. Auch die Etablierung des „Kommunikationsmarktes Frankfurt" wird auf ihr Habensaldo verbucht. Mit einem entsprechenden Coup war es ihr exemplarisch gelungen, „Kundenerwartung nicht nur zu erfüllen, sondern zu übertreffen" (Eick). Immerhin wurden in ihrer Zeit viele neue Unternehmen in Frankfurt angesiedelt. Die Bestandspflege bereits angesiedelter Unternehmen war ihr gleich wichtig.

Weil aller Erfahrung zum Trotz Leistung manchmal doch belohnt wird, ruft das angesehene Wirtschaftsmagazin *FORBES* Gabriele Eick 1993 zur „Managerin des Jahres“ aus. Gemeinsam neben dem „Mann des Jahres“, *Focus*-Chef Helmut Markwort, kürt das Fachmagazin *HORIZONT* Gabriele Eick zur „Frau des Jahres“, weil sie mit ihrer Beratungsphilosophie couragiert frischen Wind in die Hierarchien der Topmanager zu blasen verstand. Statt glanzvoller Prospekte, die potentiellen Kunden routiniert in die Hand gedrückt werden, braucht Beratung ein Gesicht: Gabriele Eick.

Die immer risikofreudige Gabriele Eick wechselt 1994 die Pferde und nimmt bei Jürgen Schneider das Halfter in die Hand. Im Vertrauen darauf, daß der damals als erfolgreich gepriesene Immobilienkaufmann mit ihren Marketingkonzepten und Unternehmensstrategien wirtschaftlich noch weiter expandieren kann, investiert Gabriele Eick ihre Beziehungsenergien in die Zukunft der bis dahin bewunderten Schneiderschen Altbausanierungen. Kaum hatte sie sich als Vorstand in Königstein etabliert, war ihr Entsetzen größer als das von Papageno beim Anblick des Monostatos, als die kriminelle Schneiderenergie als Skandal die Schlagzeilen der Gazetten bestimmte – ohne allerdings Eicks Reputation Blessuren zuzufügen. Edelpleitier Schneider entzieht sich seiner Verantwortung und eskapiert aus den millionenschweren Verbindlichkeiten ins sonnige Ausland, wo er schon zehn Monate später an der Côte d'Azur gefaßt und in Frankfurt vor ein ordentliches Gericht gestellt wird. Oberstaatsanwältin Hildegard Bekker-Toussaint unterrichtet vier Monate lang fast täglich die Presse mit neuen Details über Aufstieg und Fall des distinguierten Delinquenten.

1995 ist es dem in ökonomische Strudel geratenen Tanker „Burson Marsteller“, Agentur für Public Relations and Public Affairs, dank Gabriele Eick gelungen, aus der Havarie das rettende Ufer zu erreichen, nachdem sie die Geschäftsführung für das Deutschlandgeschäft übernommen hatte. Mit ihrer Hilfe war es möglich, das laxe Firmenmanagement zu entlaxen und die Bilanz mit schwarzen Zahlen zu saldieren.

1998 schafft sie dann den Quantensprung in die Chefetage der Dresdner Bank. Der neue Vorstandssprecher Bernhard Walter verpflichtet Gabriele Eick als Direktorin des Konzernstabs für die weltweite Unternehmenskommunikation der gesamten Bankgruppe. Die Dresdner Bank war 1998 wegen Beihilfe zur Steuerflucht, die mehrere Vorstandsmitglieder zum Rücktritt zwang, ins Gerede gekommen. Gabriele Eick sollte das verblassende „grüne Band der Sympathie" wieder in makellosem Grün erstrahlen lassen. Alle relevanten Kommunikations- und Marketing-Bereiche samt zweihundert Mitarbeitern werden ihr unterstellt, auch die Bereiche Politik und Gesellschaft werden Frau Eick zusätzlich anvertraut.

Gabriele Eicks Drang in die öffentliche Wirkung war besonders wichtig für die Pressearbeit der Dresdner Bank. Sie war schließlich für die Außenwirkung verantwortlich. Eine Abteilung der Konzernstabsstelle tauft sie entsprechend „Presse, News und Services", um den Servicegedanken stärker forcieren zu können. Aber nicht nur nach außen wollte die Bank verlorenes Vertrauen zurückgewinnen, auch intern sollten die Mitarbeiter „ehrlicher über die Geschäftspolitik des Hauses informiert“ werden: Größere Transparenz heißt dazu ihr Stichwort.

Weil man der redegewandten, ebenso klugen wie cleveren Gabriele Eick auch dann noch gern zuhört, wenn sie den inflationierten Begriff Kommunikation fast bis zum Überdruß variiert, ist ihr professionelles Schwergewicht immer wieder auf einschlägigen Kongressen mit Vorträgen gefragt.

Nach dem Ausscheiden aus der Dresdner Bank wollte Gabriele Eick künftig lieber unabhängig eigene Ziele verfolgen und gründete im Jahre 2000 eine eigene Firma, die „Gabriele Eick Executive Communications“ mit dem etwas umständlich werbenden Untertitel „Beratung für synchronisierte Unternehmenskommunikation“. Selbstbewußt verspricht sie mit ihrer Firma, die mitnichten eine „One-Woman-Show“ sei, daß „jeder bekommt, was drauf steht: Gabriele Eick“. Ihr Firmenprofil nennt „Strategische Kommunikations- und Marketingberatung“ als Unternehmensziel und als zweiten Schwerpunkt „Krisenpräventionsberatung“. Auch wenn ich ihre Klienten hier nicht preisgebe, weil Diskretion Eicks „oberstes Gebot“ ist, so weiß ich aus „gewöhnlich gut unterrichteter Quelle“, daß eine Reihe angesehener Unternehmen die Beratungskosten für Eicks Interventionen um ein Vielfaches amortisieren konnte. Das Coachen von Führungskräften überläßt Gabriele Eick nicht ihren Mitarbeitern, weil sie weiß, daß ihre Klientel sich den persönlichen Erfahrungsschatz der Chefin übereignen möchte. Als leibhaftiges Beispiel braucht sie nur auf ihre eigene erfolgreiche Karriere zu verweisen, in der das Hauptwort Kommunikation sich in ihrer Person überzeugend veranschaulicht.

Gabriele Eick hat ihr Wissen auch mit den exklusiven Baden-Badener Unternehmergesprächen stets à jour gehalten, wo im „exzellent gepflegten Netz noch der Geist der Old Economy dominiert“ (Prospekttext). Dieser Entscheiderkreis befindet zum Beispiel über „erkennbare Eignungen für die Top-Etagen“. Redner der Gespräche sind Top-Manager, Firmenbosse, Bankvorstände, Nobelpreisträger, Minister (was allerdings Ministerin Buhlman in diesem erlauchten Kreis zu suchen hatte, bleibt ein Rätsel). Weil deutsche Entscheidungsträger und Meinungsführer hier gewissermaßen unter ihresgleichen sind, reden sie meist herzerfrischend Tacheles.

In ihrem lesenswerten Aufsatz im Magazin *Palais Biron* kritisiert sie 2006 den deutschen Hang zu Anglizismen, indem sie uns auffordert, an unserer Sprache zu arbeiten, denn sie sei der Schlüssel dafür, eine Beziehung zu gestalten, und die Chance, eine Kundenbeziehung aufzubauen. Den anglophilen Verhunzern der deutschen Sprache seien hier die Romane des Sprachpuristen Thomas Mann zur Lektüre empfohlen, der auf jeglichen Anglizismus verzichtet.

Gabriele Eick hat sich in den Kreis jener Bürger eingemeindet, die das gesellschaftliche Leben der Stadt prägen. Mit charmanter Eloquenz agiert sie auf vielen Bühnen in verschiedenen Rollen. Neben ihrem hektischen Erwerbsjob hat sie es als Präsidentin des Frankfurter Marketing Clubs, des mit 900 zahlenden Mitgliedern größten deutschen Marketing-Berufsverbandes, geschafft, dessen Veranstaltungen seit 1997 als Highlights ins Frankfurter Gesellschaftsleben zu integrieren. Ihre Gäste erleben etwa im Festsaal der Alten Oper, was Gabriele Eick unter dem obstinaten Zauberwort Kommunikation versteht, wenn sie bei der „Frankfurter Marken Gala“ ihr großes kommunikatives Netz über ihre sechshundert Gäste auswirft. *BILD* nennt „die Eick“ eine „Businessfrau wie aus dem Bilderbuch: ehrgeizig, intelligent, zielstrebig – und charmant“. „Nein, ehrgeizig bin ich nicht“, wehrt sie das Adjektiv ab, „aber immer sehr engagiert“ (*F.A.Z.*). Unter der Headline „Powerfrau mit großer Lebenslust“ notiert *Der Kontakter* in ihr Poesiealbum, sie sei eine „Mischung aus Anmut und einem Quantum Mütterlichkeit“.

Wer einmal das Vergnügen hatte, Gabriele in ihrem Zuhause in Sachsenhausen zu erleben – wo sie nach 15 Umzügen endlich Wurzeln geschlagen hat –, wenn sie dort Freunde bekocht, konnte diese sympathische Mischung von heimischem Herd und ästhetisch umflorter Tafel nachvollziehen. Mit Sohn und Tochter durfte ich ausgiebig Gabrieles und Detlef Eicks Gastfreundschaft genießen: Aus Anlaß meines 80. Geburtstages hatte sie mit kulinarischem Raffinement ein indisches Nationalgericht aus roten und braunen Linsen mit zartem Hühnerfleisch aufgetischt. „Mit Freunden kochen, essen und trinken und dabei gescheit reden“, nennt sie ihre große Leidenschaft. An diesem Abend einmal nicht obligatorisch schwarz gewandet, dafür barfuß auf kühlen Küchenfliesen.

Gabriele wurde 1952 in Plauen im Vogtland geboren, einer von den Bergkuppen des Fichtelgebirges und des Erzgebirges umstellten Stadt. Als sie neun Jahre alt war, flüchteten ihre Eltern aus der staatssozialistischen Hemisphäre in den freien Westen. Sie wollten endlich unbehelligt von sozialer Kontrolle und staatlicher Gängelei leben. Sie zogen zunächst nach Wetzlar im Siegerland, wo der Vater als Versicherungsagent bald eine Anstellung bekam. Vom Vater hat sie wohl die Selbstdisziplin geerbt, von der Mutter das Talent zur Frohnatur.

In der Tat kenne ich Gabriele nur mit kommunikativ-fröhlicher Miene, mit heiterem Approach, hinter dem sie die Anstrengung des Tages diszipliniert zu verbergen weiß. Im Theater, in der Oper oder in Johnny Klinkes Kabarett „Tigerpalast" tankt sie ihre Energien auf. Als geselliger Typ ist sie immer gern zu Scherzen aufgelegt. Daß sie kein Spielverderber ist, bewies sie im „Tigerpalast", als sie bei einer der Premieren aufgefordert wurde, ihr sonores Stimmorgan erklingen zu lassen. Nachdem sie kräftig durchgeatmet hatte, schnappte sie sich das Mikro und sang *Summertime* von Gershwin. Der Saal tobte, ihre Kommunikationsstrategie hatte mal wieder anschaulich funktioniert.

Gabriele Eick reist gern, am liebsten nach New York, „das ist wie nach Hause kommen". Gemeinsam sind wir 2005 mit einer kleinen Delegation nach Budapest geflogen, wo sie mit Helga Meister die KULTURTAGE der Europäischen Zentralbank vorzubereiten hatte. Ich sollte dort für die *Frankfurter Allgemeine Zeitung* ein Interview mit dem ungarischen Filmregisseur István Szabo (*Mephisto*) führen. Weil mein Hotelzimmer erst für den nächsten Tag reserviert war, agierte Gabriele blitzschnell und überließ dem Oldtimer spontan ihr Appartment. Sie teilte sich dann ein Doppelzimmer mit einer anderen starken Frankfurterin, mit Frau Meister von der EZB. Die KULTURTAGE mit dem Themenland Ungarn wurden ein voller Erfolg für die EZB, für Frankfurt, für die ungarische Nationalbank und das „Goldkind in der Mitten": für Gabriele Eick.

Ihre vorläufig letzte große PR-Arbeit für die Welt des Marketings feierte die Präsidentin des Frankfurter Marketing Clubs in der Alten Oper als Gastgeberin der zweiten „Frankfurter Marken Gala", bei der erstmals der eigene Branchenpreis „Das Goldene Brandeisen" verliehen wurde. Bei dieser Gelegenheit outete sich Petra Roth als begeisterte PR-Frau: „Das sind schließlich meine Initialen.“ Gabriele Eick fühlte sich und ihr Engagement fürs Marketing bestätigt und revanchierte sich in Anwesenheit Meister Propers, des Michelin-Männchens und 500 weiterer Gäste mit der Bemerkung, die Oberbürgermeisterin sei schon lange eine „Persönlichkeitsmarke“, das Werben für die Marke „Frankfurt“ sei ihr in die Wiege gelegt worden – ein Kompliment, das man nur an Gabriele Eick zurückgeben kann.

Fragebogen

1. Ihre nachhaltigste (oder liebste) Kindheits- oder Jugenderinnerung?
Nachhaltig war unsere Flucht aus der damaligen DDR – 4 Monate vor dem Bau der Berliner Mauer. Da ich gerade mal 9 Jahre jung war, habe ich natürlich nicht begriffen, daß meine Eltern mit diesem Schritt, alles hinter sich zu lassen, den Weg für uns Kinder in die Freiheit gewagt hatten. An diesem Tag flüchteten 2000 Menschen aus der DDR nach West-Deutschland, und schon damals, daran erinnere ich mich, wollten die Westdeutschen keine Flüchtlinge! Angenehmerweise haben es meine Eltern durch unsere gesamte Kindheit hindurch geschafft, uns den Eindruck zu vermitteln, daß alle Menschen etwas verloren haben, in einem gewissen Sinne Flüchtlinge sind. Insofern habe ich auch nie ein Neidgefühl entwickelt.

Ich habe sehr früh gelernt, was es heißt, einen geliebten Menschen zu verlieren. Mein erster Mann starb nach sechswöchigem Koma an einer von Ärzten nicht erkannten Tropen-Krankheit. Er war erst 35 Jahre alt. Das hat mich sehr früh geprägt. Ich wurde aufmerksamer für die Dinge um mich herum, für Krankheit und Leid, das kaum jemandem erspart bleibt. Ich habe auch gelernt, damit umzugehen und das Leben trotzdem zu bejahen. Wenn man einmal sehr geliebt hat und geliebt wurde, gibt das Kraft, auch die Kraft wieder neu zu lieben und das Leben anzunehmen und es trotz eines solchen Schicksalsschlages konstruktiv zu gestalten. Das ist mir mit meinem heutigen Mann gelungen, mit dem ich jetzt 25 Jahre verheiratet bin.

Meine liebste Kindheitserinnerung: Mit meinen Eltern in unserem ersten Auto am Wochenende ins Grüne fahren, im Wald Pilze suchen, Picknick auf einer Decke und auf der Heimfahrt Lieder singen. Oder aber auch klassische Musik im Radio hören und raten, wer der Komponist ist bzw. aus welcher Oper oder Sinfonie sie stammt.

2. Wer oder was hat die Anfänge Ihres beruflichen Lebensweges entscheidend mitgeprägt?

Ich erfuhr durch meine Mutter die erste ganz starke Prägung. Sie war durch ihre notwendige, wenn auch primär wirtschaftlich motivierte Berufstätigkeit als Versicherungs-Agentin eine innerlich sehr unabhängige und selbständige Frau, die zwar ohne das Wort Emanzipation aufgewachsen, aber wiederum durch meine energische Großmutter stark geprägt war. Vielseitig interessiert, hat sie mir als Vorbild vorgelebt, daß das Leben viele Facetten hat, die es auf der einen Seite zu genießen gilt, dessen Herausforderungen aber auch anzunehmen sind. Das Glas meiner heute 83 Jahre alten Mutter ist immer halb voll, dieses „Gen" habe ich geerbt.

Meinem ersten Musik- und Mathematiklehrer verdanke ich, daß ich mangelndes Gefühl für Mathematik mit meiner Liebe zur Musik kompensieren konnte. Er war es, der mich darauf aufmerksam machte, daß ich gut singen kann, was ich später auch privat ausbaute und mir zu einem wichtigen Hobby geworden ist.

Beruflich hat mich der damalige Vorstandsvorsitzende der IBM Deutschland, Prof. Dr. Lothar Sparberg, dessen Assistentin ich das Glück hatte sein zu dürfen, sehr nachhaltig in meiner Art, Menschen zu führen, geprägt. Die Achtung vor dem einzelnen, einer der Schlüsselwerte in der Menschenführung der damaligen IBM, wurde von ihm in seiner Vorbildfunktion glaubwürdig vorgelebt. Spektakulär – vor 30 Jahren – war seine Sicht, daß Frauen in Führungspositionen Gleiches leisten können wie Männer. Er traute mir etwas zu, stellte Weichen. Die Tür wurde aufgemacht, durchgehen und überleben mußte man schon selber. Einige Jahre später forderte und förderte mich ein weiterer hochrangiger IBM-Manager, Dr. Reiner Gohlke, späterer Präsident der Deutschen Bahn. Er war wunderbar auf dem Teppich geblieben und sehr teamorientiert.

3. Welches bedeutende Frankfurter Ereignis (welche Begegnung) hat sich besonders tief in Ihre Erinnerung eingegraben?

Beruflich war ein besonderes Highlight die Entscheidung für Frankfurt als Sitz der Europäischen Zentralbank. Dieser Erfolg war nur möglich durch ein professionelles und engagiertes Zusammenarbeiten zwischen Politik- und Wirtschaftsvertretern unserer Stadt. Dies übertrug sich auch auf die bundespolitische Ebene. Unvergeßlich das anerkennende Tisch-Klopfen der Journalisten für Andreas von Schoeler, damaliger OB und mein Aufsichtsratsvorsitzender, und mich in der Pressekonferenz im Römer.

Ausschlaggebend für diesen Erfolg war Generalkonsul Schubert. Schubert schlußendlich organisierte einen Termin zwischen von Schoeler und mir mit dem damaligen Außenminister Genscher, der dabei seine Unterstützung zusicherte. Diese Begegnung mit Bruno Schubert war der Beginn einer bis heute andauernden Freundschaft. Auch verdanke ich Bruno Schubert die für meinen Mann und mich wichtige Freundschaft zu dem Autor dieses Buches.

4. Welcher Autor, Maler, Komponist, Politiker usw. hatte gehörigen Einfluß auf Ihre Arbeit?
Weniger auf meine Arbeit als vielmehr auf mein Leben überhaupt bezogen, lautet die Antwort: Ohne Kunst und Kultur wäre mein Leben arm. Wie viele, die beruflich sehr engagiert sind, kämpfe ich um Zeit für Kulturtermine, die ich dann aber gemeinsam mit meinem Mann um so eifriger wahrnehme: Bayreuth, Rheingau-Musik-Festival, Mozarteum in Salzburg, die KULTURTAGE der Europäischen Zentralbank.

5. Mit welchen wichtigen Menschen sind Sie befreundet?
Das unterliegt der Diskretion.

6. Welcher Typ Mensch ist Ihnen zuwider?
Die Überehrgeizigen, die Schmeichler, die ewigen Besserwisser, die Besessenen – selbst dann, wenn es für eine vermeintlich gute Sache ist.

7. Welches Faktum war rückschauend ein besonders wichtiger Meilenstein/Wendepunkt in Ihrer „Karriere“?
Meine Tätigkeit als Wirtschaftsförderin dieser Stadt. Bis heute beeinflußt mich dieses breite Spektrum an Aufgaben und Herausforderun-

gen, und ich habe eigentlich nie aufgehört, mich für diese Stadt zu engagieren – nur tue ich dies heute ehrenamtlich. Daß ich heute erfolgreich selbständig als Unternehmensberaterin tätig bin, liegt auch darin begründet, daß ich mir ein Netzwerk aufgebaut habe, auf das ich immer wieder vertrauensvoll zurückgreifen kann.

8. Was ist von Ihren Wünschen unerfüllt geblieben oder mißlungen und warum?

Wer meine Vita verfolgt hat, konnte vielleicht nicht verstehen, warum ich mich nach vier erfolgreichen Jahren in der Wirtschaftsförderung in den Vorstand der Dr. Jürgen Schneider AG abwerben ließ. Wer sich tiefer in diesem Metier auskennt, weiß, daß man als Wirtschaftsförderer natürlich beeindruckt ist von erfolgreichen Projektentwicklern. Schneider hatte sich insbesondere in den neuen Bundesländern engagiert, und das reizte mich – natürlich auch im Hinblick auf meine alte Heimat.

Wenn man selber keine kriminelle Energie besitzt, erkennt man viele Dinge nicht oder zu spät. Acht Wochen im Vorstand der Dr. Schneider AG waren aber einfach zu wenig, um persönlichen und Reputations-Schaden zu nehmen. Es war eine herbe menschliche Enttäuschung und Ernüchterung.

9. Was finden Sie an Frankfurt liebenswert?

Die immer noch erhaltende Mischung aus Metropole und ländlichem Charakter. Eine „Mutter Ernst" mitten in der teuersten Einkaufsstraße Frankfurts. Die Vitalität, die Experimentierfreude. Die kurzen Wege und die Fähigkeit der Frankfurter, „Zugereiste" auf- und anzunehmen.

10. Was verdiente Ihren Tadel an Frankfurter Verhältnissen/Strukturen, an der Kommunalpolitik usw.?

Frankfurt hat viele Initiativen in den Bereichen Kultur und Wirtschaft, die, wären sie gebündelt, noch bessere Ergebnisse erzielen könnten. Viele greifen auf die gleichen Zeit-, Personal- und Finanz-Budgets der Wirtschaft zu. Strategische Schwerpunkte erarbeiten! Weniger kann mehr sein in Zeiten leerer öffentlicher Haushaltskassen.

Die Fußball-WM mit der Sky-Arena war ein gutes Beispiel für die Konzentration auf eine Sache und die richtig zu machen! In Marketing-Worten: Frankfurt sollte sich auf seine Kernkompetenzen konzentrieren und Schwerpunkte setzen, dazu gehört ganz sicherlich der Ausbau des Tourismus!

11. Welche hier vergessene Frage hätten Sie gern (und wie?) beantwortet?
–

12. Haben Sie ein Lebensmotto, eine Arbeitsdevise?
„Carpe diem"!

Hannelore Elsner

Hannelore Elsner hat schon mit 23 Jahren Fernsehgeschichte geschrieben: Ihren furiosen Start in den medialen Erfolg verdankt sie ihrem Auftritt als hüllenlose Grazie auf Millionen Bildschirmen der Nation. Anders als vor ihr Hildegard Knef in *Die Sünderin* (1950) konnte sie dieses charmante Versprechen von Jungsein und Verführbarkeit in jeder Hinsicht einlösen – und nicht nur, weil die Proportionen stimmten und die Gesetze der Ästhetik streng beachtet wurden. Von der Natur wie auch von einer karessierenden Kamera. In Alf Brustellins Film *Berlinger* (1975) feiern wir mit Hannelore Elsner die Geburt einer kinematographischen Venus.

Mit *Berlinger* gelingt ihr zugleich der Wechsel ins Fach ihrer wahren Berufung, ins Charakterfach. Denn in diesem Film macht sie nicht nur textilfrei *bella figura*, sondern vor allem darstellerisch. Wäre diese Einlage ihre einzige Spitzenleistung geblieben, sie stünde in der deutschen Filmgeschichte heute nicht an oberster Stelle der Charts. Sie war von Anfang an schon dort, wo Kolleginnen wie Elke Sommer oder Uschi Glas nie hingekommen sind. Wenn die Elsner auf der Leinwand einen Mann betört, möchte wohl mancher gern an dessen Stelle gewesen sein.

Dieser kurze Ausflug in den hüllenlosen Frohsinn eines Jungstars mußte ihr schon deshalb nicht peinlich sein, weil ihr ausdrucksvolles Gesicht den schönen Rest angemessen relativierte. Warum sollten wir diese Metamorphose vom jugendfrischen Debüt bis zum Dauererfolg einer reifenden Kommissarin im Lederlook bloß als eine Allegorie betrachten, statt dabei getrost auch deren pikante Pointe zu genießen? Da Aphroditen aber nur im Film nicht älter werden, im wirklichen Leben aber schon, überrascht uns Hannelore Elsner jedesmal wieder mit ihrer ungelifteten Schönheit auf Verbrecherjagd.

Weil sie mit jeder neuen *Die Kommissarin*-Folge die Fernsehschablonen der blonden Dutzend-Damen dorthin verschwinden läßt, woher sie kamen, in die lächerliche Drehbuchexistenz, kassiert sie mit Recht die höchsten Einschaltquoten im Ersten. Nachdem Elsners Ermittlungen derart erfolgreich eingeschlagen hatten, daß die bayerische Polizei sie zur „Ehrenkommissarin“ ernannte, wurden wir im Fernsehen mit einer wahren Kommissarinnenflut überschwemmt, wobei Hannelore Hoger oder Ulrike Folkerts erfreuliche Ausnahmen von der Routineregel sind. In der harten Realität des Polizeialltags sind übrigens keine zehn Prozent des Führungspersonals weiblicher Natur.

Angesichts einer stereotyp inszenierten TV-Dramatik mit in pulverdampfgeschwängerter Luft herumwirbelnden Karossen und Klischee-Ganoven, die der rauhen Wirklichkeit des Polizeialltags flagrant widerspricht, hat der anspruchsvolle Krimifan längst auf *Die Kommissarin* umgeschaltet.

Hannelore Elsner ist der erste weibliche Kommissar auf deutschen Bildschirmen. Ihre glaubhafte Darstellung einer einsatzleitenden Polizeibeamtin geriet schon nach wenigen Folgen zum Kult. Viele Frauen mochten sich mit der sympathischen Figur der Lea Sommer gern identifizieren: Schön und rätselhaft, charmant und selbstbestimmt, gilt sie vielen als Projektionsfläche für eigene Ängste und Sehnsüchte. Ebenso steht sie für eine neue selbstbewußte Weiblichkeit, die sich in einer dominierenden Männerwelt Respekt verschafft. Nicht mit Knarre und Kniffen des Kung-Fu, sondern mit den Waffen einer Frau. Inzwischen hat sie seit dem Serienstart 1994 mit insgesamt 60 Titelrollen der *Kommissarin* TV-Geschichte geschrieben. Seit die Filme dieser Erfolgsserie 50 Minuten dauern, ist die knappe Drehzeit von nur elf Tagen für die Gangsterjagd mit vielen wechselnden Schauplätzen vor Frankfurts glitzernder Skyline und im Rotlichtmilieu am Bahnhof wahre Knochenarbeit geworden.

Was sie nie wechselt, sind ihre Accessoires: ihre schwarze Lederjacke, ihren Minirock und ihre hochhackigen Pumps: Sie ist ein Meter sechzig klein. Was sie gegenüber anderen, meist langbeinigen Kommissarinnen auszeichnet, ist aber weniger ihr schlichtes Outfit als vielmehr ihr Mut zur Emphase, ihre hohe Kunst der Einfühlung in die Psyche der Täter. Im Ganovenbezirk der Kaiserstraße agiert sie ähnlich intuitiv wie ein Sioux auf Spurensuche in der Prärie.

Ihre unverwechselbare Physiognomie scheint auf eine Weise klassisch, weil sie von der Mode unabhängig ist. ARD-Programmchef

Struwe muß ein Blackout befallen haben, als er ausgerechnet die Erfolgsserie *Die Kommissarin* Ende 2006 vom Bildschirm verbannte.

Als das Frankfurter Filmmuseum die Ausstellung „Kommissarinnen" zeigte, bestätigte sich im objektiven Vergleich mit den filmischen Kolleginnen ihre Klasse. Auf Herlinde Koelbls Kommissarinnen-Fotos geriet sie jedenfalls nicht zur Stereotype einer Zunft.

Hannelore Elsners Karriere ist keineswegs linear verlaufen. 1942 im oberbayerischen Burghausen als Tochter eines Ingenieurs geboren, wurde sie nach Absolvierung einer Klosterschule und eines humanistischen Gymnasiums als Studentin mit einem Stipendium von 200 D-Mark an der Münchner Schauspielschule zugelassen. Mit kleineren Rollen in drögen Schnulzen wie *Immer die Mädchen* (1959) von Fritz Rémond mit Hans-Joachim Kulenkampff und im selben Jahr in *Freddy unter fremden Sternen* machte die Elsner Starregisseur Jürgen Roland auf ihre Begabung aufmerksam. In der damals besten Krimiserie *Stahlnetz* vertraute er der Elsner 1962 eine erste Hauptrolle als Autobahn-Lockvogel Inge Marchovitz an. Prompt folgte ein Angebot von Will Tremper, der sie in *Die endlose Nacht* (1963) an der Seite von Mario Adorf mit einer buchstäblich sehenswerten Rolle besetzte, wohl auch, weil nur sie so wunderbar lächeln konnte. Ihre Augen kündeten auch in ihren anderen Filmen von Sehnsüchten, die der Plot ihrer Filme oft nicht erfüllen konnte.

Zwischendurch spielte sie sich in München auf verschiedenen Bühnen in die Herzen auch des Theater-Publikums: Im „Intimen Theater" spielte sie *en suite* im *Mustergatten*, in der „Kleinen Komödie" in *Schöne Geschichten* und 1966 in den Münchner Kammerspielen in *Scapins Schelmenstreiche* und *Tango*.

Weil sich die 24jährige jeden Abend im zweiten Akt von Mrozeks *Tango* unter der Regie von Dieter Giesing mit nichts als Chanel No. 5 bekleidet ins seidige Weiß ihres Nachthemds hüllen mußte, rechts vorne an der Rampe, waren die Plätze auf der rechten Seite der Kammerspiele stets von Leuten ausverkauft, die der Voyeurismus kitzelte: „Es macht mir Spaß. Ich finde es schön, weil ich noch jung und hübsch bin und dies in späteren Jahren ohnehin nicht mehr möglich ist", diktierte sie einer Reporterin der *Morgenpost* frank und frei in den Notizblock.

Außer in München hat sie am Berliner Theater am Kurfürstendamm und am Wiener Theater in der Josefsstadt in Boulevardstücken nicht nur mit ihrem Sexappeal das Publikum ins Theater gelockt.

Für das Kino hat sie zahlreiche Filme mit großen Regisseuren gedreht, mit Géza von Radványi, Franz Marischka, Kurt Hoffmann, Harald Reinl, Michael Verhoeven, Alfred Vohrer, Alfred Weidemann, Wolfgang Staudte; doch bei all diesen Publikumsrennern sollte der große Durchbruch noch auf sich warten lassen.

In *Die Reise nach Wien* (1973) und in *Der Schneider von Ulm* (1978) hat Edgar Reitz mit Hannelore Elsner das große Los gezogen wie auch sie mit ihm. Ein Jahr später holte sie der ungarische Starregisseur István Szabó für den Film *Der grüne Vogel* (1980). Einen weiteren Markstein auf dem Weg ihrer Karriere setzte Hannelore Elsner 1985 mit der Rolle der Mystikerin Marie Ward in dem gleichnamigen Film von Angelika Weber, ein Produkt des neueren ästhetischen Mystizismus. Die Ordensgründerin Marie Ward war eine starke Frau, eine wirklich Emanzipierte, die im Namen der Vernunft versuchte, die Welt vor dem Teufel der heiligen Inquisition zu retten. „Sie hat die Menschen bezaubert aus einer unheimlich sicheren Kraft heraus", sagt Hannelore Elsner, als spräche sie über sich selbst. Aber die Wende der einstigen Klosterschülerin von der jenseitsorientierten Heilssuche zur existentiellen Glückssuche hatte Hannelore Elsner schon viel früher vollzogen.

Weiter auf der Erfolgsspur des Kinofilms, würdigt das Feuilleton einmütig ihr Spiel in der Rolle der Egozentrikerin Hanna Flanders in *Die Unberührbare* (1999) von Oskar Roehler, ihre bis dahin wohl subtilste und ergreifendste Kinorolle. Hanne Flanders ist das Pseudonym für die Schriftstellerin Gisela Elsner (nicht verwandt mit Hannelore). Hannelore Elsner spielt sie so anrührend und zart wie eine unbedingte Liebeserklärung, wie sie nach Meinung von Hubert Spiegel „das deutsche Kino seit einer kleinen Ewigkeit nicht mehr hervorgebracht hat". Dieser Film gemahnt an die große Zeit des deutschen Autorenfilms. Die Elsner verkörpert diese Rolle in einer bewundernswerten Weise so intensiv-glaubwürdig, als spielte sie die Rolle ihres eigenen Lebens.

Für *Die Unberührbare* erhielt sie denn auch zu Recht den Bayerischen Filmpreis und den Deutschen Filmpreis in Gold sowie eine spezielle Erwähnung des Filmfestivals Istanbul. Schon 1971 hatte sie die Goldene Kamera und 2002 den begehrten Grimmepreis für *Ende der Saison* (2001) erhalten. Ja, sie durfte sich sogar über eine Oscar-Nominierung freuen. Im Feuilleton und in der Fachpresse gerühmt wurde die komödiantische Ader einer erblondeten Elsner in dem Film *Alles auf Zucker* mit Henry Hübchen und Udo Samel. Dani Levys turbulenter Streifen rangierte 2005 nicht nur unter den Top Ten der deutschen Kino-Charts, sondern wurde verdientermaßen auch mit dem begehrten Ernst-Lubitsch-Preis ausgezeichnet.

Den vorläufigen Höhepunkt ihrer Karriere hat Hannelore Elsner in der Titelrolle des ARD-Fernsehfilms *Die Spielerin* (2005) gesetzt. Nach Motiven von Dostojewskijs Roman *Der Spieler* haben Drehbuchautor Fred Breinersdorfer und Regisseur Erhard Riedlsperger die beiden zentralen Rollen von Mann und Frau getauscht. Ihren Dauerstreß am Roulettetisch begleitet Frank Brühnes subtil sezierendes Kameraauge, das den psychischen Verfall der „Spielerin" auf ergreifende Weise sichtbar macht. Mit geradezu seismischer Akribie werden die feinen Nuancen ihres Seelenzustands ins Bild gesetzt, wird das Innerste nach außen gewendet. Ein unvergeßliches Seelenporträt. Wie

Novalis in seinen *Hymnen an die Nacht* gibt Hannelore Elsner uns hier unfaßbare Rätsel auf.

Neben ihren etwa 150 Rollen in Film und Fernsehen nimmt Hannelore Elsner sich noch Zeit fürs Vorlesen. Gemeinsam mit Mario Adorf liest sie Lyrik von Rilke, *Krieg und Frieden* von Tolstoj, allein präsentiert sie spannende Kommissarinnen-Lektüre von Agatha Christie. Unter ihren Hörbüchern hat *In einem Weltmeer von Harmonie* besondere Resonanz gefunden. Darin bereitet intellektuelles Vergnügen die Begegnung von Bettina von Arnim mit Ludwig van Beethoven: Unbekannte Facetten dieser beiden exquisiten Charaktere befriedigen die Neugier der Hörer. Schließlich hat Hannelore Elsner als Synchronsprecherin ihre Stimme der Lisa Minelli in dem Film *Cabaret* geliehen und der Fanny Ardant in *Acht Frauen.* Im neuen Metier der Hörbücher machte sie mit der Lesung von Anna Seytons *Verwandlungen* und von Tschechow-Briefen Furore. Im Briefroman *Das Jagdgewehr* von Yasushi Inoue, die triste Geschichte einer heimlichen Liebe, sorgt Hannelore Elsner mit ihrer an- und abschwellenden Modulation für die atmosphärische Dichte des tragischen Geschehens. Auch beim Lesen sündigt die Elsner nie gegen die Natürlichkeit des Tonfalls.

Für Hannelore Elsner war es immer ein Glücksgefühl, allein mit der Kunst ihrer Stimme Atmosphäre zu erzeugen und Charaktere zu modulieren. „Daß ich in der Lage bin, meine Stimme auszuwerfen wie ein Lasso, um die Zuhörer einzufangen, hat meinen Ehrgeiz beflügelt, auch solche Menschen mit Literatur zu beglücken, die keine typischen Leser sind." Sie liest, um Menschen zu berühren.

Ist Hannelore Elsner in Frankfurt heimisch geworden? Nun, sie habe in Frankfurt lange „dieses diffuse Gefühl der Angst" gespürt, wenn sie nächtens mit der U-Bahn die Unterwelt durchfuhr. Noch in keiner anderen Stadt sei ihr so „mulmig" zumute gewesen wie hier, bekannte Hannelore Elsner 1992 im Römer, wo sie die Kampagne „Frauen nehmen sich die Stadt" als deren Patronin mitbegründet hat. Der brutalen Gewalt möchte die „Kommissarin" statt mit Gegengewalt lieber „mit einem Lächeln begegnen".

Inzwischen lebt Hannelore Elsner 15 Jahre in dieser Stadt, woraus ich nach vielen Gesprächen schließen darf, daß sie zumindest die helleren

Seiten dieses „düsteren Orts" mittlerweile schätzen gelernt hat. Immerhin ist sie in Frankfurt geblieben, obwohl ihre Liebe zum S.-Fischer-Lektor Uwe Carstensen, um derentwegen sie einst Schwabing mit Sachsenhausen getauscht hatte, hier nach schleichender Entfremdung zerbrach.

Nach dem großen Vorbild der Maria Casares, die den langen Monolog *La voix humaine* von Jean Cocteau als beklemmendes Drama präsentierte, darf sich Hannelore Elsner in Oliver Hirschbiegels *Mein letzter Film* (2001/2002) als kongeniale Interpretin rühmen lassen, nur mit dem Unterschied, daß sie sich mit affektiver Gestik den Text von Bodo Kirchhoff so einverleibte, als sei dieser Monolog mit ihren eigenen Befindlichkeiten identisch – eine schauspielerische Glanzleistung! Für diese intensive, spannende Brechung der filmischen Selbstfindung mit Hilfe eines vorgeschriebenen Textes erhielt sie den Deutschen Filmpreis in Gold. „Ich bin eine melodramatische Schauspielerin, ich will alles rauslassen, was in mir steckt." Und: „Ich will leiden und lachen und lieben und – alles!" Ohne einen einfühlenden Kameramann vom Range eines Reiner Klausmann, der hier gleichsam ihr unsichtbarer Partner war, wäre diese filmische Selbstreflexion wohl nicht so eindrucksvoll gelungen. Der Film gelingt auch deshalb auf fließende Weise so faszinierend, weil es keine Schnitte gibt, wie zuerst von Alfred Hitchcock erprobt in dem Film *Rope* (*Cocktail für eine Leiche, 1948*).

Ihren Parade-Film haben wir in Frankfurt dem Freundeskreis des Deutschen Filminstituts gezeigt und anschließend mit Hannelore Elsner und ihrem Drehbuchautor Bodo Kirchhoff diskutiert. Dies war eine der seltenen Sternstunden ohne Star, die Gäste haben die Elsner als bescheidene, selbstironische, humorvolle Frau zum Anfassen kennengelernt, ohne Allüren und über jeden Verdacht erhaben, diese charmante Bescheidenheit sei vielleicht eine bloß gespielte. Bei Sekt und Canapés im Filmmuseum, wo das nachgebaute Büro des Filmdetektivs Marlow alias Humphrey Bogart für das angemessene Ambiente sorgte, kam sie uns so sympathisch nah, als sei sie eine von uns.

Es ist unmöglich, auch nur die wichtigsten unter Hannelore Elsners etwa 150 Film- und Fernsehrollen hier Revue passieren zu lassen. Nachzutragen sind aber noch zwei wichtige Filme, die wie Brustellins *Berlinger* (1975) und *Der Sturz* (1978, nach Martin Walser) einmal zum internationalen Standard gehören werden: *Mondzirkus* (1987–1989) und *Der grüne Vogel* (1980). *Mondzirkus* ist eine moderne Parabel über Heimat und Heimatlosigkeit, Verfolgung und Flucht. Hannelore Elsner spielt hier die Rolle der Hanna, eine pragmatisch handelnde Frau mit fröhlicher Anmutung, in deren oszillierenden Augen sich bisweilen ein mädchenhafter Charme mit bitterem Erschrecken paart. In *Der grüne Vogel* hat István Szabó Hannelore Elsner die Rolle einer verletzlichen jungen Ärztin auf den Leib geschrieben, die ihre leidenschaftliche Liebe mit voller Hingabe in wenigen Stunden ohne Hoffnung auf Dauer ausleben muß. Die Goldene Kamera erhielt sie aber für *Iwanow* (1971) und in Monte Carlo die Silberne Nymphe für *Elsa* (1991).

Ihren vorläufig letzten Spielfilm *Du hast gesagt, dass Du mich liebst* (2005/2006) von Rudolf Thome hat sie wie selbstverständlich im Frankfurter „Harmonie"-Kino gestartet. Es ist ein grandioser Film über eine Frau am Ende ihrer Karriere, die schließlich sich selbst in der Liebe und im Glück findet. „Es ist der Hannelore-Elsner-Film par excellence" (Thome). Weil Rudolf Thome sie für die Hauptrolle in *Rot und Blau* (2002/2003) nicht bezahlen konnte, spielte sie die Barbara Bärenklau eben einfach ohne Gage.

Hannelore Elsner hatte schon 1996 auf der Bühne des Frankfurter TAT einen abendfüllenden Monolog gemeistert, in Jan Fabres Einpersonen-Stück *Eine tot-normale Frau.* Ich saß in der ersten Reihe und wollte mich von ihrer mimischen Ausdrucksfähigkeit aus intimer Nähe faszinieren lassen, was mir gelingen sollte. Die gestrenge Kritikerin Verena Auffermann sah das in der *Süddeutschen Zeitung* allerdings anders, sie erkannte in dem „haarsträubend armen Text" nichts als ein androgyn codiertes Quiz und bei der Elsner „zuviel Wogendes und albern Ungefülltes".

Nach ihrer zweijährigen Ehe mit dem Schauspieler Gerd Vespermann ließ ihr heißer Charme bei dem intellektuellen Regisseur Alf Brustellin die Polarkappen schmelzen, ihrem Lieblingsregisseur und Traummann, den sie 1973 kurz entschlossen heiratet. Er hat sie aus dem Niemandsland zwischen Leinwandexistenz und Lebensrolle erlöst. Dieser Beziehung verdankt sie ihr neues Selbstbewußtsein im richtigen Leben. Auch in seinen Filmen wird sie fortan die Hauptrolle spielen. Als Brustellin 1981 tödlich verunglückt, bedeutet sein jäher Tod einen großen schmerzlichen Verlust, einen tiefen Einschnitt in ihr privates und berufliches Leben. Als leibhaftiger seelischer Trost blieb ihr nur Sohn Dominik (geb. 1981) aus einer standesamtlich nicht sanktionierten Beziehung mit dem Regisseur Dieter Wedel. Ihm zuliebe hat sie auf manch reizvolles Angebot verzichtet, um die so gerettete Zeit allein ihm zu widmen. „Die größte Fähigkeit zu lieben, hat mein Kind in mir hervorgeholt. Dadurch habe ich erfahren, was ich wirklich kann."

Hannelore Elsner hat sich in Frankfurt nicht nur als Fernsehkommissarin einen Namen gemacht, die jetzt im neuen scheußlichen Polizeipräsidium an der Eschersheimer Landstraße residiert, von dem Eva Demski befürchtet: „Wer vor diesem Polizeipräsidium steht, der kann kein guter Mensch bleiben." In ihrer spärlichen Freizeit hat sie sich auch sozial engagiert, ohne Gage versteht sich. Ich begegnete ihr zuletzt auf einer Benefizauktion der Deutschen Aids Stiftung, deren Schirmherrin sie war, als sie selber die Kunstwerke versteigerte. Auch das Fritz-Bauer-Institut liegt ihr am Herzen, wo sie aus Briefen von Auschwitz-Häftlingen vorliest. Ihr Engagement ist ehrlich, sie hat es nicht nötig, über karitative Repräsentation öffentlich zu glänzen. Sie leuchtet auf ganz andere Weise für diese Stadt, mit der sie sich längst identifiziert, und auf die ihr Glanz abstrahlt.

Ingeborg Flagge

Lange bevor Ingeborg Flagge Gelegenheit bekam, ab 1. Juli 2000 als ideenreiche Direktorin des Deutschen Architekturmuseums die Frankfurter Kulturszene aufzumischen, durfte ich für ihre Zeitschrift *Der Architekt* manchen Artikel schreiben. Chefredakteurin seit 1974, hat sie damals gemeinsam mit Otl Aicher und Kurt Ackermann ein neues Konzept entwickelt, wodurch *Der Architekt* bald zu einer Art Zentralorgan jener Zunft avancierte, die sich aus wenigen Genies, vielen Talenten und solchen rekrutiert, die aus bloßer städtebaulicher Notdurft ihr Leben fristen. Im Magnetfeld Kunst und Architektur ließ Ingeborg Flagge die Interessen einer professionellen Leserschaft hart aufeinanderstoßen.

Zwischen 1978 und 1983 hat Ingeborg Flagge als Bundesgeschäftsführerin des Bundes Deutscher Architekten (BDA) dann zusätzlich Kongresse und Ausstellungen organisiert und Publikationen editiert, Kontakte zu Politik und Ministerien geknüpft und gepflegt und bis hin zu nachhaltigen Gesetzesinitiativen sich auch politisch engagiert. Befreit von diesen administrativen Zwängen macht sie sich ab 1984 als freie Journalistin auf den Themenfeldern Baugeschichte und Denkmalpflege, Design und Ästhetik einen Namen, und nicht nur in der Fachwelt; mit über fünfzig Büchern aus eigener Feder oder als Herausgeberin gilt ihre Produktivität als unvergleichlich. Am bekanntesten wurde ihr Buch *Architektur in der Demokratie* (mit W. J. Stock), das einzige grundlegende Werk über Bauen in demokratischen Gesellschaften, das zur Eröffnung des Bonner Plenarsaales 1992 erschien. Grundlegend auch ihr Buch *Licht Architektur Licht*, das 1996 als umfassende Publikation erstmals Licht als integralen Teil der Architektur definierte. Zu diesem Zeitpunkt waren schon etliche Jahrbücher *Licht und Architektur* erschienen. Ähnlich wie nach Walter Benjamins Meinung Bertolt Brecht der erste Lyriker war, der „vom städtischen Menschen etwas zu sagen hatte", ist Ingeborg Flagge die erste, die über die Behausung des städtischen Menschen profund reflektiert hat, in ihrem Buch *Wohnen zwischen 1945 und 2000.*

1991/1992 lehrt sie an der Bergischen Universität Wuppertal Bau- und Architekturgeschichte. Die Studenten lernen, wie sehr Phantasie und Ästhetik sich wechselseitig bedingen und warum Künste und Architektur als interdisziplinäre Größen zu würdigen sind. Als sie 1995 für zehn Semester den Lehrstuhl für Bau- und Architekturgeschichte an der Hochschule für Technik, Wirtschaft und Kultur in Leipzig übernimmt, ernten die Studenten die reifen Früchte ihrer Hermeneutik und stürzen sich begeistert in die Kulturgeschichte der Architektur. Nebenbei hat sie den Kölner Rudolf Müller Verlag beim Aufbau einer neuen Architektur-Edition beraten.

Bevor Ingeborg Flagge das Deutsche Architekturmuseum mit neuem Schwung und unkonventionellen Ideen wieder flott macht, kann sie mit Ausstellungen Erfahrungen sammeln, die sie für internationale Messen in Frankfurt und Essen organisiert. Auch Bundesbauministerium und Auswärtiges Amt versichern sich ihres Organisationstalentes bei der Edition wichtiger Publikationen im In- und Ausland. Außer ihrem Charme empfehlen sie ihre Sprachkenntnisse in Englisch, Französisch und Italienisch bei PR-Aktionen für große Firmen wie Lufthansa, Philips, Deutsche Bank oder Hoechst AG als vielgefragte Spitzenkraft.

Die Ehrung mit der Silbernen Halbkugel des Deutschen Nationalkomitees für Denkmalschutz für ihre Artikel hat sie besonders gefreut.

Nach dem Abitur am Kaiserin-Theophanu-Gymnasium in Köln-Kalk im Jahre 1962 hatte Ingeborg Flagge zunächst in Cambridge Englisch studiert, um dann in Köln die Fächer Philosophie, Geschichte und Alte Geschichte, Archäologie und Kunst- und Baugeschichte sowie die Orchideenfächer Sanskrit und Ägyptologie zu belegen. Sodann befriedigt sie ihren unersättlichen Wissensdrang zwei Jahre lang am University-College in London, wo sie ihre Dissertation beginnt. 1969 kehrt sie an die Uni Köln zurück, um hier 1971 mit eximium (schriftlich) und magna cum laude (mündlich) zu promovieren. „Samstags war ich promoviert, und montags habe ich als Redakteurin beim Bund Deutscher Architekten angefangen.“ Ihre außerge-

wöhnliche Begabung hat die Studienstiftung des Deutschen Volkes früh erkannt und mit einem sechsjährigen Stipendium entsprechend honoriert.

Im Frühjahr 2000 wird Ingeborg Flagge mit der Leitung des Deutschen Architekturmuseums betraut. 1979 gegründet, wurde das in einer entkernten Gründerzeitvilla nach den Plänen des Kölner Architekten Oswald Mathias Ungers zum Museum umgebaute Haus im Haus aber erst 1984 eröffnet. In linearer Strenge koppelt der Pionier des bildhaften postmodernen Bauens alte und neue Bauweise in höchster Vollendung, indem er so den Vorwurf einer wiederhergestellten Denkmalreliquie vermeidet. Das maßgebliche, maßstabsetzende gestalterische Element Ungers ist das Quadrat – bis ins (unbequeme) Mobiliar hinein. Das Kernstück dieses gequaderten Baukörpers setzt manche Ausstellungskonzeption in wirkungsvolle Spannung zu ihrer Umgebung. Diese Architekturperle, die als Symbol der Postmoderne in Anspruch genommen wird, bezeichnet Ungers selbst als „das wichtigste seines Werks".

Mit dem Konzept eines auf das 20. Jahrhundert konzentrierten Architekturmuseums wird das Ziel verfolgt, der modernen Architektur als Forum zu dienen, ohne wegweisende Stilrichtungen vergangener Jahrhunderte zu vernachlässigen. Wie beim Gründungsdirektor Heinrich Klotz kommt auch Ingeborg Flagges Erfahrung als Hochschullehrerin dem Auftrag des Museums entgegen, Kunst und Wissen als Einheit zu vermitteln und im Verständnis von Architektur immer über den Tellerrand des Faches zu schauen. Beiden ist in ihren Ausstellungen die Balance zwischen architektonischem Erbe und Aktualität hervorragend gelungen. Ingeborg Flagge, die wenig hält von der Beschaulichkeit musealer Plantagen und wachsendem Gebrauch von Faksimiles, wurde schließlich zu einer Schlüsselfigur der Vermittlung von Architektur an ein breites Publikum. Für Ingeborg Flagge ist Architektur Wesensausdruck der Zeit.

Ingeborg Flagge hatte sich zunächst als engagierte Kritikerin von Heinrich Klotz' abgebrühtem Revisionsbegriff „Postmoderne" profiliert, den der amerikanische Stararchitekt Robert Venturi in seinem Buch *Learning from Las Vegas* (1972) über die „postmoderne Stadt" entscheidend geprägt hatte und der besonders in den denkmalfreundlichen achtziger Jahren im Schwange war. Nach eigenen Worten hat sie das Architekturmuseum in seinen Anfängen „total niedergeschrieben – zuerst dessen Architektur, dann dessen Direktor". Für Flagge war Klotz' Definition der Postmoderne nichts als ein Déjà-vu-Historismus, den sie als semantischen Mief kategorisch ablehnte. Die Postmoderne ist für sie ein Rückschritt in die Vormoderne; aber bevor sie zum Schlagwort verkam, stand die Postmoderne als unschuldiger Begriff für alles Unorthodoxe, Liberale und Pluralistische in der Welt der Künste.

Damals konnte Ingeborg Flagge noch nicht ahnen, daß sie einmal an Klotz' Stelle das Haus selber leiten würde. Weil sie „das Haus miefig" fand und „technisch im Zustand der Steinzeit", hat sie zu Beginn ihrer Tätigkeit als erstes versucht, „es in den Originalzustand der Einweihung zurückzuversetzen", weil nur so das Deutsche Architekturmuseum in seiner Bauhaus-Version der architektonischen Klarheit seine einzigartige Identität zeigt, wie sie sein Baumeister intendiert hatte. Der Steinzeitvorwurf traf die beiden Interimsdirektoren zwischen Klotz und Flagges Remedur.

Zum zwanzigjährigen Bestehen des Architekturmuseums rechnet sie mit den ihr hervorragend zu Gebote stehenden Mitteln der Anschauung noch einmal mit dem Postmoderne-Irrtum ab: Mit ihrer weithin gerühmten großen Ausstellung *Die Revision der Postmoderne* gelingt ihr die ökonomische Legitimierung des Museums am Schaumainkai.

Flagges neue Definition des Museumsauftrags im 21. Jahrhundert läßt mit ihren vielen bedenkenswerten Aspekten auch jene anderen Häuser aufhorchen, die weniger an Erkenntnismangel leiden als an der notwendigen Phantasie, Erkenntnisse auch zu veranschaulichen, wobei deren Objekte aber nicht zur gerührten Nostalgie freigegeben werden dürfen. Flagge setzt gegen kustodiale Vereinnahmungen den Kredit des Originals, an dem sich der Besucher sein eigenes Urteil bilden soll. Gegenüber kopierenden Rückgriffen auf den großen ästhetischen Vorrat der Architekturgeschichte bevorzugt sie die originalen Modelle und Entwürfe, die, jedenfalls für die Nachkriegsgeschichte, im eigenen Depot oder in den weit verstreuten Architekturbüros reichlich vorhanden sind. Sie setzt auf Einzelausstellungen lebender Architekten, „während man bis dahin tot sein mußte, um im Deutschen Architekturmuseum gezeigt zu werden".

Zu Flagges wichtigsten Ausstellungen zwischen 2000 und 2005 gehört die Show über Oscar Niemeyer, die alle Besucherrekorde im DAM schlug. Mit „Geoffrey Bawa" machte sie einen srilankischen Architekten bekannt, den in Europa bisher niemand zur Kenntnis genommen hatte. Die Ausstellung „Thomas Herzog" zeigte einen der innovativsten deutschen Architekten, und „Jörg Schlaich" feierte die Genialität eines deutschen Ingenieurs, der zu den gesuchtesten der ganzen Welt zählt. Mit „Dominikus Böhm" stellte Ingeborg Flagge einen der besten deutschen Kirchenbauer vor; sein Sohn Gottfried Böhm, der als einziger Deutscher bisher den Pritzker Preis der Architektur bekam – so etwas wie ein Nobelpreis der Architektur –, erhält im Spätsommer 2006 eine Ausstellung im DAM. Das einzigartige Werk dieses Architekten drohte ins Ausland verkauft zu werden. Flagge konnte das Geld für den Ankauf auftreiben, seither gehört sein gesamtes Œuvre zum stolzen Besitz des Deutschen Architekturmuseums.

Gegen das Geschmacksdiktat von manchem berühmten Architekten und gegen den museumsinternen Widerstand widmete Ingeborg

Flagge ihre letzte Ausstellung dem Wiener „Sonntagsarchitekten" Friedensreich Hundertwasser. Er ist bekannt für seine ornamentaldekorative Malerei in grellen Farben und in riskanten Linienzügen; seine Anleihen an die Tradition des österreichischen Jugendstils sind auffällig. Modelle und Beispiele seiner umstrittenen, avantgardistisch gemeinten Architektur in Kombination mit seiner privatideologischen Ökologie (Künstlerhaus Wien, Fernwärmewerk Wien, Autobahnraststätte Spittelau, die Kindertagesstätte Frankfurt-Heddernheim oder das Wiener Hundertwasser-Haus) fanden eine riesige Publikumsresonanz. Ingeborg Flagge ging es in dieser Ausstellung und in dem kritischen Katalog um die Frage, warum Hundertwasserbauten (fast) allen gefällt, die moderne Architektur dagegen nicht. Ingeborg Flagge hat mit dieser Ausstellung versucht, aus ihrem Museum nicht eines für Architekten, sondern eines für ein breites Publikum zu machen, das an Architektur zunächst herangeführt und darüber aufgeklärt werden muß. Schließlich ist Architektur diejenige Kunst, in der wir uns als „Behauste" ein Leben lang einrichten.

Trotz ihres Ausstiegs aus einem verlängerten Vertrag werden ihre fünf Jahre an der Spitze des Architekturmuseums als Ära Flagge in Erinnerung bleiben. Über ihren Entschluß, im Alter von 63 das Handtuch zu werfen, darf gerätselt werden. Weil sie viele Steine der Bürokratie zu wälzen hatte, hat sie oft und couragiert in aller Öffentlichkeit gegen die technokratische Hybris des Beamtenapparats drauflosgewettert, die sich hinter einer vorgeschobenen administrativen Rationalität verbirgt. Ihr Rückzug kann aber kaum in einem Verlust lohnender Ziele seine Ursache haben, denn ihren Konzepten waren in Frankfurt keine Grenzen gesetzt. Gerade weil Ingeborg Flagge Frankfurt als besonderes Spannungsfeld zwischen Krähwinkel und Metropole ausgemacht hatte, hätte sie mit ihrer herausragenden Zivilcourage zur Überwindung der beträchtlichen städtebaulichen Defizite durch eine fundierte Kritik weiterhin ein wichtiges Korrektiv angesichts einer gebauten Banalität sein können, die sinnlich und intellektuell zu veranschaulichen sie in so beherzter Weise in der Lage war.

Was von Flagges Engagement in Frankfurt bleibt, ist ein neues internationales Renommee des Deutschen Architekturmuseums; sind neue

Besucherströme – gegenüber dem Jahr 2000 hat sich deren Zahl bis 2004 vervierfacht –; ist der „Internationale Hochhaus Preis", den sie für die Stadt Frankfurt erfand und für dessen Finanzierung sie die Dekabank gewinnen konnte; ist die große Gruppe von Laien, die über Jahre ihre vierzehntägigen Vorlesungen über die Geschichte der Stadt und der Architektur begeistert besuchten, und schließlich das vorwiegend studentische Publikum, das die DAM-Vorlesungsreihe „Große Architekten" in der Universität zu einer Massenveranstaltung machte, wobei man weltberühmten Stars gerne zuhörte.

Bei ihrer Verabschiedung formulierte Ingeborg Flagge sibyllinisch, ihre fünfeinhalb Frankfurter Jahre seien „keine Leidenszeit gewesen, aber auch nicht unbedingt eine schöne Zeit. Dazu bin ich in einigen Punkten zu pflichtbewußt, ein bißchen zu preußisch". Sie habe in Frankfurt viel gelernt, „vor allem über Psychologie" und über „Arroganz und Dummheit", die sie mehr haßt als andere menschliche Eigenschaften. Der lärmenden Metropole ist sie nun in ihr schönes Haus „An der Esche" nach Bonn entflohen. Ihren heiligen Zorn über arrogante und dumme amtliche Bedenkenträger haben mein altes Herz beim Lesen ihrer Philippika gegen Bahnchef Mehdorn (im Architekturmagazin adato 3/06) erfreut:

„Einen Bauherrn wie diesen mag man keinem Architekten wünschen. Für Mehdorn ist die Architekturleistung des Berliner Zentralbahnhofs selbstverständlich eine Leistung der Deutschen Bahn, da hat der Architekt in seinen Augen nur Kosmetik geliefert. Man könnte es meinen, wenn man ihm zuhört: Der Bahnhof steht auch als Symbol dafür, wie weit wir als Deutsche Bahn in den vergangenen Jahren vorangekommen sind. Dieser doppeldeutige Satz entlarvt einen Bauherrn, der nur Zahlen kennt und keine Visionen. Der mit seinem Architekten wie ein absolutistischer Potentat verkehrt und ihn zur Einweihung des Bahnhofs noch nicht einmal eingeladen hat. Ein Deutscher Bahnchef kennt und braucht wohl keine Manieren."

Ingeborg Flagge hat sich nie nach dem Wind gedreht. In den Stürmen der Verteilungskämpfe müssen jetzt ihre Nachfolger Flagge zeigen.

Fragebogen

1. Ihre nachhaltigste (oder liebste) Kindheits- oder Jugenderinnerung?
Das Leben auf dem Lande bei meinen Großeltern und der Umzug in das kriegszerstörte Köln 1949.

2. Wer oder was hat die Anfänge Ihres beruflichen Lebensweges entscheidend mitgeprägt?
Mein Professor für Archäologie, wegen dem ich eine Zeitlang von der Uni mußte und so mit der Welt außerhalb der Uni bekannt wurde. Mein Mann, der Stadtplaner und Architekt war und in Darmstadt an der TU studiert hatte. Er war die große Liebe, ich lernte ihn während einer archäologischen Vermessung kennen, er war der erste Architekt, dem ich begegnete.

3. Welches bedeutende Frankfurter Ereignis (welche Begegnung) hat sich besonders tief in Ihre Erinnerung eingegraben?
Reich-Ranicki, dem ich während eines Interviews für die Lufthansa begegnete.

4. Welcher Autor, Maler, Komponist, Politiker usw. hatte gehörigen Einfluß auf Ihre Arbeit?
Heinrich Heine und sein *Wintermärchen*, das mich ein Leben lang begleitet hat. Rainer Maria Rilke und sein *Malte Laurids Brigge*. Die Cellosonaten von

Bach, anonyme Gitarrenmusik des späten Mittelalters, Flamenco, experimental jazz.

5. Mit welchen wichtigen Menschen sind Sie befreundet?
Es gibt keine wichtigen Menschen, mit denen ich befreundet bin. Wichtig – sehr wichtig – sind mir alle Freunde.

6. Welcher Typ Mensch ist Ihnen zuwider?
Der Dumme und gleichzeitig Arrogante, und jemand, der eiskalt ist und brutal.

7. Welches Faktum war rückschauend ein besonders wichtiger Meilenstein/Wendepunkt in Ihrer „Karriere"?
Ich sehe nicht, daß ich eine Karriere gemacht habe. Ich habe ein sehr interessantes Leben gelebt und wenig ausgelassen, wie man so schön sagt. Der Meilenstein waren die Menschen, die ich getroffen habe und mit denen ich mich befreunden konnte. Sicher war mein Arbeiten für den Bund Deutscher Architekten entscheidend für meine Interessen in Sachen Architektur.

8. Was ist von Ihren Wünschen unerfüllt geblieben oder mißlungen und warum?
Ich habe mein ganzes Leben lang gewünscht, „weise" und selbstgenügsam zu werden. Ich wollte ein vorbildlicher Mensch werden. Das waren fromme Wünsche. Eigene Eigenschaften stehen dem so massiv entgegen, daß ich manchmal verzweifle.

9. Was finden Sie an Frankfurt liebenswert?
Sachsenhäuser, Bockenheim, die Kleinheit und Provinzialität der Stadt.

10. Was verdiente Ihren Tadel an Frankfurter Verhältnissen/Strukturen, an der Kommunalpolitik usw.?
Mangel an Mut. Mangel an klaren Konzepten und Entscheidungen und an kommunalen Persönlichkeiten, mit denen sich eine Öffentlichkeit identifizieren kann.

11. Welche hier vergessene Frage hätten Sie gern (und wie?) beantwortet?
Warum habe ich eigentlich die Position einer Direktorin des DAM angenommen? Weil ich während meiner Tätigkeit als Architekturkritikerin Klotz, das DAM und seine Postmoderne heftig kritisiert habe, weil ich die Jahre danach das DAM kaum noch beachtet habe und für wichtig hielt und plötzlich 2000 für mich die Chance sah zu zeigen, was ich unter Museumsarbeit in Sachen Architektur verstand.

12. Haben Sie ein Lebensmotto, eine Arbeitsdevise?
Aufrecht durchs Leben gehen und nicht verbiegen lassen.

Johanna Höhl

Mit dem ultimativen Slogan „Apfelwein macht schön, schlank und schlau" wirbt Johanna Höhl erfolgreich für ihr „Stöffche". Mit dem Zusatz „und hält jung" hätte sie sich dann selber auf den Begriff gebracht. Ich habe die ewig junge, schöne und kluge Apfelweinkönigin aus Hochstadt leider erst als Pensionär kennengelernt, und nur gelegentlich auf gesellschaftlichen Events haben sich unsere Wege gekreuzt, zuletzt bis tief in die Nacht beim hinreißend opulent inszenierten 50. Geburtstag einer anderen starken Frau, Sylvia von Metzler, oder in winterlicher Morgenluft auf Deutschlands umsatzträchtigster Einkaufsmeile: Auf der Zeil haben wir frierend mit heißem Apfelwein in der Linken gemeinsam für die Altenhilfe der *Rundschau* unsere Sammelbüchsen geschwungen. Ihrem sympathischen Charme konnten selbst Morgenmuffel nicht widerstehen, auch wenn sie den Appell mit nur kleiner Münze lohnten.

Durch diesen Vorspann sollte sich der Leser indessen nicht auf falsche Fährten führen lassen. Die in Hanau 1973 ihr Abitur bestand und ihr Studium der Betriebswirtschaftslehre an der Universität Erlangen-Nürnberg mit dem Prädikat summa cum laude abschließen konnte, erhielt für ihre Dissertation postwendend den Preis des Deutschen Markenartikelverbandes in Höhe von DM 10 000. Die Festrede hielt kein Geringerer als der legendäre Berufsbajuware Franz-Josef Strauß.

Nach einigen Semestern als wissenschaftliche Assistentin an ihrer Fakultät startet Johanna Höhl ihre berufliche Karriere auf Anhieb als Junior-Produktmanagerin bei Procter & Gamble in Schwalbach und anschließend bei Henkell & Söhnlein in Wiesbaden. Mit ihrer soliden Management-Erfahrung tritt sie 1986 in die elterliche Landkelterei Wilhelm Höhl Hochstadt ein, deren Produkte schon seit 225 Jahren dürstende Hessenkehlen erfrischen. Der legendäre „Blaue Bock" floß einst in die Bembel von Heinz Schenks gleichnamiger Fernsehsendung.

Zunächst Marketing- und Vertriebschefin, wird Johanna 2002 als Nachfolgerin von Rudolf und Otto Höhl Mitgesellschafterin und alleinige Geschäftsführerin dieses prosperierenden Unternehmens, das mit einem Jahresumsatz von 12 Millionen Euro die Konkurrenz weit hinter sich läßt.

Aus der glücklichen Ehe mit Gerhard Seibel, der mit 41 Jahren bei einem Autounfall tragisch ums Leben kam, stammen ihre beiden Kinder Anna und Johannes. Während die Tochter an der Hochschule für Gestaltung in Offenbach Produktgestaltung studiert, absolviert der Sohn bei Kempinski eine Lehre als Hotelfachmann. Beide Kinder folgen also der mütterlichen Spur, die Äpfel sind nicht weit vom Stamm gefallen. Heute lebt Johanna Höhl mit dem ehemaligen Fußballstar der deutschen Nationalmannschaft, Dieter Müller, zusammen, dem inzwischen populären Präsidenten von Kickers Offenbach.

Ihrem Ebbelwei (oder auch Äppelwoi) hat Johanna Höhl statt parfümierter Ingredienzien ihre eigene Philosophie beigemischt. Der aus frischen sommersatten Äpfeln hergestellte Obstwein gilt als Gesundbrunnen, er ist kalorienarm und hat wenig Alkohol – eben ein Wellnessprodukt der Marke Johanna Höhl. Der „Hochstädter" hat ein einzigartiges, unverwechselbares Aroma, er schmeckt um feine Nuancen anders als andere bekannte Marken, anders auch als die Erzeugnisse, die man im schwäbischen Ländle als „Moscht" und im außeralpinen Österreich als „Most" bezeichnet. Das aus vergorenem Saft saurer Äpfel der Bretagnewiesen gekelterte bretonische Nationalgetränk der Marke „Cidre" bekam ich 1944 in der Normandie kredenzt – als unerwarteten „Willkommensgruß" in die amerikanische Kriegsgefangenschaft.

In anderen Gegenden und Ländern ist Apfelwein kein emotionaler Identifikationsfaktor wie in unserem Hessenland. Woanders kennt man auch keine Apfelweinkultur, wie sie in Sachsenhausens einschlägigen Kneipen heimisch ist. Hier prosten fremde Menschen einander zu, die an langen Tischen und Bänken gemütlich beieinanderhocken und gemeinsam aus dem Bembel trinken. „Und plötzlich ist man mittendrin und redet mit dem Nachbarn, mit dem man aus dem Bembel trinkt und sich einfach wohl fühlt", schwärmt Johanna Höhl mit ihrem ebenfalls unverwechselbaren Charme.

Die Kelterei Höhl ist die älteste in Deutschland. Johanna Höhl ist in der achten Generation Chefin dieses mittelständischen Unternehmens.

Nach einer schwierigen Phase der Umstrukturierung sind die Logistik und die Flaschenabfüllung jetzt in die Apfelweinkeltereien Rapps, Heil, Stenger ausgegliedert worden. Von den zuletzt 65 Mitarbeitern werden nur noch 30 beschäftigt, die meisten der Entlassenen sind aber bei anderen Keltereien gut untergekommen. Sie weiß, wie wichtig der personale Faktor, der ein produktives Betriebsklima garantiert, für den Umsatzerfolg ist. Weil Enthusiasmus ihr persönlicher Treibsatz ist, der auch ihre Mitarbeiter befeuern soll, sucht sie, den Funken auf die Belegschaft überspringen zu lassen. Wie sich zeigt, belohnen die Mitarbeiter Begeisterungsfähigkeit und Kompetenz ihrer Chefin mit entsprechender Motivation und Werktreue.

Mit ihren krisenwendenden Fähigkeiten meisterte Johanna Höhl auch die schwierige Rationalisierungsphase in Folge des unwiderstehlichen Sogs des industriellen Fortschritts mit kühnem Griff. In der Spannung von Kontinuität und beschleunigtem Wandel in der Getränkeindustrie gilt es, mit jährlich 12 Millionen Liter flüssigem Hessenbrot die wachsende Hochstädter-Nachfrage auf Touren zu halten. Die Zukunft läßt sich schließlich nicht vertagen. Zur Fußball-Weltmeisterschaft

2006 in Frankfurt startete die Äppelweinkönigin ein Preisausschreiben unter dem Motto „Höhl Dir die WM!". In den Stadien selbst war der Apfelwein seitens des hochkapitalistisch organisierten Weltfußball-Verbandes leider nicht erwünscht. Effizienzorientiert, hat das promovierte Vermarktungstalent Johanna Höhl als Wechsel auf die Zukunft rechtzeitig ihre Produktpalette erweitert, um mit ganz gegensätzlichen Angeboten die Geschmacksnerven ihrer Kunden zu kitzeln, wie zum Beispiel mit der Cola-Apfelwein-Mischung, die auf Anhieb Karriere als Szenedrink gemacht hat. Neu im Sortiment ist Höhls Apfelwein-Champagner, das hochwertige Sekt-Apfelwein-Gemisch POMP.

Die Äpfel werden im Herbst geerntet, sobald sie ein ausgeglichenes Zucker-Säure-Verhältnis erreicht haben, das einen Oechsle-Grad von circa 50 und 5,5 Prozent Alkohol garantiert. Der Großteil dessen, was ein die Cholesterinwerte senkender Höhlscher Apfelwein werden will, wächst auf den Bäumen der Streuobstwiesen und Plantagen im Nordosten Frankfurts. Dieses vogelartenreiche Biotop entlang den Stadtteilen Harheim, Berkersheim, Preungesheim, Seckbach und am Berger Südhang gilt als elementarer Bestandteil der offenen rhein-mainischen Kulturlandschaft mit den berühmten Apfelsorten Topaz, Berlepsch, Strauwalds, Parmäne, Körler Edelapfel, Treudelburger Calville oder Metzreinette. Johanna Höhl keltert im beginnenden Herbst in Hochstadt an die einhundert verschiedene Sorten. Schon im „Diaetiticon" des Magisters Elsholtz aus dem Jahr 1683 wurden fünfundsiebzig Apfelsorten genannt. Heute dürften es nach Einschätzung von Johanna Höhl etwa zwanzigtausend sein. Nicht nur ihre Äpfel vom Südhang des Lohrbergs sind „sauber", schließlich garantiert Deutschland mit dem schärfsten Pflanzenschutzgesetz der Welt ein intaktes Ökosystem.

Johanna Höhls maximalistische Arbeitsweise korrespondiert mit dem stolzen Erfolg, mit der Hochstädter-Palette Marktführer in der Branche zu sein. Sie hat noch viel Zeit, weitere kreative Ideen zu merkantilisieren. Im Fall des Imperativs „Höhl Dir ein bißchen POMP ins Leben!" scheint sie freilich die falsche Werbeagentur beauftragt zu haben. Da finde ich den alternativen Spruch „Apfel verführt Traube" doch weit ansprechender.

Wenn Goethe Johanna Höhls Lieblingsdichter ist und ihr liebstes Werk der *Faust*, dann dürfte sie als selbständige Unternehmerin die literarisch sublimierte Kapitalismuskritik nicht gleichgültig gelassen haben, die der Dichter in der Tragödie zweitem Teil am Beispiel des Schicksals von Philemon und Baucis zum Plädoyer für Gerechtigkeit verallgemeinert. Um den Preis einer profitablen Landgewinnung wird das Idyll des klassizistischen Rentnerpärchens gnadenlos zerstört. Wachstum gehört zwar auch zur Natur des Höhlschen Unternehmens, aber nicht um jeden Preis und schon gar nicht, um andere zu vernichten. Jenseits aller unternehmerischen Optionen widerspräche das auch ganz entschieden ihrem Charakter, der auf Anstand und Integrität, auf Respekt und Gerechtigkeit fundiert ist und in der Fürsorge für ihre Belegschaft kulminiert. Etwas ethisch nicht Vertretbares wird für die gläubige Christin nicht dadurch geheiligt, daß es wirtschaftlichen Nutzen verspricht.

Die Begriffe Hochstädter und Mainhattan haben sich längst zu sympathischen Synonymen verschwistert. Das erklärt auch, warum ich den Frankfurt vorgelagerten idyllischen Ort Hochstadt samt dessen „Eva vom Maintal" unter dem Buchtitel *Frankfurts starke Frauen* kurzerhand eingemeindet habe.

Ausgerechnet die „amerikanischste aller deutschen Städte" gilt als Apfelweinhochburg der Republik. Jedes Jahr feiern die Frankfurter auf dem Römerberg die „Apfelweintaufe" als Traditionsfest mit Pauken und Trompeten. Auch Oberbürgermeisterin Petra Roth beugte ihren schönen Nacken vor der Apfelweinkönigin Daniela I., um sich mit dem Stöffche taufen zu lassen: „Das ist doch viel zu schade, den hätte ich viel lieber getrunken." Ja, trinkst du den Ebbelwoi auf'em Römerberch, bist Du Gott näher als in der Kerch. So weit ihre Stimme trug, beschwor Daniela I. die durstige Menge: „Lassen Sie Frankfurt bleiben, was es ist: Die Stadt des Ebbelwoi." Sarkast Joachim Ringelnatz wußte schon Anfang der dreißiger Jahre: „Der Apfelwein schmeckt gut, aber er zehrt."

Überall, wo Johanna Höhl in Erscheinung tritt, ist ihre Attraktivität beistimmendem Geflüster ausgeliefert. Weil Schönheit an sich aber kein Verdienst ist und das Recht darauf ebenso wie das Recht auf Kultur jedem Erdenkind virtuell in die Wiege gelegt wird, weiß Johanna Höhl mit dieser Mitgift souverän umzugehen. Sie hat schnell gelernt, dem vagen Glücksversprechen der Schönheit zu mißtrauen. Denn „wer äußerlich von der Klarheit süßen Ebenmaßes umflossen" ist, mit welcher schönen Wendung Thomas Mann die Sache auf eine ästhetische Ebene hebt, muß mehr als jene vielen, die dem lieben Gott weniger gelungene Ebenmaße verdanken, die inneren Werte in die Waagschale werfen, um stolz auf die eigene Existenz zu werden.

Johanna Lina Charis Höhl ist nach eigenen Worten „in eine wunderbare Familie hineingeboren" worden – am selben Tag und zur gleichen Stunde übrigens, wie Johann Wolfgang Goethe (28. August, 12:30 Uhr). Sie ist im bodenständigen hessischen Dialekt aufgewachsen, der ihrer Frohnatur entgegenkommt und im harten Apfelweingeschäft alberne Vorurteile gegen eine promovierte Chefin gar nicht erst aufkommen läßt. Ihre akademische Bildung und ihre Herzensbildung bilden eine Waage des Ausgleichs, die beide Pfunde gut miteinander austariert.

Johanna Höhl bezeichnet sich augenzwinkernd als einen „spirituellen Menschen", und das wohl nicht nur wegen ihrer Gene, weil etwa ihre Uroma schon ein bißchen zu zaubern verstand. Johanna Höhl meditiert täglich vor dem Frühstück, und einmal im Jahr zieht sie sich in das meditative Medium Klausur zurück: „Da regeneriere ich meine Kräfte." In klösterlicher Ruhe fastet und schweigt sie eine volle Woche lang. Diese Einkehr in sich selbst ist der lebensnotwendige Ausgleich zu Hektik und Oberflächlichkeit des Alltags und eine Reaktion auf die erfahrenen Schicksalsschläge, seit denen sie sich um so mehr „Gedanken um den Sinn des Lebens" macht – und nicht nur um den des eigenen. Das Leben selbst ist ihr Lektion.

Nach dem Tod des Vaters ihrer beiden Kinder mußte die bis dahin vom Glück verwöhnte Johanna Höhl alleine „ihren Mann stehen". Als alleinerziehende Mutter in beruflicher Verantwortung wollte sie in rauhen Herbststürmen mit Vermögensverlusten, Intrigen, Krankheit und frühen Toden geliebter Menschen gebührenden Optimismus bewahren. Mit juvenilem Gemüt und eingeborener Frohnatur ist es ihr gelungen, mit gehörigem Mut zu sich selbst, mit frischer Unbekümmertheit und eiserner Disziplin auf einem Feld der Männerdomänen eine der wenigen Lichtgestalten des weiblichen Unternehmertums zu werden. Johanna Höhl fühlt sich wie unter Strom gesetzt, sobald sie über die Schwelle ihres Betriebs schreitet. Es beruhigt, über eine Unternehmerin sagen zu können, daß es nicht nur der Selbsterhaltungstrieb ist, der als Regulativ ihr menschliches Handeln bestimmt.

Als bei der Verleihung des Bruno H. Schubert-Preises 2006 im Kaisersaal das Frankfurter Streuobstzentrum „MainÄppelHaus Lohrberg“ für den Schutz der Streuobstwiesen im Rhein-Main-Gebiet ausgezeichnet wurde, steuerte Oberbürgermeisterin Petra Roth in ihrem Grußwort eine hübsche Anekdote bei: Kein Geringerer als Karl der Große sei der Erfinder des köstlichen Stöffche. Auf einer der langatmigen Kaiserwahlen habe der in jeder Hinsicht schwergewichtige Monarch eine sehr lange Weile auf einem offensichtlich saftigen Apfel gesessen und unter derart kolossalem Druck Apfelwein ausgebrütet.

Nach eigenem Bekenntnis definiert Johanna Höhl ihren Lebenssinn gemäß Goethes „Orphischen Urworten“, die ihr „nach dem Gesetz“ zu handeln empfehlen, „wonach du angetreten“. Indem sie dies Gesetz befolgt, fühlt sie sich frei.

Fragebogen

1. Ihre nachhaltigste (oder liebste) Kindheits- oder Jugenderinnerung?
Das Klavierspiel meines Vaters (meistens „Mondscheinsonate" und „Alle Tage ist kein Sonntag") im Wohnzimmer, wenn ich abends oder am Wochenende im 1. Stock in meinem Bett lag und nicht schlafen konnte – oder wollte.

2. Wer oder was hat die Anfänge Ihres beruflichen Lebensweges entscheidend mitgeprägt?
Mein späterer Ehemann Gerhard Seibel, den ich mit 18 Jahren kurz vor dem Abitur kennenlernte. Ich wollte zum damaligen Zeitpunkt Pharmazie bzw. Psychologie studieren, was er gar nicht verstehen konnte. Er fragte immer wieder, warum ich denn nicht später mal in die Kelterei wolle und BWL studiere? Zuvor hatte mich mein Vater das in der Tat nie gefragt. Er hatte mich nie ermuntert, geschweige denn gedrängt, seine Nachfolge anzutreten. Ich komme aus einem sehr behüteten Elternhaus mit klassischer Rollenverteilung. Meine Mutter war 24 Stunden am Tag für Haus und Familie da, und das schwebte meinem Vater sicher als großes Vorbild für den Werdegang seiner Töchter vor.

3. Welches bedeutende Frankfurter Ereignis (welche Begegnung) hat sich besonders tief in Ihre Erinnerung eingegraben?
1963 der Besuch von John F. Kennedy in Deutschland. Ich war damals neun und stand bei meinen Großeltern am Fenster, als JFK im offenen Wagen an unserem Haus vorbeifuhr. Zum Greifen nah! – und doch ein unerreichbarer Mythos.

4. Welcher Autor, Maler, Komponist, Politiker usw. hatte gehörigen Einfluß auf Ihre Arbeit?
Eindeutig Johann Wolfgang von Goethe. Ich habe mich als junges Mädchen sehr intensiv mit Sternzeichen beschäftigt und dabei entdeckt, daß ich den gleichen Geburtstag und die gleiche Geburtsstunde

wie Goethe habe. Das hat mich fasziniert, zumal es auch annähernd der gleiche Ort und Name waren. Das alles hat dazu geführt, daß ich mich sehr früh mit Goethe auseinandergesetzt habe. Später kam dann meine metaphysische Weltsicht zum Durchbruch, die mich im *Faust* (ich habe ihn immerhin drei Mal gelesen) eine reine Einweihungslehre erkennen ließ. Goethes Geist hat mich immer fasziniert, und ich nehme es mir oft (amüsiert) als Trost, daß auch bei ihm zwischen theoretischer Erkenntnis und dem Meistern des alltäglichen Lebens bisweilen eine große Lücke klaffte.

5. Mit welchen wichtigen Menschen sind Sie befreundet?
Was meinen Sie denn mit „wichtig"? Also für mich gilt da eher der Umkehrschluß: Die Leute, mit denen ich befreundet bin, sind für mich wichtig. Wenn Sie Menschen mit politischer, wirtschaftlicher oder gesellschaftlicher Geltung meinen – von denen ich sicher eine Menge kenne –, möchte ich da lediglich die von Metzlers nennen, mit denen mich mehr als eine freundliche Bekanntschaft verbindet.

6. Welcher Typ Mensch ist Ihnen zuwider?
Selbstgefällige Menschen, die ihr Erfolg überheblich, unzugänglich und oberflächlich gemacht hat. Wobei in der Regel die miesen Charakterzüge auch schon vorher da waren, aber erst mit dem Erfolg (Geld und gesellschaftliche Stellung) ausgelebt werden.

7. Welches Faktum war rückschauend ein besonders wichtiger Meilenstein/Wendepunkt in Ihrer „Karriere"?
In meinem privaten Leben war es der plötzliche Unfalltod meines Mannes. In der „Karriere" war immer alles im Fluß.

8. Was ist von Ihren Wünschen unerfüllt geblieben oder mißlungen und warum?
Bislang haben sich alle meine Wünsche erfüllt, natürlich teilweise unter großen Schwierigkeiten und Geduldsproben. Das einzige, was sich nicht realisiert hat, war mein Wunsch nach vier Kindern. Da war dann im entscheidenden Moment der Beruf doch wichtiger.

9. Was finden Sie an Frankfurt liebenswert?
Den Kontrast, der die Polarität in allen Bereichen widerspiegelt. Und die Überschaubarkeit. Besonders liebe ich die Skyline beim Landeanflug in der Nacht. Das macht mich richtig stolz, in Frankfurt zu Hause zu sein. Und natürlich – Sie werden jetzt lachen – den Apfelwein. Denn er gibt der Stadt viel Menschliches, Bodenständigkeit und Gemütlichkeit. Das Fichtekränzchen liefert den bescheidenen, sympathischen Kontrastpunkt zu den Wolkenkratzern, die mit Stahl, Beton und Glas protzen. Der Apfelwein vermittelt Werte wie Ehrlichkeit, Einfachheit – und darin liegt die Zufriedenheit, nach der sich ja jeder sehnt.

10. Was verdiente Ihren Tadel an Frankfurter Verhältnissen/Strukturen, an der Kommunalpolitik usw.?
Ich würde mir eine bessere Verkehrsanbindung des Frankfurter Ostens, inklusive der Randbereiche, wünschen. Da sind wir stark unterentwikkelt im Vergleich zum Süden, Westen und Norden. Ansonsten, wenn Sie gestatten, sehe ich meine Kritik mal wieder durch die Ebbelwei-Brille. Ich wünsche mir ein stärkeres öffentliches Bekenntnis zum Kulturgut Apfelwein. Leider trinkt unsere Oberbürgermeisterin lieber Pils, gar nicht daran zu denken, wenn jetzt der Bürgermeister als Ebbelwei-Freund auch noch wegfällt. Ein bißchen mehr Identität mit den regionalen Wurzeln würde Frankfurt sicher guttun.

11. Welche hier vergessene Frage hätten Sie gern (und wie?) beantwortet?
–

12. Haben Sie ein Lebensmotto, eine Arbeitsdevise?
Mein Lebensmotto sind die „Orphischen Urworte" von Goethe: „... nach dem Gesetz, wonach du angetreten ..." Ich sehe das Leben als gestellte Aufgabe, die es zu meistern gilt. Mit Mut, Kraft, Urvertrauen. „Frei" nach Schiller: „Stell dich unter dein Gesetz, dann bist du frei." Dementsprechend ist mein Lebensmotto nicht „Alles wird gut", sondern „Alles ist gut".

Christine Hohmann-Dennhardt

„Die schöne Christine hütet ab heute unsere Verfassung“, titelte *BILD* euphorisch im letzten Januar des 20. Jahrhunderts. Ihr Weg in die oberste juristische Kaste in Karlsruhe verweist auf die Bilderbuchkarriere der Christine Hohmann-Dennhardt, die ihre Sozialisation in einer sozialdemokratisch geprägten Arbeiterfamilie in Leipzig erfuhr. Schon ihr Großvater machte als SPD-Abgeordneter im Sächsischen Landtag von sich reden. Ihr lebenslanges soziales Engagement und ihren Sinn für Gerechtigkeit hat sie von daher. Diese familiäre Färbung durchzieht als roter Faden ihre Biographie.

Ein Jahr nach ihrer Geburt im Jahre 1950 verläßt die Familie die ideologische Enge der DDR und übersiedelt zunächst ins Ruhrgebiet, wo Christine in Essen eingeschult wird; auf einem altsprachlichen Gymnasium in Stuttgart macht Christine Dennhardt 1968 ihr Einser-Abitur. In diesem geschichtsnotorischen Jahr beginnt sie in Tübingen ihr Jurastudium. 1968 ist aber mehr als nur eine Jahreszahl, damit verbindet sich ein revolutionäres studentisches Programm gegen den Mief unter Professorentalaren, ein intellektueller Aufstand mit nachhaltigen Folgen. Die Kommilitonin Christine organisiert mit einer Widerstandsgruppe Alternativ-Vorlesungen etwa zur „Dialektik der Aufklärung“, dabei lernt sie ihren späteren Mann kennen, den Jura-Studenten Eckart Hohmann. Für eine gemeinsame Seminararbeit über „Die Versöhnung von Freiheit und Gleichheit im modernen Staat“ erhalten die beiden einen Preis der Universität Tübingen. Die 21jährige Christine wurde bald zur Fakultätsbeauftragten für Studienreformfragen auserkoren, Eckart wurde Sprecher der „Basisgruppe Jura“. Innerhalb einer libertären Studentenbewegung galten die beiden damals als „linke Vögel“. Über die Leitbilder des SDS findet Christine in Willy Brandt schließlich die politische Leitfigur der Sozialdemokratie.

Bevor Christine Hohmann-Dennhardt in Tübingen 1973 ihr Erstes Juristisches Staatsexamen ablegt, war sie zum Mitglied des großen Senats gewählt und zur Vorsitzenden der Studienkommission ihrer

Fakultät auserkoren worden. Nach einer Referendarzeit in Hamburg beruft sie die Universität der Hansestadt 1975 als Lehrbeauftragte. Zwei Jahre später übersiedelt sie von der Alster an den Main, wo sie am Institut für Arbeitsrecht an der Goethe-Universität wissenschaftliche Mitarbeiterin wird. Den Studenten der Akademie der Arbeit erklärt sie die Gründe, warum Sozialgerichtsbarkeit und Arbeitsgerichtsbarkeit ihre Konjunktur in der ökonomischen Krise haben.

1979 promoviert sie über das Thema „Entscheidungsstrukturen im Unternehmen und Arbeitnehmerinteressen“ mit summa cum laude. 1981 trifft sie eine Entscheidung fürs Leben und setzt auf eine juristische Laufbahn, sie wird Richterin an den Sozialgerichten Frankfurts und Wiesbadens sowie am Landessozialgericht Darmstadt. Als Direktorin des Sozialgerichts Wiesbaden seit 1984 ist sie Chefin von über sechs hauptberuflichen und 120 ehrenamtlichen Richtern; gleichzeitig ist sie stellvertretendes Mitglied des Hessischen Staatsgerichtshofes. Von der Wand ihres Büros grüßt freundlich ein Porträt von Rosa Luxemburg die Besucher. Ihr Mann ist seit 1992 Präsident des Statistischen Landesamtes.

Als Helmut Schmidts früherer Forschungsminister Volker Hauff 1989 zum Frankfurter Oberbürgermeister gewählt wird, beruft er die 39jährige Christine Hohmann-Dennhardt in den Magistrat und betraut sie mit dem Sozial- und Jugenddezernat. Ich hatte das Vergnügen, in meinem letzten Jahr im Magistrat ihre hohe rhetorische Begabung und ihr daraus resultierendes Durchsetzungsvermögen zu bewundern. Um nur einige ihrer Erfolge zu nennen: Sie hat den „Frankfurt Paß“ auf den Weg gebracht, der Frankfurter Familien den Zugang zu den kulturellen, sozialen und sportlichen Einrichtungen erleichtert. Mit den hiesigen Wohnungsgesellschaften hat sie einen „Frankfurter Vertrag“ zur besseren Vermittlung von Wohnraum an Wohnungssuchende geschlossen und Richtlinien zur „Wohnungszweckentfremdung“ durchgesetzt. Sie war die erste Dezernentin, die in Deutschland zweckentfremdeten Wohnraum beschlagnahmen ließ, um dort statt dessen Wohnungssuchende zu beherbergen. Auch ein großes Beschäftigungsprogramm geht auf ihr Konto, von dem besonders diverse Sozialeinrichtungen profitieren sollten. Auch hat Christine

Hohmann-Dennhardt den Neubau des deutsch-jüdischen Altenheims der Budge-Stiftung ermöglicht.

Nachdem sich die übrigen Magistratskollegen endlich an den unkonventionellen Arbeitsstil der aparten, gern modisch gekleideten Kollegin gewöhnt hatten, stieg sie mit ihrem pointierenden Verstand zu höheren Weihen auf: Hans Eichel beruft sie 1991 zur Hessischen Ministerin der Justiz, sie wird Mitglied auch der gemeinsamen Verfassungskommission von Bund und Ländern. Sie hatte sich für diese Aufgabe nicht nur durch ihr Studium qualifiziert, sondern auch durch ihre zahlreichen Veröffentlichungen. Ihre Bücher über den *Gleichheitsgrundsatz im Arbeitsleben*, über *Ungleichheit und Gleichberechtigung* mit Akzent auf der kompensatorischen Funktion der Frauenquoten in der Rechts- und Sozialpolitik wurden von der Fachkritik hoch gelobt. Bald nach Amtsantritt und der Wiedervereinigung 1989 veröffentlichte sie für die Zeitschrift *Gesetzgebung und Rechtswissenschaft* einen aktuell-brisanten Beitrag über *Die Hilfe der Altländer beim Aufbau der Justiz* und zur *Reform des Grundgesetzes.* Einer ihrer weit über fünfzig Aufsätze in Fachzeitschriften und Büchern, ein spannender Aufsatz über multikulturelle Gesellschaften und Rechtsradikalismus, ist in meinem Buch *Andersheit ein Menschenrecht* (1995) erschienen.

Nach den Koalitionsvereinbarungen der SPD mit den Grünen erhebt der neue Koalitionspartner Anspruch auf das Justizressort. Christine Hohmann-Dennhardt wechselt 1995 ins Ministerium für Wissenschaft und Kunst. Das Justizressort hatte sie in schwieriger Zeit übernommen, als die veralteten Gefängnisse total überfüllt waren. Im März 1993 geriet sie ins Visier der Opposition, als der Roten Armee Fraktion (RAF) auf dem Gefängnisneubau in Weiterstadt ein Sprengstoffattentat gelungen war. Auch konnte sie die Gefangenenrevolte in Kassel nach einer Serie von Ausbrüchen aus hessischen Justizvollzugsanstalten nicht verhindern, Altlasten und Versäumnisse aus früherer Zeit, die jetzt politisch eskalierten und die Ministerin unter Druck setzten. Mit kühlem Kopf und handfesten Gegenstrategien hat sie diese schwierige Phase durchgestanden, 1995 konnte sie erhobenen Hauptes und erfolgreich in den Wahlkampf ziehen, um einen Ministerpräsidenten der CDU zu verhindern. Der politischen Opposition war Hohmann-Dennhardts Liberalisierung des Strafvollzugs ebenso ein Dorn im Auge wie ihre couragierte Tolerierung des Handels mit weichen Drogen. Sie wollte die Sucht bekämpfen, nicht die Süchtigen.

Der Frau von Geist und Bildung dürften die exzellenten Rechtskenntnisse in ihrem neuen Ressort für Wissenschaft und Kunst nicht geschadet haben. Auch hier hat sie Gelegenheit, ihrem reformerischen Ehrgeiz freien Lauf zu lassen. So wie sie als Justizministerin in der Drogenpolitik mit ganz neuen Ansätzen der Therapie bundesweit Furore gemacht hatte, packt sie jetzt ein notwendiges neues Hochschulgesetz bei den Hörnern, das sie bei anfänglichem Gegenwind auch aus den eigenen Reihen am Ende durchzuboxen weiß. Auch den Aufstand der Studenten und Professoren, die gegen die vom Finanzminister verordneten Stellenstreichungen und Mittelkürzungen protestieren, hat sie in endlosen Debatten und Sit-in-Diskussionen überlegen befriedet. Schließlich ist es ihrem Verhandlungsgeschick und ihrer Hartnäckigkeit zu verdanken, daß die Goethe-Universität mit dem IG-Farben-Haus und seinem Areal einen neuen Campus erhalten konnte, der sich nun als ein neues Herzstück von Forschung und Lehre präsentiert.

Ihren Ideenvorrat hat sie einmal auch für mich ganz persönlich angezapft. An meinem 70. Geburtstag erschien sie in meinem Garten am Scheerwald mit zwei Brieftauben im Geflügelkorb, damit ich sie mit meiner Grußbotschaft am Bein nach Oberhausen zurückfliegen lasse, wo mein erstes Taubenbuch entstanden war. Die Oberhausener Lokalpresse druckte, was die fliegenden Postillions heimgeflogen hatten.

Den Höhepunkt in Christine Hohmann-Dennhardts ebenso steiler wie tadelloser Karriere markiert zweifellos ihre Berufung zur Richterin des Bundesverfassungsgerichts in Karlsruhe im Jahr 1999. Was ihr schon in allen richterlichen Positionen wichtig war, die Beseitigung verfassungswidriger Gesetze, kann sie jetzt, an der Quelle amtierend, umsetzen. Schließlich ist sie Mitglied des Ersten Senats, dem Grundrechtesenat, wo sie für Art. 6 GG zuständig ist, also für alles, was mit dem Schutz von Ehe und Familie zu tun hat. So war sie beim heißumstrittenen Lebenspartnerschaftsgesetz auch Berichterstatterin zu der Frage, welche Rechte biologische Väter haben, oder jener, was erwachsene Kinder ihren alten Eltern an Unterhalt schulden. Hohmann-Dennhardts Sondervotum zum „großen Lauschangriff" hat damals große öffentliche Resonanz erzeugt.

Ihre Kinder Sarah und Moritz sind längst aus dem Haus, der Sohn studiert Medienwirtschaft, und die Tochter praktiziert als Ärztin in der Fachrichtung Kinder- und Jugendpsychiatrie. Ihren Wohnsitz in Eppstein, einem kleinen Ort am Taunushang zwischen Königstein und Kelkheim, haben Christine und Eckart all die Jahre beibehalten, weil ihnen die Nähe zu Frankfurts Kulturangeboten wichtig ist.

Fragebogen

1. Ihre nachhaltigste (oder liebste) Kindheits- oder Jugenderinnerung?
Die Freiheit, die mir meine Eltern immer gelassen haben, gepaart mit großem Vertrauen, das sie in mich gesetzt haben. So konnte ich auf meine eigenen Entdeckungstouren gehen, mir die Welt erschließen, und hatte dabei doch immer die Grenze im Hinterkopf, das Vertrauen meiner Eltern nicht enttäuschen zu wollen.

2. Wer oder was hat die Anfänge Ihres beruflichen Lebensweges entscheidend mitgeprägt?
Ich wollte etwas studieren, was mit Menschen zu tun hat und Ihnen helfen kann, und etwas, was man (damals) Mädchen nicht zutraut, so kam ich zur Juristerei. Darin hat mich meine Mutter nicht nur bestärkt, sondern sie hat auch wieder angefangen zu arbeiten, um mir mein Jurastudium zu ermöglichen. Das Arbeits- und Sozialrecht wählte ich zu meinem Schwerpunkt, weil ich gerade dies für emanzipatorisches Recht hielt, das menschliche Abhängigkeiten, Machtungleichgewichte und gesellschaftliche Schieflagen auszugleichen versucht. Und den Richterberuf habe ich mir ausgewählt, weil mich die Rolle der Streitschlichterin und Entscheiderin lockte und ich bei dieser Tätigkeit Beruf und Familie miteinander besser als bei anderen Tätigkeiten vereinbaren konnte.

3. Welches bedeutende Frankfurter Ereignis (welche Begegnung) hat sich besonders tief in Ihre Erinnerung eingegraben?
Das war das erste Wochenende nach dem Fall der Mauer, als unzählige Sonderzüge aus Ostdeutschland in Frankfurt einliefen mit tausenden von Menschen, die die Freiheit schnuppern, ihr „Besuchergeld", das in Frankfurt großzügiger als in anderen Städten war, abholen und durch Frankfurts Innenstadt flanieren wollten. An diesem Tag war nicht nur Riesiges zu bewältigen: vom Geldbeschaffen über die Verteilung des Besuchsgeldes, die Verpflegung der wartenden Menschen, die längeren

Öffnungszeiten der Geschäfte bis zur Sorge für Übernachtungsmöglichkeiten. All dies war getragen auch von einer riesigen Freude über die Wiedervereinigung, die mit den kommenden Menschen nun sichtbar, spürbar war, und von dem beglückenden Gefühl, daß in Frankfurt alle privaten wie öffentlichen Institutionen spontane Hilfe leisteten und an einem Strang zogen. Diese große Hilfsbereitschaft ist kennzeichnend für Frankfurt und seine Bürger – ein schönes Aushängeschild dieser Stadt!

4. Welcher Autor, Maler, Komponist, Politiker usw. hatte gehörigen Einfluß auf Ihre Arbeit?
Hermann Heller, Staatsrechtslehrer in der Weimarer Republik, Fernand Léger, Carl Orff, Willy Brandt.

5. Mit welchen wichtigen Menschen sind Sie befreundet?
Es gibt etliche bekannte Persönlichkeiten, mit denen ich befreundet bin, doch alle, mit denen ich befreundet bin, sind für mich wichtige Menschen.

6. Welcher Typ Mensch ist Ihnen zuwider?
Der, der einem zum Munde redet und hinterrücks lästert. Der, der nur auf die eigene Nabelschau bedacht ist.

7. Welches Faktum war rückschauend ein besonders wichtiger Meilenstein/Wendepunkt in Ihrer „Karriere“?
Kinder und Beruf in Einklang zu bringen, diszipliniert, konzentriert zu arbeiten und die begrenzte Zeit zu nutzen. Das hilft, effektiv und zielorientiert Probleme zu meistern, eine wichtige Kompetenz für Karriere. Dazu kam immer mein Antrieb, nicht nur analysieren und kritisieren zu wollen, sondern auch zu überlegen, wie sich Dinge zum Besseren ändern können, und daran mitzuwirken, sowie die Bereitschaft, auch mit Risiko neue Herausforderungen anzunehmen. So habe ich damals meine Lebenszeitstellung als Richterin aufgegeben, um die spannende Arbeit als Sozialdezernentin in Frankfurt anzunehmen, ohne zu wissen, was danach folgt. Ein wichtiger und für mich folgen-

reicher Schritt, denn ich habe durch ihn auch mit all den dann weiter folgenden Tätigkeiten immer wieder ganz viel Neues gelernt, meinen Horizont erweitern können und so meinen Erfahrungsschatz verbreitert.

8. Was ist von Ihren Wünschen unerfüllt geblieben oder mißlungen und warum?
Da ich wenig konkrete Wünsche in meinem Leben formuliert habe, sondern ein spannendes erfülltes Leben führen will, gibt es eigentlich nichts, was unerfüllt geblieben ist. Ich würde nur manchmal gern die Zeit festhalten, die viel zu schnell verrinnt. Das gelingt leider nicht, und so bleibt etliches, was mir auch noch am Herzen liegt, ungetan.

9. Was finden Sie an Frankfurt liebenswert?
Die Offenherzigkeit und Toleranz, die in dieser Stadt bei allen Unterschieden, die sich hier treffen, herrscht und gepflegt wird.

10. Was verdiente Ihren Tadel an Frankfurter Verhältnissen/Strukturen, an der Kommunalpolitik usw.?
Eine manchmal zu große Geneigtheit, sich mit sich selbst zu beschäftigen, eher familiär anmutende kleine Grabenkriege statt inhaltliche Auseinandersetzungen – doch dazu neigt Politik auch anderswo, wie ich gelernt habe.

11. Welche hier vergessene Frage hätten Sie gern (und wie?) beantwortet?
Den Frager leiten eigene Überlegungen, mich zu erkunden, deshalb gibt es keine vergessenen Fragen.

12. Haben Sie ein Lebensmotto, eine Arbeitsdevise?
Beim Motto halte ich es mit Rosa Luxemburg: Freiheit ist immer auch die Freiheit des Andersdenkenden.

Meine Arbeitsdevise ist: Wenn dir etwas wichtig ist, mach es und häng dich rein, du wirst es schon schaffen!

Marie Luise Kaschnitz

„Ich liebe die Stadt Frankfurt, ich liebe den Main, den alten Palmengarten und die neue Zeil. ... Ich glaube, man liebt die Städte, in denen man die schlimmen Zeiten erlebt hat, die ja in mancher Beziehung auch die guten waren." Ihr Liebesbekenntnis zu unserer Stadt kam Marie Luise Kaschnitz spontan über die Lippen, als ihr beim „Werkstattgespräch 1961" der Dichterfreund Horst Bienek heikle Fragen zu Frankfurt stellte. Dieser unruhigen Stadt am Main ist sie bis zu ihrem Tod im 74. Lebensjahr treu geblieben. Als Hommage an die Stadt ihrer Wahl darf ihr Zyklus *Rückkehr nach Frankfurt* in Anspruch genommen werden: „Frankfurt ist gewissermaßen ein Urwald, eine Urlandschaft, in der erst alles neu beginnen muß." Unter den vom Krieg geschändeten Städten war Frankfurt der Ort, in dem der Begriff Zukunft eine auch intellektuelle, geistige Prägung erhielt.

Die Tochter des zum Generalmajor aufgestiegenen Berufsoffiziers von Holzing-Berstett ist ihrem Mann an den Main gefolgt: Ihren geliebten Baron Guido von Kaschnitz-Weinberg hatte die 24jährige 1925 in Bollschweil geheiratet. Der Gatte wollte an unserer Goethe-Universität die Studenten für die Entdeckung archäologischer Geheimnisse begeistern. Doctor honoris causa der Frankfurter Alma mater ist später aber seine Frau geworden, nachdem sie hier im Jahre 1960 den Lehrstuhl für Poetik populär gemacht hatte: mit ihrer stark autobiographischen Dichtung, mit ihrer wunderbar musikalischen Diktion, mit ihrem natürlichen Charme der Selbstvermittlung – und mit ihrem Nimbus. Allein ihr Name versammelte eine große Leserschaft, denn sie hat niemanden gleichgültig gelassen, vor allem ihre Studenten nicht, die sich vom Feuer ihrer Imagination gern erwärmen ließen.

Mit ihrer Lyrik hatte sie schon begonnen, als der Bleisatz noch im Schwange war. Ihre Gedichte waren wie ihre Romane mit dem Pfeffer der Erinnerung gewürzt. So ist ihr durchgehend gelungen, noch in der Fiktion die Wahrheit zu offenbaren, auch über sich selber. Mit ihren wahrhaftigen, autobiographisch gefärbten Lebensbüchern hat sie sich in unsere Erinnerung geschrieben: mit ihren römischen Betrachtungen *Engelsbrücke* (1956), mit *Tage, Tage, Jahre* (1968) und mit *Steht noch dahin* (1970) oder mit der Shortstory *Das dicke Kind* (1952). In dieser auch poetisch glückenden Prosaminiatur führt sie die Traumvision des fiktiven dicken Kindes in Dimensionen ihrer eigenen Kindheit zurück, in surrealistischer Überblendung verzahnen sich Vergangenheit und Gegenwart. Sie selber hat diese Erzählung für ihre stärkste gehalten, „weil sie am kühnsten und am genauesten ist".

Die utopiehaltige Sprache der Marie Luise Kaschnitz baut auf die Phantasie ihrer Leser. Von dieser Sprache der überraschenden Wendungen und phantastischen Sprünge sind besonders die Texte der Erzählsammlung *Lange Schatten* (1960) geprägt. Aufgerüttelt werden Phantasie und Denkkraft des Lesers, wenn im ganz alltäglichen Rahmen der Erzählung unvermittelt das Phantastische aufblitzt und so die Alltagsrealität jenseits aller Rationalisierung entlarvend kommentiert. Im plötzlichen Auftauchen des Phantastischen wird einsichtig, daß in der Welt weder alles vernünftig erklärbar ist, noch alles vernünftig zugeht: Immer bleibt ein Rest an Nicht-Identifizierbarem. Gerade darin scheint mir nicht nur die logische, sondern auch die lebenspraktische Voraussetzung dafür zu liegen, daß jene Vernunft an Terrain gewinnt, die nicht mehr derart unbedingt in den Kampf um ihr Selbstverständnis verstrickt ist, daß sie ihre „andere Seite" beständig ausgrenzen müßte. Weil man eigentlich immer nur das lesen soll, was man bewundert, wie Goethe Eckermann riet, seien Kaschnitz' *Lange Schatten*, dieses Glanzstück analysierender Epik, nachdrücklich zur Lektüre empfohlen.

Schon bald nach meiner Übersiedlung nach Frankfurt hatte ich die prominenteste Dichterin der Stadt zu einem Frühstück ins Café Laumer eingeladen, von ihrer Wohnung in der Wiesenau hatte sie es zur Bockenheimer Landstraße ja nicht weit. Ihr gebührte schon damals ein Ehrenplatz im deutschen Feuilleton, schließlich war sie Trägerin des Büchner-Preises, des Immermann-Preises, des Hebel-Preises und des Ordens Pour le mérite. Da ich zuvor ihre letzten Aufzeichnungen *Tage, Tage, Jahre* gelesen hatte, um ihr imponieren zu können, verlief das

Gespräch vertrauensvoll, als kennten wir uns schon lange. Sie lehnte dabei die Klassifizierung ihres Werks als Frauenliteratur kategorisch ab, betonte aber ein spezifisches Charakteristikum der Frauendichtung, das auch ihr eigen sei und besonders ihre Lyrik aufhelle: „die Liebesbotschaft, die Liebessehnsucht, die Liebesenttäuschung". Ihr Vortrag darüber in der Darmstädter Akademie für Sprache und Dichtung hatte ein nachhaltiges Echo gefunden. Ja, für Marie Luise Kaschnitz war das Gedicht Refugium, der gebliebene letzte Freiraum. Das lyrische Ich offenbart sich bei Schriftstellerinnen offensichtlich deutlicher als bei den männlichen Kollegen.

Ihren Wunsch, in Frankfurt endlich ein Literaturhaus zu errichten, als einen Ort für den intellektuellen Transfer der Gedanken, konnte ich erst nach ihrem Tod im letzten Monat meiner zwei Dezennien als Kulturdezernent erfüllen. Nicht nur an diesem Morgen war ich beeindruckt von ihrer Gedankenfülle, von ihren unsentimentalen Erinnerungen an die Zerstörung der Stadt durch britische Bomben und in den Trümmerjahren durch den mutwilligen Zerfall vieler Häuser im ehedem bürgerlichen Flair des Westends durch gnadenlose Spekulanten.

Von 1941 bis 1953 hat das Ehepaar Kaschnitz seine Frankfurter Zeit als prägende Jahre erlebt, einer Stadt, die einen bedeutenden Teil ihrer Urbanität aus der Augenfälligkeit historischer Veränderungen bezieht. In einer der Bombennächte ist die Mutter auf der Suche nach ihrer kleinen Tochter Iris Constanza (geb. 1928) stundenlang durch Frankfurts Straßen geirrt. Wie in ihren vorausgegangenen Büchern bricht Marie Luise Kaschnitz auch in *Orte* (1973), ein Jahr vor ihrem Tod geschrieben, mit der Tradition der Bekenntnisliteratur. Hier hält sie selbstkritische Rückschau auf das, was sie distanziert „in ihr Inneres exilieren" nennt: „Eine wissenschaftliche Erkenntnis, eine gelungene Verszeile, auch eine nie gedruckte, konnten nach meiner damaligen Auffassung die Welt verbessern, verändern, das war unsere Art von Widerstand." Konkret auf Frankfurt bezogen schreibt sie in *Orte*:

> Frankfurt im Krieg, und worin soll sie denn bestanden haben, unsere sogenannte innere Emigration? Darin, daß wir ausländische Sender abhörten, zusammensaßen und auf die Regierung schalten, ab und zu einem Juden auf der Straße die Hand gaben, auch dann, wenn es jemand sah? ... Nicht heimlich im Keller Flugblätter gedruckt, nicht nachts verteilt, nicht widerständlerischen Bünden angehört. ... Lieber überleben, lieber noch dasein, weiterarbeiten, wenn erst der Spuk vorüber war. Wir sind keine Politiker, wir sind keine Helden, wir taten etwas anderes ...

In ihrem Gedicht *Große Wanderschaft* verarbeitet sie diese schreckliche Zeit lyrisch:

> Das Ding zerbricht, das Haus zerfällt
> Das heißt, daß uns kein Arm mehr hält
> Verirrte Schar, verfolgt, gehetzt –
> Seit langem sind wir ausgesetzt.

Kaschnitz' Lyrik ist Ausdruck ihres Heimwehs nach einer alten Unschuld.

Aber auch da, wo sich Marie Luise Kaschnitz zu lyrischen Höhenflügen aufschwingt, verzichtet sie auf den hohen deutschen Ton. Marcel Reich-Ranicki ist zuzustimmen, wenn er von ihr sagt, sie habe wie keine andere vermocht, „die Lautlosigkeit hörbar zu machen". Sei es Lyrik, Prosa oder Hörspiel: Sie evoziert schwebende, gleichsam mit langsamer Kameraführung aufgenommene Bilder, bewegende Bilder der Erinnerung. An sie können die im Kopf des Lesers gespeicherten, aber meist zurückgedrängten historischen Bilder anknüpfen, um sie so der Vergessenheit zu entheben. Was wir eigene und auch überindividuelle Geschichte nennen können, wird so für die Gegenwart zugänglich. Dies ist eine der wichtigsten Voraussetzungen dafür, daß sinnvoll von Zukunft gesprochen werden kann. Es ist der beschrittene Weg der Spurensicherung, auf dem fast schon erloschene Bilder in Erinnerung gerufen werden.

Lange bevor Marie Luise 1958 endgültig in Frankfurt angekommen war, hat sie nach dem Besuch des Lyzeums in Potsdam ab 1921 in der kleineren Goethestadt Weimar bei der Thelemannschen Buchhandlung eine Lehre absolviert, anschließend konnte sie sich in München beim D.C.-Recht-Verlag als Lektorin vorzüglich den Schätzen der Belletristik widmen. 1925 zog sie ihre Italien-Sehnsucht in den sonnigen Süden nach Rom, wo sie im Antiquariat von Leonardo Olschki ihr Brot verdiente. Wie schon Heinrich Mann wurde auch die Kaschnitz in Rom „vom Talent überfallen". Azurblauer als in der Campagna Romana kann ein Himmel kaum sein: ein Himmel, der sich höher als anderswo über der Erde zu wölben scheint.

Vom mediterranen Aroma der Bougainvillea, der Päonien und der Citrusfrüchte stimuliert, hat Marie Luise dort ihre schönsten Gedichte geschrieben; sie sind im Lyrikband *Ewige Stadt* (1952) nachzulesen. Zwischen den Zeilen findet jedenfalls der geneigte Leser die sprachlosen Spuren des Irrationalen.

Ganz real hat sie am Tiber auch ihren Mann kennengelernt, den von großem wissenschaftlichen Ernst beseelten Archäologen Guido Freiherr von Kaschnitz-Weinberg. Seines Berufes wegen folgt sie ihm erst nach Griechenland und dann nach Italien, wo er als angesehener

Archäologe gefragt war, bis sich beide 1941 in Frankfurt am Main niederließen. Den Adelstitel hat sie bescheiden nie verwendet.

Zeitweilig hat sie auch in Königsberg und in der hessischen Universitätsstadt Marburg gelebt, wo ihr Mann seinen Forschungen nachging, bis sie nach dessen Tode im Jahre 1958 nach siebenjähriger Abwesenheit wieder ins sperrige Frankfurt zurückkehrte, in die Wiesenau im Westend. Ihrer zeitweiligen räumlichen Distanz zu Frankfurt korrespondierte eine den Schmerz der Verlassenen überbrückende Abstinenz vom Dichten. Ihr mag es wie der Iphigenie ergangen sein, der die Fremde nicht zur Heimat werden wollte, aber die Heimat zur Fremde geriet. Ihre Heimaten tragen Namen: Karlsruhe, wo sie geboren wurde, Rom, wo sie ihre große Liebe fand, Bollschweil, ihr seelisches Refugium, und Frankfurt, der Ort ihres Ruhms. Aber ihre eigentliche Heimat blieb bis an ihr seliges Ende die Literatur.

Über ihre ersten Berührungen mit dem Theater während ihrer Schulzeit gibt sie dem Frankfurter Maler Ferry Ahrlé in einer Porträtsitzung beredte Auskunft: „Meiner Mutter verdanke ich, daß ich, ein halbes Kind noch, in Berlin viele Klassiker-Aufführungen der Reinhardt-Bühnen, des Schillertheaters und der Charlottenburger Oper zu sehen bekam. Nach *Hänsel und Gretel* und der *Puppenfee* war meine erste Oper der *Fidelio*, das erste Schauspiel der *Wallenstein*, bei dem meine Anteilnahme weniger dem großen tragischen Helden als dem schönen törichten Max Piccolomini galt."

Vom zeitgenössischen Theater und seinen blutlosen Dialogen und entsinnlichten Protagonisten angewidert, rechnet sie stellvertretend mit Peter Handke ab: „Was Handke uns austreiben will: die Lust am sich vergessen, sich verwandeln, hat aber mein Verhältnis zum Theater von jeher bestimmt."

Übrigens hat Marie Luise Kaschnitz als junges Mädchen selber schon mal auf der Bühne gestanden, in der *Penthesilea* in Freiburg, als eine von vielen Amazonen, die aus der Stadt stürmen, um sich an den Männern zu rächen. Trotz ihres frühen Interesses am Theater hat sie nur ein einziges Bühnenstück geschrieben: Selbstkritisch akzeptierte sie die teils niederschmetternde Kritik, die vor allem ihre ewig langen Monologe moniert hatte.

Bei der sogenannten Frankfurter Gesellschaft hat sie sich rar gemacht und Empfänge möglichst gemieden; sie hatte nicht nötig, im Stimmengewirr der Cocktailpartys neue Beziehungen zu knüpfen, um Erfolg zu haben. Außerdem wollte sie ihre „lange Reise ans Ende der Nacht", wie Hölderlin seine verbleibende Lebenszeit nannte, fürs Überleben in ihrer Dichtung nutzen. Auch auf Buchmesse-Empfängen war sie ein seltener Gast. Sie war sympathisch partyresistent. Zuletzt traf ich sie bei einer von Horst Krügers legendären Literaturfeten auf dem Sachsenhäuser Berg. Wäre sie von Ignoranten gefragt worden, warum sie Literatur produziere, sie hätte wahrscheinlich mit Thomas Mann geantwortet, dem es bekanntlich vor allem darum ging, mit Büchern den Menschen Freude zu bereiten.

Seit sie im Olymp der lyrischen Elfen weilt, macht uns die Bedeutung der Marie Luise Kaschnitz erst ihr Nachlaß richtig bewußt. Sie starb im Oktober 1974 in Rom, als sie ihre Tochter besuchen wollte. Im Nachlaß findet sich das folgende sehr persönliche Gedicht:

Du mein kleingeschriebenes Ich
Das immer noch fähige
Mit allen Sinnen
Welt aufzunehmen
Was für eine Welt

Von Wasserwerfern
Flüchtenden Studenten
Polizeistöcken
Unheilsirenen
Zügen die schneller und schneller
Und aus den Geleisen springen
Und Fangarmen schneller und schneller
Meine Enkel wie werdet ihr sterben?

Ihr letzter Gedichtband *Gesang vom Menschenleben* aus dem Jahre 1974 sollte ihr zum Requiem werden.

Bei der Trauerfeier im Oktober 1974 in Bollschweil im Schwarzwald, wo sie auf dem elterlichen Gut ihren dritten Wohnsitz hatte, hielt ich als Vertreter der Stadt Frankfurt die Grabrede, aus der hier ein Auszug wiedergegeben sei:

„Wie die Bomben in Frankfurts Häuser, fuhr die Zeit in die Sprache: Die Dichterin beschreibt ihre Erfahrung, wie während des Vorlesens Worte, Sätze, Verse zerfallen, andere aber erhalten bleiben. Kaschnitz sagt: ‚Heute, nach einem Jahr, nach einem halben Jahr, würde ich es anders machen, immer Dinge von gestern, während Dinge von morgen in mir vorgehen; kein Wunder, daß man sich verspricht.' Thematisiert wird das ruinöse Verhältnis des Vergehens der Zeit zur Sprache. Sprache wird zur begriffenen Zeit – Vergangenheit, Gegenwart und Zukunft in einem Moment: Sprache ist Geschichtlichkeit. Die Erfahrung des Krieges ist nicht mehr rückgängig zu machen: Die Schlachtfelder reichen bis aufs Papier der Schreibenden. Die universale Zerstörungswut, welche mit ihren Häusern die Menschen niederriß, hat auch ihre Sprache hochgradig sensibilisiert. Ihre Literatur hat einiges auch

mit Nostalgie zu tun, mit dem Wunsch heimzukehren. Das Ethos der Dichterin Marie Luise Kaschnitz ankert im Humanismus."

Kaschnitz' Name steht für die deutsche Literatur der Nachkriegszeit, für die neue deutsche Dichtung, die aus der Zerstörung aufstieg und eine bisher unbekannte Welt hervorbrachte, die beschaulich Historisches mit aktueller Gegenwart verband.

Das Bewußtsein für die Moderne, das sich zuerst schmerzhaft aus den Erinnerungen an Vergangenes entwickelt hatte, bestimmte ihre kritische, durchaus zukunftsbejahende Sicht.

So konnte in ihrem Œuvre die römische Terra archäologica mit ihrer antiken Monumentalität eine glückliche Synthese mit der Megalopolis des 20. Jahrhunderts eingehen. Der klassische Mythos der Griechen und Römer gab ihrer Dichtung wichtige Impulse, die zu einer verblüffenden Sichtung der Situation unserer Zeit geführt haben.

In ihrem Lebenswerk waren die Engelsbrücke in Rom, die Alte Oper in Frankfurt am Main und ihr Haus in Bollschweil Orte, topographische Fixpunkte, die ihre dichterische Sensibilität beflügelten und gleichzeitig die Antithese von Tod und Leben signifikant machten.

Ihre Naturverbundenheit, wie sie besonders in ihrer Lyrik herzmächtig zum Ausdruck kommt, teilt sie mit Goethe, der darunter die immerwährenden Elemente seines Daseins und seiner Dichtung verstand.

Es ist Marie Luise Kaschnitz' großes Verdienst, daß wir Frankfurter vieles durch ihre Augen ganz neu zu sehen gelernt haben. Das Werk der letzten Ikone der heroischen Moderne leuchtet hell in der Vollendung. Sie hat darin auch die Sehnsucht vieler Deutscher nach Italien eingeschrieben.

Marika Kilius

Marika Kilius ist die erfolgreichste Sportlerin Frankfurts, mit deren einzigartiger Karriere die Stadt am Main sich gerne schmückt. Ihren unaufhaltsam zielstrebigen Aufstieg hat sie mit drei Jahren auf der Rollschuhbahn am rechten Mainufer begonnen. Schon mit fünf Jahren rollt sie mit ihrer Kür gegen alles Geläufige ihrem ersten Preis als Deutsche Juniorenmeisterin im Rollschuhlauf entgegen. *A star was born.* Sie wird später einmal ohne Bedauern sagen, sie sei „ein Kind ohne Kindheit" gewesen.

Mit dem fast gleichaltrigen Frankfurter Bub Franz Ningel wechselt sie bald von der rauhen Betonbahn aufs glatte Eis, und mit ihm als Partner wird sie schon als Neunjährige Deutsche Jugendmeisterin auf den Kufen, auf denen sie die Welt erobern wird. Erst fünfzehn Jahre alt, greift sie in Bologna nach den Sternen und holt sich 1958 den Weltmeisterschaftstitel. Ihre geradezu körperliche Intensität, gepaart mit schöner Eleganz des Ausdrucks, verschlägt den Punktrichtern den Atem. Mit Ningel wird Marika Kilius 1956 immerhin Olympiavierte und 1957 schon Vizeweltmeisterin im Paarlaufen.

Als Marika ihren Jugendfreund verläßt, weil sie ihm buchstäblich über den Kopf gewachsen war, findet sie in dem ein Jahr älteren Hans-Jürgen Bäumler einen ebenbürtig hochbegabten Spitzenläufer, der die Grammatik der Körpersprache ebenso beherrscht wie sie. Die beiden steigen in den sechziger und siebziger Jahren auf dem spiegelglatten Parkett zum international gefeierten Traumpaar auf und beginnen Sportgeschichte zu schreiben. Mit ihren feurig aufgipfelnden Pirouetten, mit ihrer atemberaubenden Todesspirale, dem doppelten Rittberger oder dem riskanten doppelten Salchow bis zum Klimax des Schleuderaxels katapultiert sich Marika mit Bäumler in den Olymp des internationalen Eissports hinauf.

Ihre internationalen Erfolge sind Legion: Auf dem Eisparcours der Weltmeisterschaften belegen die beiden 1959 Rang zwei und 1963 und 1964 prompt den ersten Platz: Wo Kraft und Ehrgeiz Motor sind, da entsteht von selbst ein Mittelpunkt. So trägt das Paar 1960 und 1964 bei den Olympischen Spielen in Squaw Valley und Innsbruck Silbermedaillen mit nach Hause. Viele Millionen Fans haben ihnen daheim am Fernseher die Daumen gedrückt. Sechsmal hintereinander wird das Duo erster Sieger bei den Europameisterschaften (1959–1964). Die als Option für ihre Starts bei internationalen Wettbewerben wichtigen Deutschen Meisterschaften gewinnt Marika Kilius schon 1955 und 1956, damals noch mit Franz Ningel, und 1958 und 1959 dann mit Hans-Jürgen Bäumler. Diesen Erfolg im Paarlauf wiederholen die beiden Sportidole 1963 und 1964. 1964 ist auch das Jahr der großen Zäsur: Beide wechseln in die Sphäre des Profi-Eissports und begeistern in aller Welt nicht nur mit ihrer riskanten Todesspirale.

Wenn die beiden heute ihre aufregende gemeinsame Karriere Revue passieren lassen, erinnern sie sich euphorisch ihres wohl wichtigsten Sieges über ihre größten Rivalen, zwei gleichrangig großartige Eis-Artisten, die aus dem Land der Kälte kamen, aus der Welt hinter dem Eisernen Vorhang. Das russische Meisterpaar Oleg Protopopow und Ljudmila Beloussowa hatte im Olympiastadion von Cortina d'Ampezzo 1963 als Startnummer eins schon derart hohe Werte von den Preisrichtern kassiert, daß niemand noch ernsthaft glaubte, Kilius/Bäumler könnten deren Punktezahl noch toppen. Sie konnten! Als neue Weltmeister im Paarlaufen wurden sie weltweit gefeiert wie Ikonen. Selbst Bundeskanzler Ludwig Erhard ließ es sich nicht nehmen, mit einem Blumenstrauß im Namen der Nation seine Reverenz zu erweisen.

In einer ARTE-Dokumentation über die legendären Duelle der großen Sportidole wird die Rivalität der beiden berühmtesten Eislaufpaare im „Wettkampf der beiden Systeme“ (Beloussowa) als jeweilige athletische Vorposten des Kalten Krieges gewürdigt. Nachdem es Kilius/Bäumler bei den Olympischen Spielen in Innsbruck 1964 nicht gelungen war, dem Paar aus der UdSSR die Goldmedaille abzujagen, bekam der eissprühende Sieg über die Konkurrenz ein Jahr zuvor in Cortina d'Ampezzo eine um so größere Brisanz. „Wir waren das Eigentum des deutschen Volkes. Alles was wir machten, war von öffentlichem Interesse“ (Bäumler). Ihre Wettkämpfe waren gleichsam eine Konkurrenz auch zweier rivalisierender Eislauf-Schulen: zwischen

schwereloser deutscher Tanzkunst-Ästhetik und sowjetisch-lyrischer Tanzakrobatik. Die beiden olympischen Starpaare waren übrigens privat gute Freunde. Sooft sie sich trafen, tauschte Protopopow russischen Kaviar gegen Haargel aus Marikas elterlichem Friseursalon. In dem ARTE-Interview verklärt Protopopow die guten alten Zeiten mit dem Selbsthinweis auf die Bescheidenheit der alten Superstars auf dem Eis: „Damals war es nicht üblich, die Medaille zu küssen. Wozu sollte das auch gut sein?“

Ab 1964 im Profilager, verdienen Kilius/Bäumler endlich einmal Geld: Nachdem sie das Spotlight gegen das Flutlicht getauscht hatten, zahlte ihnen die Event-Industrie für ihr artistisches Furioso je 20 000 Mark pro Woche. Umspielt von Kostümen aus glänzender Seide, aus Taft und Samt und umschmeichelt von sentimentaler Musik oder aufgeheizt durch Rock and Roll, profilieren sie sich so elastisch wie eh und je in den aufwendigen Eisrevuen von „Holiday on Ice“ (1968). „Wir waren sportliche Popstars“ (Kilius). Als Protagonisten in *Schneewittchen und die sieben Zwerge* (1968) glänzen sie ebenso erfolgreich wie in den Operetten auf Eis *Im weißen Rößl* (1969) und *Die Maske in Blau* (1970).

In ihre Franz-Antel-Filme *Die große Kür* (1964) und *Das große Glück* (1967) strömte das Publikum in hellen Scharen, um sie auf der bunt illuminierten Eisbühne in ihrem neuen künstlerischen Element schwelgen zu sehen.

Und auch ohne Kufen gleiten die beiden populären Profi-Entertainer erfolgreich ins glamouröse Showbusiness. Marika Kilius landet 1964 gleich mit ihrem ersten Songtitel *Wenn die Cowboys träumen* trotz dümmlichen Textes auf Anhieb auf dem zweiten Platz der Top Ten. Zusammen mit Hans-Jürgen Bäumler produziert Marika das Duett *Honeymoon in St. Tropez* (1964). Aufgrund ihres ungebrochenen Images als Traumpaar rangiert das Gesangsduo trotz dieser, wie ich fand, unsäglichen Schnulze in den Charts sogar noch vor den Beatles.

Nachdem Bäumler aus dem Erfolgsduo ausgestiegen war, war Marikas Neuer der temperamentgeladene Billy Binkowksy, der die 40jährige Kilius derart „lebensgefährlich spektakulär" akrobatischen Verrenkungen aussetzte, „daß mir die Adern in den Augen geplatzt sind". Mit ihm war sie noch weniger erdenschwer, war sie noch schwebender und irisierender – kein Komet, der rasch verlöschte. Zwischen beider sensationellem Debüt und der großen Zäsur, die das Jahr 1982 eingeläutet hatte, lagen nur wenige Monate. Das applausverwöhnte Paar Kilius/Bäumler, das in den Rang von Popstars hochgefeiert worden war, verabschiedet sich endgültig von dem Ehrgeiz, immer wieder Meistertitel einzufahren oder in den Kinocharts ganz vorn zu liegen. Aber auch weiterhin werden Myriaden von Fans es sich nicht nehmen lassen, in der Projektion auf ihr Traumpaar eigene Sehnsüchte und Träume zu spiegeln.

Marika Kilius' unglaublicher Aufstieg in die oberste Kategorie des Eissports mit insgesamt 60 Meisterschaftstiteln konnte nur mit eiserner Disziplin und härtestem Training zu einer vielbewunderten Karriere gelingen. Im Frühjahr 1943 in Frankfurt am Main geboren, schnallt eine ehrgeizige Mutter schon der Dreijährigen Rollschuhe unter die Füße. Marikas Mutter hat ihren Ehrgeiz manchmal so weit getrieben, daß Marika das Essen verweigerte, wenn der Leistungsdruck zu hoch war. Ja, später habe ihre Mutter sogar fein „aufgepaßt, mit wem ich ins Kino ging" (Kilius).

Marikas Vater Hans Kilius und seine Frau Leni bedienen in ihrem gutgehenden Friseursalon in der Junghofstraße eine gehobene Westendklientel, die sich dank des Ruhmes ihrer Tochter noch um viele Prominente und solche erweitert, die gern als solche gelten möchten.

Das Traumpaar auf dem Eis ist privat doch kein Paar geworden, wie die Yellow Press und die ganze Nation es so sehnlich erhofft hatten. Massen jubelnder Fans umlagerten gleichwohl die Kirche, als 1964 aus heiterem Himmel ein ganz neues Traumpaar getraut wurde: Millionär Werner Zahn und Goldmedaillen-Schöne Marika, wie in einem Hollywoodfilm. „Die Leute standen auf den Kirchenbänken und mußten vom Pfarrer ermahnt werden" (Kilius). Bis 1977 blieb Marika mit Werner Zahn verheiratet. Aus dieser Ehe stammen ihre Kinder Melanie und Sascha, die nach der Scheidung bei der Mutter blieben.

Die zweite Ehe mit dem amerikanischen Bühnentechniker Jake Orfield hielt nur vier Jahre. Mit 60 lässig abgeklärt, gibt sie der *Bunten* zu Protokoll, wie hervorragend es doch sei, ohne festen Partner zu leben: „Meine Männer waren für mich spirituell gesehen Wegbegleiter. Für mich existiert der Satz: ‚Bis daß der Tod Euch scheidet' nicht. Es ist besser, man trennt sich und pflegt weiterhin guten Kontakt, als daß man unglücklich zusammenbleibt." Obwohl es schwerfällt, sich Marika Kilius als Oma vorzustellen, kümmert sie sich liebevoll um ihre Enkelinnen Lilly und Lola.

Statt auf den Sportseiten der Tageszeitung beim Frühstück konnten die Kundinnen im elterlichen Friseurladen die Kilius jetzt als Superstar in den Klatschspalten der Regenbogenpresse finden. In *BILD, Bunte, Bravo* wurde sie als signifikantes Markenzeichen im selben Atemzug mit Sophia Loren oder Grace Kelly genannt und zur Bewunderung feilgeboten. Auch wenn der Vergleich ein wenig hinkt: Wie einst Thomas Mann in der Literatur ist es Marika Kilius auf dem Eis gelungen, sich selbst zur Kunstfigur zu machen.

Im Gespräch erfahren wir auch manche Petitesse, daß zum Beispiel trotz sportlicher Strapazen ihre Bandscheiben und Gelenke noch immer nicht knirschen, daß sie immer noch wie im Jugendglanze nur 53 Kilo wiegt und ihre schönen grünen Augen immer noch glänzen wie in ihren Glamourzeiten auf der Kinoleinwand. Und über die Bildzeitung verrät sie der Nation: „Das einzige, wo ich mich nicht beherrschen kann, ist beim Autofahren. Wenn mich einer überholt, klemm ich mich dran. Ich fahre immer zu schnell." Auch in puncto Süßigkeiten mag sie sich nicht bescheiden. Sie kann nicht über Frankfurts Freßgass schlendern, ohne sich Marzipantorte und im Café Zarges Kalorienbomben à la American Cheese Cake oder Pekan-Zopf mit Ahornsirup einzuverleiben. Dem Gewicht, siehe oben, scheint es nicht zu schaden.

Mit dem Ende ihrer Karriere auf dem Eis hat sie Zeit gewonnen, auch solche Länder kennenzulernen, in deren Hauptstädten sie nicht mit „Holiday on Ice" oder anderen Eisrevuen gastiert hatte. Auf ihrer Reise ins tibetische Hochland dem Himmel so nah, hat sie im ersten Jahr des neuen Jahrhunderts den 14. Dalai-Lama kennengelernt, und auf den Wogen solcher Sympathie hat sie begonnen, sich für die sprichwörtlichen Vorzüge des Buddhismus zu interessieren. Sie versteigert ihren ganzen nostalgischen Krempel und findet zu einem neuen, asketischen Lebensstil. Heute nennt sie sich „buddhistische Christin und christliche Buddhistin": In beider Mitte scheint nun ihr Glaube angesiedelt: „Denn an sich zu arbeiten, um ein besserer Mensch zu werden, ist bestimmt nicht schlecht." Sie lebt heute als eine hochgeachtete Geschäftsfrau außerhalb Frankfurts und fördert mit einem Programm zur Nahrungsergänzung und mit biologischer Kosmetik das Wohlbefinden der vielen anderen.

Im Jahre 2002 standen mit dem ewigen Traumpaar Marika Kilius/Hans-Jürgen Bäumler noch einmal zwei Ikonen ihres Genres im Rampenlicht einer Eislaufhalle – diesmal in der tiefsten Provinz, bei der DEU-Schauland-Tournee „Stars on Ice" in Bad Liebenzell. Hier tanzten sie ein vorläufig letztes Mal auf ihren Schlittschuhen vor einem erwartungsvoll gespannten Publikum, einem alten Freund zuliebe, dem beide einen Gefallen schuldig waren. Wie weiland die wunderschöne Diva in Woody Allens Film *What's New, Pussycat?* (1965) von der Leinwand zu ihren Fans herabsteigt, entstieg das Traumpaar ihrer ruhmreichen Vergangenheit – und drehte eine nostalgische Runde ohne Honorar, aber dafür belohnt mit frenetischem Jubel. Doch so sehr sich Voyeure auch die Hälse verrenkten, sie bekamen diesmal statt halsbrecherischer Artistik „nur" das leibhaftige Ethos der Grazie zu sehen – und alle gingen selig-beglückt nach Hause.

Fragebogen

1. Ihre nachhaltigste (oder liebste) Kindheits- oder Jugenderinnerung?
Meine erste gewonnene Weltmeisterschaft im Rollschuh 1957.

2. Wer oder was hat die Anfänge Ihres beruflichen Lebensweges entscheidend mitgeprägt?
Franz Ningel.

3. Welches bedeutende Frankfurter Ereignis (welche Begegnung) hat sich besonders tief in Ihre Erinnerung eingegraben?
–

4. Welcher Autor, Maler, Komponist, Politiker usw. hatte gehörigen Einfluß auf Ihre Arbeit?
–

5. Mit welchen wichtigen Menschen sind Sie befreundet?
Für mich sind alle Menschen wichtig.

6. Welcher Typ Mensch ist Ihnen zuwider?
Neidische und Unehrliche sowie Besserwisser.

7. Welches Faktum war rückschauend ein besonders wichtiger Meilenstein/Wendepunkt in Ihrer „Karriere"?
Vom Amateur zu „Holiday on Ice".

8. Was ist von Ihren Wünschen unerfüllt geblieben oder mißlungen und warum?

Mein Traum war es, Chirurgin zu werden.

9. Was finden Sie an Frankfurt liebenswert?

–

10. Was verdiente Ihren Tadel an Frankfurter Verhältnissen/Strukturen, an der Kommunalpolitik usw.?

–

11. Welche hier vergessene Frage hätten Sie gern (und wie?) beantwortet?

–

12. Haben Sie ein Lebensmotto, eine Arbeitsdevise?

Dem Licht Gottes folgen.

Barbara Klemm

Die Bilder von Barbara Klemm gehören zu den eindrucksvollsten ästhetischen Leistungen deutscher Fotokunst in der zweiten Hälfte des letzten Jahrhunderts – und noch in unseren Tagen. Längst behaupten ihre fotografischen Zeugnisse eine mit der bildenden Kunst gleichrangige Position im Ausstellungskontext unserer Galerien und Museen.

Mit Barbara Klemm ist der unselige Zwist zwischen den sensiblen Malergenies und ihren ebenbürtigen Konkurrenten mit der sensiblen Linse anachronistisch geworden. Die Kunstmuseen und Kunsthallen in Rotterdam, Cottbus, Dresden, Erfurt, Frankfurt, Köln, München, Wiesbaden, Zürich versammeln bei Vernissagen mit Bildern von Barbara Klemm heute meist genauso viele Besucher wie bei den Ausstellungen postmoderner Maler.

Barbara Klemm ist als Porträtistin mit der Kamera kongenial mit sich selber als Landschaftsfotografin und als Dokumentaristin urbaner Zustände und sozialer Wandlungen. Davon zeugen so berühmte Bilder von Zeitenwenden wie jenes mit Heinrich Böll unter den Demonstranten in Mutlangen, die gegen die Stationierung von Mittelstreckenraketen (1983) ein Sit-in veranstalten, oder jenes von Wolf Biermann bei seinem ergreifenden Kölner Auftritt vor seiner Exilierung aus der DDR (1976). Sie zeigen den Grabenkampf zwischen Polizei und Startbahn-West-Demonstranten (1981), jenes Tauwetter-tête-à-tête Willy Brandts mit Leonid Breschnew in Bonn (1973) oder schließlich jene berührt Trauernden bei Heiner Müllers Beerdigung auf dem Dorotheenstädtischen Friedhof in Berlin (1996), bei der ich einer unter den vielen Hinterbliebenen war.

Barbara Klemm ist, was Goethe einmal trefflich als „Augenwesen“ charakterisierte. Sie behandelt ihr Auge als ihr feinstes, weil untrügliches Instrument. Mit ihren Augen als Komplizen gelingen der Kamera jene einzigartigen Bilder, auf denen immer mehr zu sehen ist, als sie zeigen.

Mit ihrer charakteristischen Porträtkunst bannt Klemm den vergänglichen Charme des Augenblicks, jenen entscheidenden Moment des Innewerdens, der in ihren Schwarzweißfotos den physiognomischen Ausdruck überdauert. Durch die vollkommene handwerkliche Beherrschung aller Register der Tiefenschärfe stößt sie mit respektvoller Neugier tief ins Wesen der Schriftsteller und Künstler vor; unter der Folie des Anscheins entdeckt sie das wahre Sein. Noch die Seelenfalten macht sie sichtbar, ohne die Absicht, die Person bloßzustellen. Ich denke dabei an ihre Porträts von Thomas Bernhard, von Warhol vor Tischbeins *Goethe in der Campagna*. Sie offenbaren so etwas wie den Glanz von innen. Über das Okular des Suchers fokussiert sie den eigenen Blick auf die Großen dieser Welt, wie weiland auf Willy Brandt oder auf die „linientreue" Riege kommunistischer Diktatoren unter ihren grauen Einheitshüten. Im ersten Bild spüren wir die geglückte Mischung aus Neugier, Respekt, Einfühlung und sympathisierendem Interesse am Leben ihres Vis-à-vis, im zweiten ihre geziemende Distanz, ohne unfreundlich zu sein. Aber auch Klemms produktive Lust an der Enttarnung, wie bei jenem Konterfei des scheinheilig grinsenden Ministerpräsidenten Filbinger, das ihr so einzigartig geglückt ist und uns an Wilhelm Buschs „fromme Helene" erinnert. Es verrät mehr über ihn als ein langer Kommentar auf Seite eins: Kein zufälliger Schnappschuß, sondern Ergebnis ihres scharfen Blicks, der die ganze Janusköpfigkeit dieses nicht so ganz untadeligen ehemaligen Nazioffiziers enthüllt. Fotos solcher Klasse gegen die Glätte des epidermisch makellosen Ideals, nannte Walter Benjamin treffend eine negative „Auslese vor der Apparatur". Jedes ihrer Porträts lehrt uns den Unterschied zwischen Charismatik und eitler Pose. Barbaras Ehemann Leonhard schätzt ihre Porträts nicht nur unter dem Aspekt der Ästhetik, sondern als Psychoanalytiker vor allem auch aus Gesichtspunkten seiner Profession.

Während Gerhard Richters fotorealistische Porträts durch ihre Unschärfe ein gewisses Mißtrauen gegen jede normale Sicht der Welt suggerieren, spüren wir in Barbara Klemms respektvollem Blick auf den Porträtierten dessen Vertrauen. So wie jedes individuelle Leben seine Unsagbarkeit hat, überlassen auch Klemms Bilder die letzten

Geheimnisse unserer Vermutung. Es ist dieses unsichtbare Sehen, mit dem sie das Wesentliche in den Charakteren erfaßt, das Charismatische ebenso wie dessen Gegenteil. Wie weiland Goethe sucht sie die „Wahrheit zwischen den Extremen".

In ihren die Zeit überdauernden Porträts hat sie uns das Antlitz einer ganzen Epoche unretuschiert überliefert: Ohne Camouflage, ohne Inszenierung blättert sie das breite Spektrum des menschlichen Kosmos vor uns auf, ohne daß sie „aus der Sicht der wirklichen Wirklichkeit" (Rilke) das Beispielhafte in ihren Bildern die Wirklichkeit übertreffen läßt. Um die Geheimnisse von Natur und Mensch zu entdecken, bedarf Klemm keiner Camera obscura.

Solange wir uns auf die Tiefdruckbeilage der *F.A.Z.* am Samstag noch freuen durften, mußten wir nicht aufs kleingedruckte Copyright der Panorama-Fotos von Land und Leuten suchen, um uns zu versichern, wem wir solche Brillanz verdanken. Prima vista war Barbara Klemms unverwechselbare Signatur in den Fotos offensichtlich. Anders als die üblichen Pressefotos erzeugen ihre Bilder ein Air ganz eigenen Stils, das unsere Augen und unseren Sinn auf Anhieb fesselt.

Sie illustrieren nicht den Text, in den sie eingebettet sind. Sie sind autonomer Kontext einer Reise, ob durch die damalige Sowjetunion oder durch die Schönheiten lateinamerikanischer Naturlandschaften. Sie macht uns zu Zeugen des Elends in den Hütten der Favelas oder den Slums von Lima, den Townships Südafrikas zur Zeit der Apartheid. Als Indios, die von Klemm fotografiert wurden, sich ihrer Seele beraubt fühlten, fand sie es völlig okay, daß sie von ihnen mit faulen Tomaten beworfen wurde.

Ihre Fotos zeigen das Typische fremder Landschaften oder demonstrieren uns das Spezifische einer fremden Kultur in ihren ungeschminkten Menschenbildern: Die „family of man" im Kontext ihrer individuellen Andersheiten und beeindruckenden Traditionen. Dazu gehört auch das atmosphärische Bild der Motorradfreaks in der trostlosen Kulisse einer Abraumhalde bei Leipzig. Diese Erscheinungen illustrieren auch all das, was Goethe als „der Erscheinungen Flucht" relativierte, den unbehausten Teil der Menschheit. Die Bilder sind mehr als Dokumente des Unwiederbringlichen, sie sind zugleich Ausdruck von Barbara Klemms ästhetischem Bewußtsein. Sie sind dazu geschaffen, glückliche oder tragische Momente ins Gedächtnis zu heben.

Zu Barbara Klemms Foto-Equipment gehören immer zwei Kameras mit je einem Weitwinkelobjektiv und einem Teleobjektiv. Ihre Karriere hat mit der Spiegelreflex-Kamera Pentax begonnen, später ist sie auf die Canon umgestiegen. Deren damals lichtstärkere Objektive fand sie deshalb optimal, weil Klemm prinzipiell auf grelles Blitzlicht verzichtet. Das natürliche, unberechenbare Licht des Himmels ist eines ihrer Gestaltungselemente, einschließlich des Zwielichts, das sie gelegentlich auch zur metaphorischen Pointe nutzt. Zusätzlich hat Barbara Klemm meist eine Leica M6 dabei, die sich bei Aufnahmen in geschlossenen Räumen bewährt. Mit der Farbfotografie mag sie sich nicht befreunden, ihr Ausdrucksmedium ist bis heute die Schwarzweißfotografie geblieben. Ihr sind die Grautöne als Gestaltungselement für Form und Inhalt wichtiger als eine Farbigkeit, die Bilder oft nur „bunt" wirken läßt, so daß Ausdruck und Konturen leicht verschwimmen.

Meine erste Begegnung mit Barbara Klemm hatte ich schon bald nach meinem Wechsel in die damals schon aufregende Frankfurter

Künstlerszene, als sie mich mit ihrer Kamera bei meinen ersten Atelierbesuchen begleitete. Diese Fotos sind auch insofern einzigartige Dokumente, als die meisten der abgebildeten Künstler nicht mehr leben; mit deren Subkultur ist auch manches Subversive verlorengegangen, womit sie ihre manchmal unschmackhaften Wahrheiten formuliert hatten. Barbara Klemm war bei wichtigen Kunstereignissen immer präsent; obwohl sie selten im ruppigen Pulk der Fotografen um das trefflichere Motiv rangeln mußte, stammen die besten Fotos meist aus ihren eigenwilligen Blickwinkeln, deren fotografischen Vorteil nur sie vorausahnen konnte.

Beim Kongreß der Deutschen Schriftsteller im großen Saal des Frankfurter Volksbildungsheimes ereignete sich 1985 eine schöne Marginale: Während Walter Scheel mit mir süffisante Notate zu den salbungsvollen Reden tauschte, schreckte uns plötzlich ein unerwarteter Bums hoch: Barbara Klemm war die frisch gewachste steile Stiege zum Podium auf ihrem Hintern herabgesegelt. Da war Walter Scheel, ganz Kavalier alter Schule, mir ein paar eilige Schritte voraus, um die Gestrauchelte samt Kamera vom Boden aufzusammeln. Applaus für beide.

Die Tochter des Malers Fritz Klemm und der malenden Mutter Antonia kam 1939 im katholischen Münster zur Welt, ohne daß der Ort bleibende Spuren bei ihr hinterlassen hätte. Erste Einblicke in ihren späteren Beruf gewährte ihr die häusliche Dunkelkammer des Vaters. Durch die künstlerische Atmosphäre motiviert, machte sie 1955 eine Fotografenlehre in Karlsruhe, die sie mit der Gesellen-Prüfung abschloß. Die *Frankfurter Allgemeine Zeitung* ermöglichte ihr 1955 den Einstieg in den Beruf zunächst als Fotolaborantin und Klischographin. Angeregt durch ihren Kollegen Wolfgang Haut lernte sie journalistisch zu fotografieren. Sie veröffentlichte ihre Bilder außer in der *Frankfurter Allgemeinen* in verschiedenen Magazinen und Wochenzeitungen. Da ihr Talent offensichtlich war, bekam sie 1970 einen festen Vertrag als Redaktionsfotografin für die Ressorts Feuilleton und Politik. Seitdem war die *Frankfurter Allgemeine* ohne Barbara Klemm nicht zu denken, ja mit ihren vielen Preisen, Fotobüchern und Ausstellungen wurde sie neben Wolfgang Haut zum Aushängeschild für das

Blatt. Barbara Klemm hat bis zum vielbedauerten Ende der Kupfertiefdruckbeilage „Bilder und Zeiten" zu dessen Akzeptanz besonders unter ästhetisch anspruchsvollen Intellektuellen beigetragen. Für das inzwischen ebenfalls fallengelassene *F.A.Z.-Magazin* hat sie indessen nur sehr kurz gearbeitet: Sie mochte sich nicht für die stilisierte und arrangierte Magazinfotografie begeistern. Außerdem wehrte sie sich auch gegen den berühmten Art-Director Willy Fleckhaus, der unter dem Diktat des Layouts auf ihren Porträts ausgerechnet den Geistesgrößen die Denkerstirn beschneiden ließ.

Im Jahr 2004 hat die bürokratische „Altersgrenze" Barbara Klemms große Ära bei der *Frankfurter Allgemeinen Zeitung* beendet, obwohl bei schöpferischen Berufen doch der Kreativität keine automatischen Jahresringe wachsen. Hätte Goethe (1749–1832) nach seinem 65. Lebensjahr aufgehört zu dichten, könnten wir uns nicht an *Faust II* delektieren. Wir könnten nicht Michelangelos (1475–1564) vatikanische Fresken wie die *Bekehrung des Paulus* oder seine berühmte *Pietà Rondanini* in Mailand bewundern oder Picassos (1881–1973) in Mougins entstandenes Alterswerk des abgeklärten Klassizismus genießen.

Aber zu unserer Freude kann eine wie Barbara Klemm ihre Neugier auf Menschen nicht zügeln und geschichtsträchtige „Events" ohne eigenen Kamerablick nicht einfach links liegen lassen, jetzt ohne Termindruck und Themenvorgaben endlich unabhängig: Sie wird hoffentlich auch in Zukunft das pulsierende Leben in faszinierenden Bildern festhalten, die wir jetzt statt in der *F.A.Z.* in Ausstellungen und Bildbänden bewundern können.

Als Kulturdezernent hatte ich Ende der achtziger Jahre mit gutem Grund das Bundesverdienstkreuz für ihre außergewöhnliche Fotokunst beantragt. Als sie davon Wind bekam, hatte ich sie am Telefon ganz im Widerspruch zu ihrer freundlichen Mentalität ganz schön auf der Palme, ich hatte ihre sympathische Bescheidenheit nicht in Rechnung gestellt. Immerhin hat sie im Jahre 2000 aber den Hessischen Kulturpreis sowie den Westfälischen Kunstpreis in Empfang genommen und schon 1998 den Maria-Sibylla-Merian-Preis für Bildende Kunst. 1989 erhielt sie mit dem Erich-Salomon-Preis die wichtigste Ehrung für

Fotografie sowie 1989 die Hugo-Erfurth-Auszeichnung der Stadt Leverkusen.

Seit 2000 ist sie Honorarprofessorin an der Fachhochschule Darmstadt. Dort gibt sie ihren großen Erfahrungsschatz an künftige Kollegen weiter. Wenn die Studenten sie nach großen Namen der Fotografie fragen, kommt ihr spontan ihr großes Vorbild Henri Cartier-Bresson über die Lippen.

Wer wie ich Klemms Fotos in der *F.A.Z.* vermißt, kann in ihren zahlreichen Bildbänden seine Neugier auf große Fotokunst befriedigen: In ihrem Fotoband Bilder von 1986, in ihren Reportagebildern *Von Gehenden, Sitzenden, Wartenden* (1991) oder ihren Fotos zu Günter de Bruyns *Mein Brandenburg* (1993). Mit Thomas Steinfeld als Autor ruft ihr Fotoband *Weimar* (1998) die faszinierende Welt der Klassik in Erinnerung. Zu Wilfried Wiegands und Ingo Schultes klugen Texten lieferte sie mit *Künstlerporträts* (2004) ihr bisher wichtigstes Werk mit fesselnder Bildwirkung: In diesem Band besonders beeindruckend finde ich die Fotos von Hilde Domin, Martin Walser, Uwe Johnson, Heinrich Böll, Nadine Gordimer, György Ligeti, Alfred Hitchcock, Gerhard Richter und Emil Schumacher. Es fehlt kaum ein Großer der zweiten Hälfte des letzten Jahrhunderts.

Barbara Klemms Buch *Unsere Jahre. Bilder aus Deutschland 1968–1998* bilanziert als vielschichtiges Panorama die ganze Palette ihres großen Könnens. Unter der ästhetischen Folie schärft Barbara Klemm zugleich unseren Blick auf spannende Zeitgeschichte, als seien wir dabei gewesen.

Fragebogen

1. Ihre nachhaltigste (oder liebste) Kindheits- oder Jugenderinnerung?
Frühe ausgiebige Fahrradtouren mit meiner Schwester und den Pfadfinderinnen.

2. Wer oder was hat die Anfänge Ihres beruflichen Lebensweges entscheidend mitgeprägt?
Mein Vater, der mir eine Fotografenlehre vorschlug, nachdem ich im Gymnasium nicht so recht weiterkam.

3. Welches bedeutende Frankfurter Ereignis (welche Begegnung) hat sich besonders tief in Ihre Erinnerung eingegraben?
Die Besetzung des Instituts für Sozialforschung von Prof. Theodor W. Adorno durch Studenten und meine anschließende Verhaftung wegen angeblichen Widerstands gegen die Staatsgewalt.

4. Welcher Autor, Maler, Komponist, Politiker usw. hatte gehörigen Einfluß auf Ihre Arbeit?
Die Fotografen Wolfgang Haut, Cartier-Bresson und Erich Salomon.

5. Mit welchen wichtigen Menschen sind Sie befreundet?
Die Fotografin Ellen Auerbach und der Lektor Hellmut Freund,

beides jüdische Emigranten aus Deutschland, waren mir wichtige Freunde aus der älteren Generation.

6. Welcher Typ Mensch ist Ihnen zuwider?
Die nach außen freundlichen, aber verlogenen Menschen.

7. Welches Faktum war rückschauend ein besonders wichtiger Meilenstein/Wendepunkt in Ihrer „Karriere"?
Die Möglichkeit, bei der *F.A.Z.* relativ eigenständig als Redaktionsfotografin arbeiten zu können. Dadurch konnte ich viele wichtige politische Ereignisse fotografieren und großen Künstlern begegnen.

8. Was ist von Ihren Wünschen unerfüllt geblieben oder mißlungen und warum?
Gerne hätte ich Sprachen gekonnt. Aber es fehlte die Zeit und die Energie, diese zu lernen.

9. Was finden Sie an Frankfurt liebenswert?
Die Mischung zwischen kleinstädtischem Flair und den großstädtischen kulturellen Angeboten, die Toleranz der Einwohner, das angenehme Wohnen im Viertel und den Grüneburgpark.

10. Was verdiente Ihren Tadel an Frankfurter Verhältnissen/Strukturen, an der Kommunalpolitik usw.?
Die von den städtischen Behörden geförderte, geduldete und zu verantwortende schreckliche Niveaulosigkeit und Spießigkeit in der Baupolitik (z.B. Technisches Rathaus, Historisches Museum, aber auch einige Hochhäuser).

11. Welche hier vergessene Frage hätten Sie gern (und wie?) beantwortet?
–

12. Haben Sie ein Lebensmotto, eine Arbeitsdevise?
Mit offenen Augen und einer Kamera durch das Leben gehen.

Carmen-Renate Köper

„Für viele war ich ein Albtraum", resümiert Carmen-Renate Köper lapidar ihre berufliche Vita. Für sehr viele war sie sehr viel mehr aber eine Traumgestalt auf vielen kleinen und großen Bühnen der Republik. Auch für mich: Ich hatte ihr schon 1954 für ihr Spiel in *Egmont* und *Der Widerspenstigen Zähmung* auf Oberhausens Stadttheaterbühne applaudiert. Nachdem sie ans Staatstheater Wiesbaden gewechselt war, wurde meine spätere Frau Brunhild unter ihrem Mädchennamen Hülsmann Carmens Nachfolgerin im Fach der „Jugendlichen Heldin".

Bevor Carmen-Renate Köper über viele Stationen, wie Kaiserslautern, Dortmund, Wiesbaden, Bochum und Düsseldorf, 1989 für immer in Frankfurt am Main angekommen war, galt sie schon als prominenter Bühnenstar, der höchste Gagen fordern konnte. In Frankfurt hatte sie schon 1966 ihre Visitenkarte abgegeben, als sie in den Titelrollen von *Trauer muß Elektra tragen* und *Iphigenie* und als Natalie im *Prinz von Homburg* unter dem legendären Intendanten und Brecht-Exegeten Harry Buckwitz Furore gemacht und sich eine Fangemeinde erobert hatte.

Carmen-Renates großes Herz begann für das Theater zu schlagen, als sie als 14jährige in einer Schulaufführung mit der Rolle der Jungfrau von Orleans in Schillers Trauerspiel in der Aula ihrer Schule im westfälischen Datteln Lehrer, Schüler und Eltern begeisterte. Nachdem sie fern von einem Musentempel Theaterblut geleckt hatte, tauschte sie ihren ursprünglichen Ausbildungsplan Agrarwirtschaft mit einem Studium an der Schauspielschule Bochum, wo sie offensichtlich eine exzellente Sprecherziehung absolvierte, die bis heute viel zu ihrem Erfolg beiträgt: In ihren großen klassischen Paraderollen wie Penthesilea, Iphigenie oder Maria Stuart konnte sie sich wesentlich mit ihrer exzellenten Sprechkunst so eindrucksvoll profilieren. Aber auch in modernen Stücken wie *Clara S.* und *Burgtheater*, beide von Elfriede Jelinek, oder *Die Gräfin von Rathenow* von Hartmut Lange fand sie als

Protagonistin der Uraufführungen den charakteristischen Grundton, den sie im Wechsel der Situationen wie keine andere nuancenreich zu modulieren verstand: Wie bei der Vermittlung kanonisierter Texte, weiß sie auch bei neuen Stücken Wesen und Charakter der Bühnenfiguren sprachlich ebenso wie gestisch und mimisch zum faszinierenden Ausdruck zu verschmelzen und, wo es nötig ist, mit warmem Herzenston.

Nicht von ungefähr waren es die bedeutendsten deutschen Intendanten, die zu ihrer Zeit die Köper an ihr Haus gebunden haben, Hans Schalla in Bochum, Karl-Heinz Stroux in Düsseldorf, Harry Buckwitz in Frankfurt, Hans Günther Heyme und Jürgen Flimm in Köln und schließlich Peter Eschberg in Frankfurt.

Gleich zu Beginn ihrer Karriere vertraute ihr der fahrende Intendant Hermann Speelmans eine schwierige Rolle im *Vater* von Strindberg an, die ihr neben ihm in der Titelrolle als seine Bühnentochter Gelegenheit gab, in vielen theaterlosen Städten auf sich aufmerksam zu machen.

Nach einem Elevenjahr im schleswig-holsteinischen Itzehoe folgten Engagements an Bühnen, die in Theaterkreisen als Sprungbrett in die Karriere gehandelt werden, wie Dortmund und Oberhausen. Schon zur oberen Kategorie gehörte seinerzeit das Wiesbadener Staatstheater, wo Köper von 1954 bis 1959 der große Durchbruch gelang. In den Titelrollen der *Jungfrau von Orleans*, der *Heiligen Johanna der Schlachthöfe* und der *Emilia Galotti* gibt sie mitleidlose Einblicke in die Schattenseiten des Lebens.

Nach erfolgreichen Jahren in Bochum und Düsseldorf holte Harry Buckwitz sie 1965 ans Schauspiel Frankfurt. Aus dieser wichtigen Theaterzeit ist vor allem Heinrich Kochs Inszenierung von O'Neills *Trauer muß Elektra tragen* in Erinnerung geblieben, mit Köper in der Titelrolle.

Im legendären Frankfurter Künstlerkeller „Bei Toni" lernt sie Peter Eschberg kennen. „Wir haben die ganze Nacht geredet und geredet und am nächsten Abend haben wir beschlossen, zusammenzubleiben." Ihren beiden Töchtern Bettina und Olivia aus erster Ehe wird bald ihr gemeinsamer Sohn Peter folgen. Peter Eschberg, der zwischen 1981 und 1991 in der damaligen Bundeshauptstadt das Mehrsparten-Thea-

ter leitet, holt seine Frau Carmen von Köln nach Bonn: Hier spielt sie nacheinander Paraderollen wie die Mutter Courage, die Penthesilea und die Maria Stuart.

Schon in Köln hatte sie neben ihrer Schauspielkunst in einem zweiten künstlerischen Beruf auf Anhieb die Erfolgsleiter bestiegen. Ihre Karriere als Drehbuchautorin beginnt 1986 mit der Fernsehserie *Leben im Alter* des Westdeutschen Rundfunks, für die sie 18 Folgen schreibt. Ebenfalls für den WDR realisiert sie in der Dokumentar-Reihe *Erinnern für die Zukunft* eigene Fernsehfilme, in denen ihr berühmte Altvordere vom Kaliber Marianne Hoppe, Hans Weigel, Otto Tausig oder Karl Paryla im Interview Rede und Antwort stehen. Für den Hessischen Rundfunk porträtiert sie ab 1991 Überlebende und Opfer des Holocaust. In diesen Dokumenten unendlichen Leids waren unter anderem Arno Lustiger, Trude Simonsohn und Anja Lundholm ihre Interviewpartner. Ihr Film *Der lange Weg nach Frankfurt* dokumentiert die abenteuerliche Lebensgeschichte eines jüdischen Ehepaars, das sich nach vielen Irrwegen in Frankfurt beheimaten möchte. Daneben hat Carmen-Renate Köper sich mit über dreißig Hörspielen für WDR,

HR und Deutschlandfunk als Sprecherin nicht nur wegen ihres dunklen, sinnlichen Timbres einen Namen gemacht.

Der Weg von der Drehbuchautorin zur Buchautorin ist nicht weit. Über das „Neue Theater in der Scala“ in Wien schreibt sie das kritisch-analytische Buch *Ein unheiliges Experiment* (1995). Zwei Jahre später folgt ein längerer Beitrag für den Sammelband *Zeit der Befreiung*, und für den *Jüdischen Almanach* verfaßt sie 1999 einen Essay unter dem Titel *Wer war Sonja Okun?*

Seit Elisabeth Schweeger im Jahre 2001 die Leitung des Schauspiels Frankfurt übertragen wurde, hat Carmen-Renate Köper der aktiven Darstellungskunst ein für allemal valet gesagt: „Es ist nicht mehr meine Welt.“

Über Eschbergs publikumsfreundliche Frankfurter Jahre hatte ich für den Suhrkamp-Verlag einen Beitrag für das Buch *Theatermacher was sonst?* geschrieben, um manche große Aufführung in Erinnerung zu halten. Uns wäre zu wünschen, er würde wenigstens dann und wann wieder mal einen Nestroy inszenieren oder ein neues Stück seiner schwierigen Freundin Elfriede Jelinek, um deren Figurenlosigkeit mit Sinnlichkeit aufzupäppeln.

Carmen hat ihrem Metier – der Sprache – trotz Bühnenabstinenz gleichwohl die Treue gehalten: Einmal monatlich erweckte sie uns aus der Lethargie des Alltags, wenn sie ihr samtenes, sinnlich-voluminöses Stimmorgan in der von ihr initiierten Reihe „Literatur im Glashaus“ im Palmengarten erhob. Sie wählte dafür Texte von interessanten Autorinnen aus, deren Vortrag die Hörer seit 2004 im „Literarischen Salon“ im Holzhausenschlösschen zu bewundern Gelegenheit haben. Aus Anlaß meines 80. Geburtstages hat Carmen im Kaisersaal den siebten der Schillerschen *Briefe über die ästhetische Erziehung des Menschen* vorgetragen; auf diesen wichtigen Text hatte ich in meiner Dankrede auf Petra Roths Laudatio rekurriert.

Das Theatervollblut Carmen-Renate Köper hat als Mutter Courage gezeigt, wie Brecht gespielt wird: indem man sich statt auf seine Verfremdungstheorie auf seine Sprache verläßt. Nach ihrem Verzicht auf die Bretter, die ihr bis dahin die Welt bedeuteten, läßt sie mit ihrer Sprechkunst nun auf Vortragspodien nicht minder eindrucksvoll

Brechts hohe Sprachkunst in Proben seiner Lyrik aufscheinen. Sie wird dabei von vier jungen Musikern begleitet, die in der Vertonung von Eisler und Weill seine Songs lebendig halten. Köper erfüllt hier einmal mehr ihren eigenen Anspruch auf Perfektion, erarbeitet durch genaues Studium solcher Autoren, aus deren Werken sich ihr Vortragsprogramm speist.

Die Eschbergs sind trotz manch persönlicher Kränkung und Enttäuschung in Frankfurt geblieben. Irgendwie erinnert mich die Art und Weise, wie die Köper ihren Sturz aus dem Theaterhimmel unter Schweegers Intendanz souverän verkraftet hat, an den Film *Alexis Sorbas* (1964) von Michael Cacoyannis. Anthony Quinn, Vagant aus Mazedonien, tanzt nach dem Einsturz seines Lebenstraums, einer Mega-Rampe ins Glück, zu heiteren Sirtaki-Klängen einer neuen Vision entgegen; wie er feiert Köper den Sieg über sich selbst nach einer großen Enttäuschung.

In ihrem Haus am Schwanheimer Lönsweg hatten sich schon die prominenten Vormieter Georg Solti, Harry Buckwitz und Gary Bertini wohl gefühlt. Die einmontierten Panzerscheiben sollen nicht etwa Eschberg vor Attacken der Kritik schützen, sie wurden wegen des profanen Zwischenmieters Knut Müller eingebaut, seines Zeichens Frankfurter Polizeipräsident in der turbulenten Ära der Startbahn-West-Proteste.

Carmen-Renate Köper hat viele Auszeichnungen erhalten, neben dem Wiener Professorentitel die Ehrenplakette der Stadt Frankfurt, die Wilhelm-Leuschner-Medaille des Landes Hessen und das Verdienstkreuz der Bundesrepublik Deutschland. Ihre gesellschaftlichen Überzeugungen setzt sie in ehrenamtlicher Arbeit für gemeinnützige Einrichtungen um. Dabei steht die „Nepalhilfe“ im Mittelpunkt, ein Projekt, das sich um verlassene Kinder in Pokara kümmert.

Die phantasievollen, sympathischen Gastgeber Eschberg laden ihre Freunde sommers in den Schatten majestätischer Bäume, winters in ihren bilderreichen gemütlichen Salon. Mit Myriaden selbstbereiteter Speisen wird nicht nur die Zunft der Theaterleute verwöhnt, auch Schriftsteller, bildende Künstler, Politiker, Verleger und Lektoren repräsentieren hier einen intellektuellen Querschnitt der Frankfurter

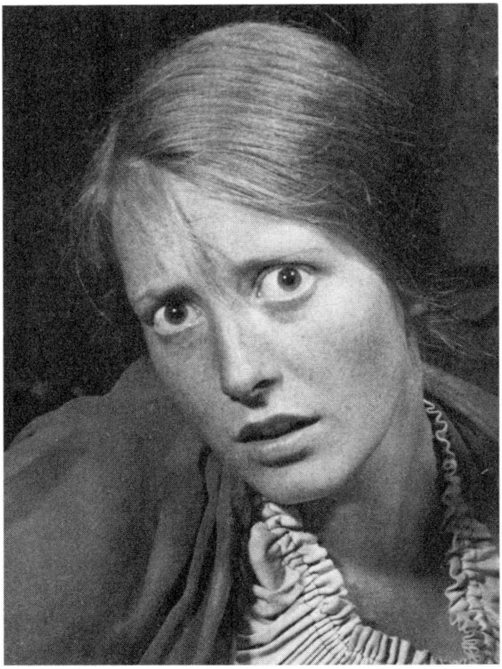

Gesellschaft. Beibehalten wurde diese schöne Tradition am Lönsweg auch nach Eschbergs Herbst des Mißvergnügens beim Abgang von der Bühne; auch wenn die Nachwelt den Mimen bekanntlich keine Kränze flicht und Carmen auf den Theaterbrettern die Hauptrollen anderen überläßt, so spielen die beiden im Leben ihrer Freunde – von Reich-Ranicki über Nele und Ferry Ahrlé bis Petra Roth und Volker Hauff – immer noch eine tragende Rolle. Und vor allem auch bei ihren Bewunderern aus ihrer aktiven Zeit: Die alten Freunde feierten Eschbergs 70. Geburtstag am symbolischen Ort der alten großen Probebühne an der Offenbacher Landstraße mit großem Hosianna. Carmen-Renate Köper hatte ein nostalgisch fröhliches Fest für den einstigen Prinzipal organisiert, bei dem Eschbergs ehemalige Mimengarde anrührende Proben ihrer hohen Sprechkultur zum Genuß erhoben.

Fragebogen

1. Ihre nachhaltigste Kindheits- oder Jugenderinnerung?
Mein Einsatz an der Front.

2. Wer oder was hat die Anfänge Ihres beruflichen Lebensweges entscheidend mitgeprägt?
Als ich 14 Jahre alt war und in einer Schulaufführung die Johanna in Die Jungfrau von Orleans spielte – und beschloß, Schauspielerin zu werden!

3. Welches bedeutende Frankfurter Ereignis (welche Begegnung) hat sich besonders tief in Ihre Erinnerung eingegraben?
Daß ich durch die politischen Ereignisse 1968 in die Frankfurter Auseinandersetzungen dieser Zeit geriet!

4. Welcher Autor, Maler, Komponist, Politiker usw. hatte gehörigen Einfluß auf Ihre Arbeit?
Als Malerin hat mich Käthe Kollwitz begeistert (auch als Mensch).
Als Autoren habe ich alle geliebt, an denen ich gearbeitet und mich gerieben – zerrieben habe.

5. Mit welchen wichtigen Menschen sind Sie befreundet?
Mit Elfriede Jelinek, mit Otto Graf Lambsdorff, Norbert Blüm, Petra Roth, Otto Tausig, Volker Hauff.

6. Welcher Typ Mensch ist Ihnen zuwider?
Der Mutlose, der Feige, der, der wegschaut.

7. Welches Faktum war rückschauend ein besonders wichtiger Meilenstein/Wendepunkt in Ihrer „Karriere“?
Die Begegnung mit meinem Mann Peter Eschberg.

8. Was ist von Ihren Wünschen unerfüllt geblieben oder mißlungen und warum?
Ich kann mich nicht beklagen!

9. Was finden Sie an Frankfurt liebenswert?
Den Palmengarten.

10. Was verdiente Ihren Tadel an Frankfurter Verhältnissen/Strukturen, an der Kommunalpolitik usw.?
Die häufige Unentschlossenheit bei kreativen Ideen und kulturellen Entscheidungen.

11. Welche hier vergessene Frage hätten Sie gern (und wie?) beantwortet?
Die Frage nach den Dingen, die mich über den Schauspielerberuf hinaus interessierten und in denen ich tätig geworden bin.

12. Haben Sie ein Lebensmotto, eine Arbeitsdevise?
Wer nicht kämpft, hat schon verloren.

Ann Kathrin Linsenhoff

Ann Kathrin Linsenhoff verkörpert eine ideale Dualität, für die sie zu Recht berühmt geworden ist: Sie ist die bedeutendste lebende Dressurreiterin Deutschlands, und sie sammelt alljährlich höchste Summen für das Kinderhilfswerk UNICEF. Ihr Engagement für die ärmsten, vom Schicksal im Stich gelassenen Kinder der Dritten Welt ist Legion, so wie ihre Liebe zu den edelsten Geschöpfen der Tierwelt, den Rassepferden, ihre eingeborene Herzenssache ist. Diese Doppelbegabung manifestiert sich in der Namensgebung ihrer drei UNICEF-Botschafter auf vier Beinen: Renoir-Unicef, Wahajama-Unicef und Sterntaler-Unicef. Mit diesen drei stolzen Assen trumpft Ann Kathrin Linsenhoff bei internationalen Competitions für die humane Idee, die sich mit dem moralischen Gütesiegel UNICEF verbindet.

Erstmals im Jahre 2003 hat die Weltranglistenerste auf ihrem achtzehn Hektar großen Gutsgelände bei Kronberg 25 000 Gäste bewirtet, die mit einem Obolus von zehn Euro das Kinderhilfswerk UNICEF unterstützen. Seit mehr als fünfzig Jahren hilft UNICEF segensreich, Kindern in Not das Leben zu erleichtern. Weil auch die Liebe zu Tieren klein anfängt, sollen auf Linsenhoffs transitorischem Kinderland ein Entenclub und ein Streichelzoo sowie ein gemischtes Angebot aller Arten des Kindersports die Eltern zur Spendenfreudigkeit anstiften.

Den sympathisch illuminierten Auftakt zum dreitägigen Fest startet Ann Kathrin Linsenhoff mit einem glanzvollen Galadinner in der einfallsreich umgerüsteten großen Reithalle ihres berühmten Gestüts am Fuße des Taunus. Die auf ihren Schafhof eingeladene Crème de la Crème aus Hochadel und Finanzaristokratie, aus Sport, Entertainment und Kultur garantiert mit Smoking und Abendkleid ein animierend festliches Gepräge. Die tausend handverlesenen Dinnergäste werden von Stars aus Sport und Kultur freundlich umsorgt. Für den guten Zweck kellnern unter anderen keine Geringeren als die einstigen Eisprinzessinnen mit Olympiagold an den Kufen, Kati Witt und Marika Kilius, der Goldschwimmer Michael Groß, die Edelmetallfechter Cornelia Harnisch, Zita Funkenhauser und Mathias Behr. Austern und Butterfisch im Bananenblatt, Garnelenravioli in Thymian-Krustentiersud bekommt man schließlich nicht alle Tage serviert. Der Reinerlös des Galaabends in Höhe von 140 000 Euro fließt für humane Zwecke in die Kasse von UNICEF: „Die Kinder in Basra bekommen endlich ihre Wasseraufbereitungsanlage", verkündet die sympathische Linsenhoff charmant-bescheiden das stolze Resümee. Allein in Basra sind hunderttausend Kinder durchfallgeplagt und durch Cholera vom Tod bedroht.

Für drei Tage haben Ann Kathrin Linsenhoffs gute Geister das Areal in ein riesiges Sport-und-Spiele-Paradies verwandelt. Ehemalige Starkicker wie Karlheinz Rummenigge, Uli Stein oder Uwe Bein ließen sich für den guten Zweck gern reaktivieren und leiten auf dem Gelände eine Kickerschule. Die Dressurweltmeister Nadine Capellmann, Nicole Uphoff und Klaus Balkenhol geben bereits sattelfesten Kindern gehobenen Reitunterricht auf ihren mitgebrachten Rassepferden. Balkenhol lobt bei einer schönen Tochter ihre gute Trabverstärkung in der Diagonale und den bestens abgefederten soliden Grundsitz bis runter zu den Sporen. Aber der Zickzack-Traversale auf kleinstem Raum verordnet der Weltmeister noch entsprechende Korrekturen. Alle sind hier zum Dressurreiten in voller Montur angetreten: schwarze Stiefel, Stiefelhose, Hemd und Krawatte, kurzer schwarzer Zylinder, Handschuhe. Was sie von den prominenten Reitprofis vor allem lernen sollen: die Anpassung des Reiterschwerpunktes an den des Pferdes. Sie lernen die Grundregeln der Dressur, den Einklang zwischen Pferd und Reiter, also die „Anlehnung" sowie die entscheidenden Siegfaktoren: Zügel, Schenkel, Gewicht des Reiters und deren ästhetische Verschmelzung.

An einem der Comedy-Abende schmetterte die französische Sopranistin Natalie Choquette die Todesarie aus Verdis *La Traviata* nicht nur in mehreren Sprachen, ihr gelang der Ohrwurm auch noch im artistisch makellosen Kopfstand. Extra aus Australien eingeflogen, entertaint die Allzweckwaffe „Blacky" Fuchsberger die Gäste in gewohnter Manier.

Seit 2003 hat sich der materielle Erfolg von Ann Kathrin Linsenhoffs Schafhof-Festival stetig gesteigert. Bei mehr als 25 000 Besuchern wurde 2005 der Reinerlös von 480 000 Euro bilanziert. Die eingewor-

benen Gelder werden außer in Basra auch in anderen Elendsregionen unserer einen Welt, etwa in Kairo und im Süd-Sudan für Bildung und Ausbildung angelegt, um in die Misere geborenen Kindern eine solide Zukunftsperspektive zu eröffnen. „Ich möchte von dem Glück, das ich in meinem Leben habe, etwas an Kinder zurückgeben, die sonst keine Chance haben", begründet Ann Kathrin Linsenhoff ganz unprätentiös ihr soziales Engagement.

2004 weilte Ann Kathrin Linsenhoff für drei Tage in El Nalda, dem Elendsviertel von Frankfurts Partnerstadt Kairo. Sie wollte hautnah vor Ort die bittere Not jener Menschen auf sich wirken lassen, die seit dem fürchterlichen Jahrhundert-Beben von 1992 vom Schicksal verurteilt wurden, ohne genügend Grundnahrungsmittel und ohne Strom und sauberes Wasser ihr Leben zu fristen.

Auf dem dritten Schafhof-Fest haben Ann Kathrins Begrüßungsworte nicht nur mich nachdenklich gestimmt: Sie habe im Sport gelernt, „wie sehr Anstrengung sich lohnt". Ebensoviel Anstrengung sei vonnöten, „für eine bessere Welt zu kämpfen". Alle Kinder dieser Welt hätten ein Grundrecht darauf, genügend Essen und trinkbares Wasser fürs Überleben zu bekommen, Kinder seien schließlich die Zukunft ihrer jeweiligen Heimat: „Die meisten dieser Kinder haben leere, perspektivlose Augen; das zu sehen, war für mich ganz schlimm.“ Entscheidend sei daher, was wir dafür tun, damit ihre Träume eines Tages Wirklichkeit werden.

Nachdem Ann Kathrin Linsenhoff die ganze Skala der „Hohen Schule“ des Dressurreitens bis zur Virtuosität perfektioniert hatte, vom Schritt über Trab, Passage, Pirouette, Piaffe bis zum fliegenden Galoppwechsel, konnte sie 1988 mit ihrem Pferd Courage bei den Olympischen Spielen in Seoul im exquisiten Equestrian Park entscheidend zum Mannschaftsgold der deutschen Equipe beitragen. Nach strengen olympischen Beurteilungskriterien haben die Preisrichter Sitz, Haltung und ihre individuell-sensible Einwirkung auf Courage sowie ihren ästhetischen Formwillen mit höchsten Punktzahlen gewürdigt. Im unbeirrbaren Glauben an sich und ihr Pferd Courage hat sie dreißig Lektionen fehlerfrei absolviert. Übrigens ist Dressurreiten bereits 1912 zur olympischen Disziplin aufgewertet worden, inzwischen hat es sich zur Königsdisziplin des Reitsports gemausert.

Mannschaftsgold kassiert Ann Kathrin Linsenhoff auch bei der Europameisterschaft im luxemburgischen Mondorf (1988), bei der Weltmeisterschaft in Schweden (1990) mit Pferd Golfstrom, mit Renoir-Unicef bei der WM im spanischen Jerez (2002) sowie mit Sterntaler-Unicef bei der Europameisterschaft im Westfälischen Hagen (2005). Nach ihrem Grand Prix in Bad Salzuflen im Jahre 2003 mit Renoir-Unicef hat sie sich quasi im Abonnement 2004 gleich viermal einen Grand Prix in Folge erobert: in Münster, Dortmund, Bad Salzuflen, Wiesbaden-Biebrich. Mit der Fortschreibung ihrer wahrhaft beeindruckenden Biographie setzt sie die Phantasie ihrer Bewunderer immer wieder in Trab. Inzwischen führt Tochter Liselott-Marie die Tradition des Reitens fort und ist 2006 erstmalig bei dem Turnier in Bad Salzuflen in der Führzügelklasse an den Start gegangen. Bei der Europameisterschaft der jungen Reiter verhalf Ann Kathrins Ehemann Klaus-Martin Rath auch seinem Sohn Matthias Rath mit Cantelli im lombardischen Bazargo, in der Po-Ebene, zu Mannschaftsgold.

Mit weiteren sieben Siegen reitet Ann Kathrin Linsenhoff ihre Pferde erfolgreich durch das Jahr 2005. Aber auch ein Genie im Sattel ereilt irgendwann einmal das ultimative Pech: Weil sie und ihr schwieriger, hochsensibler Liebling Renoir nur wenige Hufschlagfiguren verstolpert hatten, konnte sie ausgerechnet die Qualifikation für Olympia 2004 in Athen vergessen. Die Schuld für ihr heroisches Scheitern schiebt sie beileibe nicht ihrem Wallach in die Hufe; nach guter Reitermanier besteht sie souverän selbstkritisch darauf, daß „ich nicht gut genug war". Wie schon bei ihren vielen Siegen, sieht sie auch diesmal keinen Grund, sich über die Preisrichter zu beklagen, die ja keine Geschenke zu verteilen haben. Immerhin durfte sie in Athen auf der Bank der Reservereiterinnen Deutschland repräsentieren.

Die Begeisterung für Pferde wurde Ann Kathrin schon in ihre Düsseldorfer Wiege gelegt. Als Tochter von Liselott Linsenhoff, gefeierte Olympiasiegerin im Dressurreiten, und dem in Frankfurt geborenen Spitzenmanager von VDO Fritz Linsenhoff wird Ann Kathrin 1960 mit einer Eintrittskarte ins Glück in ein begütertes und behütendes Milieu hineingeboren. Als Reiterin berühmt geworden war Ann Kathrins Mutter unter dem Namen ihres ersten Mannes (Fritz) Linsenhoff und mit ihrem Siegerpferd Piaff. Ann Kathrins Großvater Adolf Schindling war es gelungen, für seine Tochter Liselott den ehemaligen Sattelmeister des alten Kaiser Wilhelm, Otto Lörke, als Trainer zu verpflichten. Als obsessive Reiterin ließ die Ahnfrau der deutschen Dressurreiterinnen ihre Tochter Ann Kathrin erste Erfahrungen auf dem Rücken eines Ponys sammeln, das ihr zum dritten Geburtstag geschenkt worden war. Ihr sensationelles Talent beweist sie schon mit 15 bei der Deutschen Meisterschaft, ihren ersten vergoldeten Titel gewinnt sie 1981 bei der Europameisterschaft in Rotterdam mit der deutschen Junioren-Mannschaft. 1987 erhält sie mit Pferd Courage erstmals Einzelsilber bei der EM im südenglischen Goodwood.

Ihre Mutter Liselott war schon allein deshalb in den Olymp des internationalen Reitsports eingeritten, weil sie 1972 bei den Olympischen Spielen in München mit Pferd Piaff als erste Frau der Welt Einzelgold im Dressurreiten errungen hatte. Seitdem galt sie unbestritten als Grande Dame des Dressursports. Wohl auch deshalb wurde sie von Tochter Ann Kathrin respektvoll „mein Idol“ genannt. Die erfolgsbesonnte, gelegentlich wohl auch stark dominierende Mutter, die manchem als nicht nur reitende Amazone erschienen war, starb 1999 auf ihrem Landsitz in der Provence. Nach dem Tod der Mutter und dem Verkauf der VDO an Mannesmann hat Ann Kathrin den Schafhof übernommen. Sie hat das Sprichwort wörtlich genommen, wonach man, statt auf günstigen Wind zu warten, das Ruder selber in die Hand nehmen soll. Dabei hat sie alles Wirtschaftliche ins Menschliche übersetzt.

Anders als beim Fußball, wo ein einsamer Schiedsrichter manchmal mit einem zweifelhaften 11-Meter-Strafstoß die bessere Mannschaft zum Verlierer werden läßt, entscheidet beim Dressurstechen die Quersumme von fünf Preisrichtern. In der Kürze eines Wimpernschlags kann das Publikum auf der Anzeigetafel hoch über dem Dressurviereck (20 mal 40 oder 60 Meter) die Qualität der Jury-Entscheidung unmittelbar nachvollziehen. Die höchste Punktzahl für das Passagieren und Piaffieren ist zehn. Im Dezember 2004 wird der sogenannte schöne Augenblick für Ann Kathrin Linsenhoff zur Sternstunde: In der Frankfurter Reithalle holt sie auf ihrem Wallach Renoir-Unicef in allen Gangarten mit der Traumnote von 1804 Punkten den Grand Prix für den von Großvater Adolf Schindling gegründeten Frankfurter Turnierstall Schwarz-Gelb. In dieser ungewöhnlichen Atmosphäre zeigt sie erneut ihr erstaunlich anmutiges Bewegungsrepertoire.

Mit der Dressurreiterei hat sie zunächst ganz ohne den Ehrgeiz begonnen, damit Medaillen zu gewinnen. Der Dressur-Pferdesport diente ehedem allein dem höheren Zweck, die Rassepferde zu einer möglichst taktreinen und schwungvollen Gangart zu erziehen. Das Ziel, die Kommunikation zwischen Roß und Reiter zu verfeinern, war dann schon auf Wettbewerb ausgerichtet. Schließlich ist ein Pferd kein Sportgerät, sondern ein höchst sensibles Geschenk des Himmels.

2005 erfüllt sich Ann Kathrin Linsenhoff endlich einen lang gehegten Traum: In der Frankfurter Festhalle richtet sie einen Dressur-Weltcup aus. Als dessen Turnierpräsidentin sattelt sie für dieses Heimspiel ihre Stute Wahajama-Unicef. Aber just diesmal greift die ihr sonst so wohlgewogene Glücksgöttin nicht in die Zügel. Ausgerechnet auf dem von Frau Linsenhoff organisierten Weltcup landet sie mit 68,25 Punkten nur auf dem siebten Rang. Aber wenn sie schon mal scheitert, dann wie hier grandios.

Kaum zu glauben, aber selbst eine umtriebige, vielgefragte Ann Kathrin Linsenhoff hat ein Privatleben. Ihr 1991 geborener Sohn Moritz aus ihrer ersten Ehe mit dem Kaufmann Michael Kroth lebt mit ihr, ihrem zweiten Mann Klaus-Martin Rath und mit dessen Söhnen Henrik, Niklas und Matthias im Herrenhaus des Schafhofs. Klaus-Martin Rath war selber medaillenträchtiger Dressurreiter und ist seit 2000 ihr erfolgreicher Trainer. Nach dem Tode der Legende Liselott Linsenhoff im Jahre 1999 erbt Tochter Ann Kathrin das 1971 erworbene Gestüt aus dem 17. Jahrhundert, das von ihr und ihrem Mann seit 2000 geleitet wird.

2001 verspricht wieder ein glückliches Jahr zu werden: Nicht nur wird ihre gemeinsame Tochter Liselott-Marie geboren, Ann Kathrin Linsenhoff und ihr Pferd Renoir-Unicef gewinnen erstmals den begehrten Otto-Lörke-Preis, und außerdem trabt Rappe Renoir hochverdient mit dem stolzen Titel „erfolgreichstes Nachwuchspferd" vom großen Concours heim in die Box, wo eine Extraration Zucker ihn erwartet.

Neben der anstrengenden Karriere hat Ann Kathrin Linsenhoff im Aufgalopp noch ein Studium der Veterinärmedizin begonnen. Mit trainiertem Ehrgeiz und großer Energie besteht sie 1987 an der Universität Gießen mit Glanz und Gloria das Examen zur Tierärztin. Falls es überhaupt noch steigerungsfähig war, dürfte dies das treuherzige Vertrauen der Pferde in ihre Reiterin noch erhöht haben.

Außer ihren Lieblingspferden Renoir und Wahajama scharrt auch ihr Pegasus häufig mit den Hufen, um von Ann Kathrin gesattelt zu werden. Ganz ohne Parforceritt schwebt sie dann mit dem Flügelroß, das hier beileibe keine klapperdürre Mähre ist, über die Parcours literarischer Welten, um die Hürden der Chimären weit hinter sich zu lassen und schließlich in die Sphären der Reisebücher einzutauchen: Sie machen sie neugierig auf ganz neue, ferne Perspektiven. Die Lektüre von Biographien schließlich ermöglicht *lonesome riders* wie ihr Vergleiche mit eigenen Erfolgen wie auch mit gelegentlich Mißlingendem. Ein besonderes Faible hegt Ann Kathrin Linsenhoff für spannungsgeladene Kriminalromane, weil deren elektrisierende Volten ihr Entspannung bieten.

Wohl weil ihre Dressurkünste das ästhetische Auge der Betrachter erfreuen sollen, delektiert sie auch sich selber gern am Anblick alles Schönen, besonders an der Ästhetik alten Porzellans, das sie daheim in allen Räumen umfängt. Ein besonders schöner weiblicher Akt von Aristide Maillol begrüßt die Gäste des Gestüts. Bei allem ausgeprägten Sinn für die Anmut dekorativen Lebens weiß sie aber auch diese Leidenschaft zu zügeln.

Vom behaglichen Wohlstand verwöhnt und mit einer Herkunft *comme il faut* gesegnet, wollte Ann Kathrin Linsenhoff ihr Glück gerne auch als Freude am Wohltun empfinden können. Auf ihrer Reise durch Afrika hat ihr das schiere menschliche Elend im Süd-Sudan fast das Herz gebrochen und karitative Kräfte freigesetzt: „Es gibt mir so unglaublich viel, in strahlende Kinderaugen zu schauen – das ist wie Weihnachten für mich.“ Nachdem sie mit ihrem Mann Klaus-Martin Rath lange über Sinn und Zweck und Zukunft ihres großväterlichen Erbes diskutiert hatte, gründet sie 2002 mit einem Startkapital in Höhe von einer halben Million Euro die Ann-Kathrin-Linsenhoff-UNICEF-Stiftung. Sämtliche Preisgelder ihrer Spitzenpferde läßt sie netto in die Stiftungsmasse fließen. Im Kaisersaal des Frankfurter Römer zieht Ann Kathrin Linsenhoff 2004 erste Bilanz und überreicht im Rahmen der Städtepartnerschaft Frankfurts mit UNICEF Deutschland der Oberbürgermeisterin aus dem Reinerlös ihres letzten Schafhof-Festivals einen Scheck in Höhe von 320 000 Euro. Petra Roth zeigt sich hocherfreut und dankbar, so viel Geld für ein Rehabilitationszentrum für Straßenkinder in Kairo in Empfang nehmen zu können: „Eine so hohe Spende habe ich noch nie bekommen.“ Ja, Ann Kathrin Linsenhoffs sympathischer Lebenskompaß ist ganz schlicht die Menschlichkeit.

Vielleicht macht Ann Kathrin Linsenhoffs Altruismus bald einmal „Hohe Schule“ bei den vielen Preissiegern im Pferdesport, indem diese nicht minder großzügig stiften. Immerhin wurden Geldpreise und

Züchterprämien schon vor zehn Jahren mit rund 50 Millionen Mark beziffert; bei Leistungsprüfungen wurden rund 60 Millionen ausgeschüttet, und bei Galopprennen erfreute die hübsche Summe von sogar 370 Millionen die reitende Siegergilde. Von Linsenhoff lernen heißt, durch menschliches Engagement auch außerfachlichen Ruhm erwerben.

Apropos menschliche Züge: Nachdem sie in einem brisanten Duell ihrer dänischen Konkurrentin Lone Jörgensen den begehrten Kampmann-Cup vor der Nase weggeschnappt hatte, schenkte sie ihr wie selbstverständlich zum Trost ihre Siegestrophäe im Wert von 20 000 Euro – einen Pferdefön: „Lone hat schließlich das ganze Jahr um diesen Fön gekämpft." Mit Hilfe dieses modernen Gebläses sind die Reiter nicht mehr darauf angewiesen, ihre verschwitzten Pferde mit dem Schweiß-Messer abzuwischen; der geräuschlose Fön trocknet sie in Sekundenschnelle, auf daß sich die Tiere nicht erkälten.

Kaum zu glauben, aber wahr: Im Land der über 45 Millionen Pkws wiehern auf deutschen Weiden noch über 700 000 Hengste und Wallache, Stuten und Fohlen. Allein 36 der edelsten Rassepferde grasen auf den berühmten sattgrünen Schafhofkoppeln der Ann Kathrin Linsenhoff im naturschönen Vorhof des Taunus. Hier wird ganzjährig der Sinn des Sprichworts eingelöst, wonach das Glück der Erde auf dem Rücken der Pferde liegt.

Wie weltberühmt der Schafhof heute ist, dokumentierte Englands Prinz William, ältester Sohn von Prinzessin Diana und Kronprinz Charles, als er aus Anlaß der Fußball-Weltmeisterschaft ins Frankfurter Stadion kam und nachher Ann Kathrin Linsenhoffs Gestüt mit seinem Besuch beehrte. Der passionierte Poloreiter war nicht nur gekommen, um Tee mit der auch auf der grünen Insel berühmten Olympionikin zu trinken. Er bewunderte das Outfit ihrer Stallungen, und als königlicher Pferdeflüsterer tätschelte er mit feiner Windsorhand Ann Kathrins Siegerpferden den stolz gereckten Hals, die nobel-wohlerzogen vor Freude aber nur innerlich zu wiehern wagten. Mit dem „diskretem Charme der Bourgeoisie" begegnete Ann Kathrin Linsenhoff royalem Charme auf Augenhöhe.

Fragebogen

1. Ihre nachhaltigste (oder liebste) Kindheits- oder Jugenderinnerung?
Ich erinnere mich besonders gern an meinen ersten eigenen Hund, den ich geschenkt bekam. Es war ein wunderschöner Schäferhund, und mit ihm habe ich unendlich viel Zeit verbracht. Tragischerweise wurde er vor unserem Haus überfahren. Aber er starb in meinem Schoß.

2. Wer oder was hat die Anfänge Ihres beruflichen Lebensweges entscheidend mitgeprägt?
Meine Eltern. In einer Familie, in der die Pferde nicht nur eine große Rolle spielten, sondern ein Teil von ihr waren, wurde auch ich natürlich immer wieder mit der Faszination dieses Sports konfrontiert. Von der ersten Sekunde an haben Pferde mein Leben bestimmt, und das ist auch heute noch so.

3. Welches bedeutende Frankfurter Ereignis (welche Begegnung) hat sich besonders tief in Ihre Erinnerung eingegraben?
Als ich das erste Mal mit meinen Eltern zum Frankfurter Festhallenturnier durfte. Das war etwa 1965. Die Atmosphäre, die große Halle und die Reiter aus aller Welt – das war ungemein aufregend für mich.

4. Welcher Autor, Maler, Komponist, Politiker usw. hatte gehörigen Einfluß auf Ihre Arbeit?

Zum einen der legendäre Otto Lörke, der seinerzeit meine Mutter und später auch mich trainierte. Die letzten Jahre hat mein Mann natürlich starken Einfluß auf meine Reiterei genommen. Klaus-Martin versteht es auf ungewöhnliche Weise, sich in Pferde hineinzuversetzen und das Training auf ihre Bedürfnisse abzustimmen. Dazu kennt er mich mittlerweile zu 120 Prozent. Er kann meine Ungeduld beinahe wortlos im Zaum halten und mich wieder auf das Wesentliche konzentrieren. Er gibt mir und den Pferden Ruhe und Selbstvertrauen. Eine wunderschöne Gabe.

5. Mit welchen wichtigen Menschen sind Sie befreundet?

Da stellt sich mir die Frage, wer oder was ist wichtig? Jeder Mensch ist doch auf seine Art wichtig.

6. Welcher Typ Mensch ist Ihnen zuwider?

Unehrliche, eigennützige, asoziale und herzlose Menschen.

7. Welches Faktum war rückschauend ein besonders wichtiger Meilenstein/Wendepunkt in Ihrer „Karriere"?

Die Zeit ohne Pferd. Während meines Praktikums bei Cartier in Paris habe ich mich zunächst in Abstinenz vom Reitsport geübt. Doch nach einigen Wochen habe ich gemerkt, daß es ohne nicht geht. Diese Zeit hat mir die Gewißheit verschafft, daß dieser Sport das richtige für mich ist. Denn ich wollte nicht nur auf dem Pferd sitzen, sondern es auch richtig lernen.

8. Was ist von Ihren Wünschen unerfüllt geblieben oder mißlungen und warum?

Ich habe schon immer davon geträumt, nach Afrika zu gehen. Dieses Land war für mich immer Freiheit, Natur, Abenteuer. Während des Studiums der Tiermedizin hatte ich die Chance, ein Praktikum in Tansania zu absolvieren. Auf dem letzten Meter hat mir aber der Mut gefehlt. Das habe ich immer bereut. Wobei ich durch meine Reisen für UNICEF heute weiß, daß Afrika nicht unbedingt Freiheit und Abenteuer bedeutet. Aber es ist immer noch ein wunderschönes Land.

9. Was finden Sie an Frankfurt liebenswert?
Es ist eine Stadt, die alle Ansprüche einer Metropole erfüllt, ohne aber auf die nötige Herzlichkeit zu verzichten. Die kulturellen und gesellschaftlichen Möglichkeiten sind enorm gewachsen.

10. Was verdiente Ihren Tadel an Frankfurter Verhältnissen/Strukturen, an der Kommunalpolitik usw.?

–

11. Welche hier vergessene Frage hätten Sie gern (und wie?) beantwortet?
–

12. Haben Sie ein Lebensmotto, eine Arbeitsdevise?
Carpe diem – Nutze den Tag. Wobei ich es gerne als „Lebe den Tag" auslege, denn jeden Tag bewußt zu leben, ist wichtiger, als ihn zu nutzen.

Anja Lundholm

„Ihr Werk steht gleichberechtigt neben dem Zeugnis Viktor Klemperers." Mit diesem geziemenden Glückwunsch gedachte Bundespräsident Johannes Rau der Schriftstellerin Anja Lundholm zum 80. Schön gealtert, verbrachte sie den runden Geburtstag in ihrer bescheidenen Zweizimmerwohnung im Frankfurter Ostend ganz unspektakulär: einsam und isoliert!

Johannes Raus Analogie zu Viktor Klemperers Werk drängt sich faktisch auf. Auch er wurde im „Dritten Reich" gezwungen, den „Judenstern" zu tragen, obwohl er schon früh zum Protestantismus konvertiert war: „Ich fühlte mich nicht als Jude." In seinen ab 1989 posthum erschienenen *Tagebüchern* wurde er in Martin Walsers Worten zu „einer wichtigen Auskunftsstelle über diese Epoche deutscher Geschichte". Und wenn Walser weiter wertet, er kenne „keine Mitteilungsart, die uns die Wirklichkeit der NS-Diktatur faßlicher machen kann", dann gilt dieser Respekt vor einem autobiographischen Werkkosmos gleichermaßen für Anja Lundholms akribisch dokumentierten Leidensweg. In diversen Publikationen hat sie mit schmerzhafter Genauigkeit und mit großer psychologischer Sensibilität jenen Typus von Ereignissen überliefert, der in der Chronik der damaligen Zeit nur mit Trauerrand in Erscheinung trat. Weder Jüdin noch Christin, war es die Literatur, die ihr zu Religion geworden war. Martin Walser hat seine Schriftstellerkollegin übrigens gegen den Vorwurf des Antisemitismus in Schutz genommen, als er sagte: „Jedem Nachgeborenen muß es selbst überlassen bleiben, ob und wie er sich erinnert."

Weil sie, an multipler Sklerose erkrankt, seit 1994 nichts mehr veröffentlicht hat, droht ihr Werk der Vergessenheit anheimzufallen – völlig zu Unrecht. Es bleibt zu hoffen, daß Lundholms autobiographische Bücher, ihre eindringlichen Schilderungen der teuflischen Verbrechen in den zwölf Schreckensjahren des NS-Regimes jedenfalls von den Bibliotheken möglichst vielen Lesern nahegebracht werden. Im Prisma ihrer Erfahrungen gebrochen, können ihre Bücher künftigen Generationen anschaulich vermitteln, was der Holocaust wirklich war.

Der Hollywood-Regisseur Marvin Chomsky ließ mit dem vierteiligen Spielfilm *Holocaust – Die Geschichte der Familie Weiß* (1978) den Furor der tödlichen Nazimaschinerie in der bewußt affektlenkend konzipierten Erzählform einer konkreten Familientragödie einem Millionenpublikum über deutsche Bildschirme ins allgemeine Bewußtsein flimmern. Spielbergs *Schindlers Liste* (1993) hat die Kultur der Erinnerung durch Fiktionalisierung nah an uns herangerückt, aber durch Monologisierung wieder weit von uns geschoben. Doch lange vor diesem Film im Fernsehen hatte schon Anja Lundholm mit ihrem autobiographischen Romanzyklus authentisch-eindringlich jene Ausgeburten perverser Hirne geschildert, die sie am eigenen Leibe erlitten hatte. Bei der Lektüre ihres Buches *Morgengrauen* (1970), eine bleischwere Nachtmahr, mit dem sie zur Schriftstellerin neu geboren wurde, habe ich erfahren, daß ich Betroffenheit nicht verlernt habe; ja, das Schicksal der damals mir noch unbekannten Anja Lundholm und das Elend ihrer Leidensgefährten ließ mir den Atem stocken; die lapidare Dichte ebenso wie die emotionale Komponente in den Bildern ihrer Vergangenheit haben sich darin wie Kristalle angelagert. In ihrem autobiographisch angelegten Roman ist es ihr gelungen, Fiktion und Realität wie Wasserfarben ineinanderfließen zu lassen. Sie hat es verstanden, eine Art dialektische Beziehung zwischen einer literarischen Sprache und der Dokumentation von Realität herzustellen. Mit hochsensibler Feder hat sie vermocht, in ihre prekäre Lebenspartitur Noten der Verletzlichkeit einzufügen – ohne Akkorde von Selbstmitleid.

Das lebenslange Martyrium der Anja Lundholm hatte schon im Krefelder Elternhaus begonnen, wo ihr Vater als angesehener Apotheker Wert darauf legte, zur gehobenen Gesellschaft zu gehören. Anja Lundholm hat viele Jahre gezögert, bis sie über ihre von Verrat verdunkelte Kindheit und über ihren tyrannischen Vater mit der läuternden Kraft ihrer literarischen Mittel Gerichtstag hielt. Mit dem latenten Antisemitismus ihres Vaters und ganz exemplarisch mit dem alltäglichen Faschismus im damaligen Reich rechnet sie in dem autobiographischen Roman *Geordnete Verhältnisse* (1983) gnadenlos ab. Was Liebesentzug bedeuten

kann, hat sie mit väterlichen Prügeln buchstäblich hautnah zu spüren bekommen: „Es war von Anfang an klar, daß ich kein Kind zum Liebhaben war.“ Weil Anjas Mutter Jüdin war, empfand der deutschnational gesinnte Gatte Dr. Erich Erdtmann nach Hitlers Machtergreifung die jüdische Ehefrau von Stund an als ehrenrührige Mitgift. Schon der Romantitel charakterisiert ironisch Anjas streng patriarchalisch geprägte Phase der Adoleszenz. Sie fühlte sich vom Vater zum sterblichen Wesen herabgewürdigt, wie weiland Wagners Brünhilde durch Vater Wotan. Die Erfahrung des Andersseins hat sie also schon sehr früh durchleiden müssen, später auch die Tragik einer Ausgestoßenen.

Was Anja zuinnerst traf, war, daß der Patriarch sich an ihrem Kindermädchen vergriff. Diese sittliche Enttäuschung war für Anja, die im Buch auf den jüdischen Namen Ruth hört, ein nachhaltiger Schock: „Ich will frei sein, wenn ich erwachsen bin. Freiheit muß etwas Schönes sein.“ Von der jäh untergegangenen Welt der Kindheit bis zu dieser schönen Utopie Freiheit wird sie noch einen unendlich langen Schmerzensweg durch viele Höllentore der „Arier-Elite“ gehen müssen. Hätte diese satanische Welt nicht wirklich existiert, man möchte nach der atemberaubenden Lektüre von *Das Höllentor* meinen, sie sei das Produkt einer hypertrophen Phantasie. Mit diesem Buch hat sich ihr Werk zu runden begonnen.

Die rational kaum nachvollziehbaren Schicksalsschläge und die namenlosen Kohorten handelnder und mißhandelnder Akteure lassen sich auf wenigen Seiten aber nur in der zeitraffenden Bündelung der heftigsten Momente zusammenschnüren. Ihre zwanzig Bücher durchzieht wie ein Ariadnefaden der große seelische Konflikt zwischen Schicksal und Schuld in Anja Lundholms fremdbestimmtem Leben. Immer wieder hat sie mit den Hegelschen Wundermitteln der Vernunft ihrem Schicksal eine unerwartete Wende ins Überleben abgeluchst. Auch sie hat, wie die jüdische Dichterin Hilde Domin es in ihren Versen so wunderschön ausgedrückt hat, „dem Wunder / leise / wie einem Vogel / die Hand hingehalten".

Nachdem sie alle Fixpunkte des Lebens verloren glaubte, nahm sich Anjas Mutter 1938 in Krefeld das Leben. Die Jüdin wollte ihrem arischen Mann „Schwierigkeiten" ersparen. Mitleidlos hielt Anjas Vater diese Konsequenz sogar „für die bessere Lösung" als eine Flucht in die Emigration, weil man dabei doch die fällige „Reichsfinanzsteuer" spare. Vom Tod seiner Frau wenig berührt, schlägt er seiner Tochter den Verzicht aufs reiche mütterliche Erbe vor mit dem zynischen Argument, dies werde ohnehin bald arisiert. Naiv willigt sie ein. Der Witwer wird durch Täuschung Alleinerbe. Auch Anjas Tante mütterlicherseits wird später Selbstmord begehen.

Die 1918 geborene Helga Erdtmann und spätere Schriftstellerin Anja Lundholm findet nach dem Lyzeum Aufnahme in der Staatlichen Akademischen Hochschule für Musik in Berlin. Zur Abschlußprüfung wird sie aufgrund der Rassegesetze schon nicht mehr zugelassen. Erste Bühnenerfahrungen kann sie im „Kabarett der Komiker" und bei Helmut Zacharias am Klavier sammeln. Im Filmtroß von Helmut Käutners *Auf Wiedersehen, Franziska!* (1941), in dem sie anonym eine Nebenrolle spielt, flieht sie mit falschem Paß nach Venedig zu den Filmfestspielen. Vom Lido an den Tiber ist es nicht weit, in Rom hofft sie, in dem dorthin emigrierten Berliner Widerstandszirkel alte Freunde zu finden. Ohne eine Lira in der Tasche, ruft sie ihren verhaßten Vater um Hilfe an. Vergeblich. Statt der Tochter zu helfen, gibt er der Gestapo einen

Tip, wo Himmlers Häscher sie aufspüren können. Sie sperren Anja in die berüchtigten faschistischen Folterkeller der Via Tasso ein, ihre uneheliche Tochter Diana, noch im Babyalter, überlassen sie in schrecklicher Ungewißheit ihrem Schicksal. Erst sieben Jahre später wird das Kind in Lucca von Reportern des Daily Express aufgespürt und seiner wahren Mutter zugeführt. Ihre römischen Erfahrungen im Widerstand gegen die Diktatur mit Kerker und Folter, ein Leben unter einem römischen Himmel voller Seufzer außerhalb jeder Regel, hat sie einfühlsam in *Jene Tage in Rom* (1982) erinnert. *Jene Tage in Rom* würdigte das ZDF-Kulturmagazin *aspekte* damals als „ein Stück echter Literatur – ernsthaft *und* unterhaltsam". Die Bücher der Anja Lundholm haben etwas Magisches, einen Anstrich von Humor, mit dem selbst die finstersten Szenen zu transzendieren ihr gelingt.

Anja Lundholm wird schließlich einem Wachtposten der SS in Innsbruck überstellt, von wo aus eine qualvolle Reise in einem verlausten, fäkalisierten Viehwaggon beginnt. Die Reise ins Ungewisse wird im Konzentrationslager Ravensbrück an der Havel für viele tödlich enden. Während des Krieges sind dort von 135 000 meist nichtdeutschen oder jüdischen Häftlingen über 90 000 Frauen dem Himmler-Prinzip „Vernichtung durch Arbeit" zum Opfer gefallen. Ihre Leichen wurden in den Lageröfen fabrikmäßig „entsorgt", und ohne Aussicht auf ein Grab stiegen sie als Rauch in den Himmel auf. In einem unserer Gespräche hat die Schriftstellerin bedauert, diese Erfahrung in ihrer Prosa nicht so eindrücklich wie Paul Célan in der Sprache seiner Lyrik formulieren zu können, etwa in jenem bewegenden Gedicht *Die Todesfuge*, das in jedem Schulbuch steht. Anja Lundholm hat sich damals gefragt, warum die Einwohner „der Brandgeruch nicht stört, der vom Lager her den Ort durchzieht und sich durch die Fensterritzen in ihre Wohnungen drängt? Schmorende Knochen riechen anders als brennendes Holz. Fragt sich hier niemand, welchen Ursprung dieser Rauch hat, der ihre Häuserwände schwärzt?"

Aus den Händen des Teufels gerät Anja Lundholm in die von Beelzebub: In der an die Havel ausgelagerten Rüstungsfabrik des Siemenskonzerns werden ihre sensiblen Pianohände als willkommene feinmechanische Instrumente für die täglich zwölfstündige Präzisionsarbeit an

Albert Speers todbringenden Langflug-Raketen dienen. Mit der Auflösung des Lagers angesichts der vorrückenden Roten Armee stellte sich für die SS das Problem: Wohin mit den für Gewaltmärsche viel zu schwachen, weil halbverhungerten und durch Schwerstarbeit verbrauchten Frauen? Anja Lundholm landete auf einem der Leichenkarren, auf denen Opfer medizinischer Versuche ihre allerletzte Reise antraten. Wie durch ein Wunder wird das klinisch für tot erklärte Versuchsopfer Anja von mitgefangenen Frauen gerettet. Für diesen unvergeßlichen Akt tätiger Menschlichkeit wird sie ein Leben lang dankbar bleiben.

Auf ihrer unbeschreiblichen *via dolorosa* gelangt Anja schließlich durch die Frontlinien der Sowjet-Armee zu den britischen Alliierten nach Lüneburg. Die Flucht der Staatenlosen endet in Brüssel, wo sie in einer Bar als Jazzpianistin die Gäste unterhält, um damit ihr Leben zu fristen. Hier lernt sie den schwedischen Stahlmanager Lundholm kennen, als dessen Ehefrau sie bald mit endlich gültigem Pass nach London zieht, wo sie 1951 ihren Sohn Melvyn in eine zerrüttete Welt gebären wird. Am Ende entdecken wir in ihrer unglaublichen Lebensgeschichte also doch noch die Facetten eines melancholisch-munteren Trostes. Nach einer ihr ganzes Werk charakterisierenden Wendung von Siegfried Lenz ist „Anja Lundholm die unerhört waghalsige Balance zwischen Inferno und Humor" gelungen.

Für Anja Lundholms bekanntestes, weil schonungslosestes Buch *Das Höllentor* (1988), das von den Weihen der Literaturkritik gesegnet wurde, hat die Frankfurter Schriftstellerin Eva Demski das Nachwort geschrieben: „Die Figuren des Buches, jene Menschen, die es alle gegeben hat, rücken durch die distanzierte, rauhe Art zu erzählen bedrohlich nahe ... Es ist eines jener Bücher, die sehr eindringlich auf jeder Seite dem Leser klarmachen, daß es diese Seite nie hätte geben sollen. Ein Buch mit einer gleitenden Skala zwischen Sein und Schein, von dem man immer wieder sagt, daß es nie hätte geschrieben werden dürfen, weil es nie hätte erlebt werden dürfen. Niemand von uns ahnt, was das für eine Kraft gekostet haben muß." Mit der Tiefenschärfe ihrer Analysen hat Anja Lundholm die Kontingenz ihres Einzelschicksals bewußt überschreiten wollen.

Durch „Höllentor“ wurden die todgeweihten Frauen mit dem höhnischen Spruch „Arbeit macht frei“ in das Arbeitslager geschleust: „Das ist keine Arbeit, das ist Folter. Eine bis ins kleinste Detail präzise ausgetüftelte körperliche und seelische Tortur ohne ein anderes Ziel als das, bei der Dezimierung des Lagerbestandes Nachhilfe zu leisten“, konstatiert die Autorin in ihrer unbarmherzigen Prosa.

Das Höllentor wirkte wie ein letztes Statement. 1991 bekommt sie dafür den Erich-Maria-Remarque-Friedenspreis verliehen. Für ihr Gesamtwerk wird sie später den Literaturpreis des Bundes Deutscher Schriftsteller und den Niederrheinischen Literaturpreis erhalten und aus der Hand der Frankfurter Oberbürgermeisterin die Goethe-Plakette. Petra Roth lobte Lundholms Fähigkeit, „das Nichtdarstellbare in einer Weise darzustellen, daß es in unserer Phantasie fortwirkt und daß es uns nicht losläßt“. Mit ihrem Werk widerspricht Anja Lundholm der These, Schmerz und Angst ließen sich nur in Gedichtform mitteilen. Nach gescheiterter Ehe war sie 1953 in Frankfurt am Main endlich seßhaft geworden, wo sie schließlich in der Ostendstraße Nr. 1 ihrem Alter ein Zuhause gegeben hat.

Anja Lundholm hat sich über die Einladung gefreut, an diesem Buch mitzuwirken. Im hohen Alter hinfällig geworden, war sie in ihrem Wohnzimmer über einen rutschigen Läufer gestolpert und ist seitdem ans Bett gefesselt: Sie hatte sich beim Sturz gleich beide Oberschenkel schwer verletzt. Im Tag-und-Nacht-Wechsel zweier Pflegerinnen wird sie heute rund um die Uhr betreut. Trotz des wohl endgültigen Verlustes der vertrauten Außenwelt will sie nicht in Selbstmitleid zerfließen, indem sie in ihr reiches Innenleben emigriert. Die weite Welt empfängt sie über das aseptische Medium Television, und dann und wann kommt auch ein treuer Freund. „Nachts sehe ich mir Gruselfilme an, um zu sehen, ob mich noch was gruseln kann.“ Nach einem langen tragischen Leben ist Anja Lundholms heutige Tragik die einer aus der Zeit gefallenen großen alten Dame der Erinnerungsliteratur.

Weil sie nur liegend meinen Brief beantworten konnte, geriet ihre Handschrift wackeliger als sonst; aber im Gemüt strahlte heitere Gelassenheit, nachdem sie sich alles Bedrückende ihres ereignisreichen Erdendaseins von der Seele geschrieben hat. In ihrem anrührenden

Brief erinnerte sie sich sogar unseres Gesprächs beim Lunch vor fünfzehn Jahren, als ich mich auf dem Weg in den neuen Job beim Münchner Goethe-Institut von ihr verabschiedet habe. In diesem langen, einstündigen Gespräch leuchtete ihr ganzes Universum des Schmerzes vor mir auf. Sie erzählte wohltuend unsentimental von ihrem Roman *Im Netz*, der dann 1991 erschienen ist. Auch in dieser Reportage über die Inhaftierung in Innsbruck bis zum Transport nach Ravensbrück schreibt sie eine auf Metaphern und Allegorien weitgehend verzichtende Sprache, deren gedankliche Klarheit um so mehr besticht.

Zum Gegenstand ihres schriftstellerischen Finales wählt sie, statt auf das Inferno im „Dritten Reich" zu rekurrieren, Probleme der Gegenwart. In wiederum klarer Sprache streut sie erheiternde Momente als Lesefutter ins erzählerische Gefüge. Das schwedische Nominierungskomitee nahm die Exzellenz ihres letzten Romans *Ein ehrenhafter Bürger* (1994) sogar zum Anlaß, sie für den Literatur-Nobelpreis vorzuschlagen.

Dieser Roman Lundholms war als ein Buch des Abschieds aus ihrem reichen literarischen Leben gedacht. Statt ihre Erinnerungen an „das ungeheure Grausen" (Schopenhauer) ihrer besten Lebensjahre unerbittlich fortzuschreiben, greift sie in *Ein ehrenhafter Bürger* aktuelle Themen auf, nun mit dem Gestus der Zuversicht. Entsprechend vergnügliche Aperçus und ironische Momente dienen als kulinarische Würze.

Eva Demski erklärt die neue Leichtigkeit von Anja Lundholms Feder damit, daß ihre späteren Bücher eine Art Schutzwehr seien, sie stünden „wie Schilde vor diesem einen, dem schwersten Weg, der mit den Wörtern noch einmal gegangen werden mußte, weil nichts vergessen war und nichts vergessen werden konnte". Ja, das ist es – die Vollkommenheit auch dieser Bücher liegt in deren Einfachheit. Wie sich die Dichter mit ihren eigenen Legenden umgeben, umgibt Anja Lundholm uns mit ihren schrecklichen Erfahrungen.

Als Ministerpräsident Hans Eichel der großen Schriftstellerin 1998 die Wilhelm-Leuschner-Medaille überreichte, würdigte er damit ihren „unschätzbaren Beitrag zu unser aller Lernprozeß in Demokratie und Humanität". Dieser Lernprozeß wurde mit dem Ende des 20. Jahrhunderts nicht abgeschlossen.

Fragebogen

1. Ihre nachhaltigste (oder liebste) Kindheits- oder Jugenderinnerung?
Väterliche Ohrfeigen – siehe Buch 1 meiner Jahrhundert-Chronik 1924–1948 *Geordnete Verhältnisse.*

2. Wer oder was hat die Anfänge Ihres beruflichen Lebensweges entscheidend mitgeprägt?
Meine frühe Neugier.

3. Welches bedeutende Frankfurter Ereignis (welche Begegnung) hat sich besonders tief in Ihre Erinnerung eingegraben?
Der Auschwitzprozeß / Meine bedeutenden in- und ausländischen Literaturpreise.

4. Welcher Autor, Maler, Komponist, Politiker usw. hatte gehörigen Einfluß auf Ihre Arbeit?
Von früh an selbständig.

5. Mit welchen wichtigen Menschen sind Sie befreundet?
Diverse.

6. Welcher Typ Mensch ist Ihnen zuwider?
Jene, die sich selbst bewundern.

7. Welches Faktum war rückschauend ein besonders wichtiger Meilenstein/Wendepunkt in Ihrer „Karriere“?
Leben unter dem Hakenkreuz.

8. Was ist von Ihren Wünschen unerfüllt geblieben oder mißlungen und warum?
Keine Zeit für Wunschdenken.

9. Was finden Sie an Frankfurt liebenswert?
Auch Großstädte haben wechselnde Gesichter wie ihre Einwohner.

10. Was verdiente Ihren Tadel an Frankfurter Verhältnissen/Strukturen, an der Kommunalpolitik usw.?
Zur fachlichen Stellungnahme fühle ich mich nicht kompetent genug.

11. Welche hier vergessene Frage hätten Sie gern (und wie?) beantwortet?
–

12. Haben Sie ein Lebensmotto, eine Arbeitsdevise?
Gegenwart und Vergangenheit beschäftigen mich gleichermaßen. Auch die Zukunft beziehe ich mit ein: Goethes „Stirb und werde"? Nun, ich lasse mich überraschen.

Renate von Metzler

„Ich habe mein Leben lang geklebt, ab Montag bekomme ich Rente! Jetzt weiß ich, daß ich sehr alt bin – aber noch nicht zu alt. So möchte ich gern noch ein wenig weiterwurschteln für die Universität, würde gern noch weiter MS-Kranke betreuen, gern beim Pfennigbasar mithelfen, in der Zoologischen Gesellschaft noch viel lernen." Wer mit solch gehöriger Distanz zu sich selbst so sympathisch und klug 65 Jahre intensiven Lebens resümiert und selbstironisch auf die zerrinnende Zeit anspielt, konnte es bescheidener nicht sagen als Renate von Metzler in der vollbesetzten Aula der Goethe-Universität. Sie hat es nicht nötig, mit dem legendären Namen derer von Metzler aufzutrumpfen. Sie ist selber wer. Glanz muß sie sich nicht borgen.

Das erklärt auch, warum eine so große und prominente Fangemeinde zum runden Geburtstag der frisch gekürten Ehrensenatorin der Goethe-Universität in den Poelzig-Bau strömte. Mindestens fünfhundert gratulierten ihr zu einem gelingenden Leben für die Gemeinschaft: Banker, Kulturhabitués, Hoheiten, Politgrößen und andere maßgebliche Zelebritäten wie die Frau des Bundespräsidenten Eva Köhler, Petra Roth oder Marcel Reich-Ranicki.

Als ältestes Kind des bergischen Textilunternehmers Hermann Haas hat Renate 1941 in Wuppertal auf der Klimax von Hitlers Weltkriegsrausch das Licht einer geteilten Welt erblickt. In Holzminden machte sie 1960 das Abitur, und in München absolvierte sie eine Sprachenschule, den Beruf einer Übersetzerin fest im Visier.

Aus der Enge ihres Büros bei der „Regierung Oberbayern" in München holt Bankier Christoph von Metzler sie im Jahr der 68er-Studentenrevolte nach Frankfurt, um sie – in Starnberg – vor den Traualtar zu führen. Solange ihre Ehe kinderlos blieb, kamen bei den anfallenden gesellschaftlichen Repräsentationspflichten ihre musischen Neigungen und die Entfaltung ihrer organisatorischen Talente zu kurz. Ein einsichtsvoller Ehemann, der in der Führungsetage der Metzlerbank für das Auslandsgeschäft viel unterwegs sein mußte, war einverstanden, daß seine Frau bei der legendären Universitätsbuchhandlung der Melusine Huss an der Bockenheimer Warte eine Buchhändlerlehre absolvierte. Auch nach der Geburt ihrer beiden Söhne Leonhard (1975) und Peter (1977) hat sie in der Welt der Bücher an der Bockenheimer Warte bis 1993 die Leser mit deren unterschiedlichsten Vorlieben und Vorurteilen liberal und kompetent beraten. Liberalität ist bis heute ihre Lebenshaltung.

Mit dem jähen Tod Christophs im Jahre 1993 ist eine als glücklich gepriesene Ehe viel zu früh zu Ende gegangen. Obwohl sie das schöne Haus jetzt als schmerzliches Vakuum, aber vor allem als einen schönen Ort der Erinnerung empfand, hat Renate von Metzler sich dennoch nicht in der Tristesse eingerichtet, sondern im selbstzweifelnden Goetheschen Sinne Zuflucht in den Trost gesucht. Mit eiserner Disziplin hat sich die willensstarke junge Witwe in diverse ehrenamtliche Engagements gestürzt – bis in die Haarspitzen motiviert, Gutes zu tun. Weil so viele Institutionen sie umwarben, konnte sie sich unter den ihren Neigungen gemäßen Aufgaben für die entscheiden, in denen sie am meisten bewirken konnte. Soviel Stetigkeit des sozialen und kulturellen Engagements bringt Biographen in Verlegenheit.

Renate von Metzler verdankt wohl auch ihrer protestantischen Herkunft ihr ausgeprägtes Gespür, ihre Wesenskräfte dort zu entfalten, wo ihre individuelle Suche nach Lebenssinn mit ihrem sozialen Gewissen korrespondiert. An multipler Sklerose erkrankte Menschen sind besonders dankbar für ihr nicht bloß verbales Engagement, für ihre auch zupackende Hinwendung. Immerhin hat sie zur Milderung dieses perniziösen Leidens schon Millionenbeträge gesammelt. Auch das Hospiz St. Katharina hat von Renates Pfennigbasar gern profitiert; allein das letzte Mal floß aus dem Verkauf von 40 000 gebrauchten Kleidern, Accessoires oder Haushaltsutensilien viel Geld in die Kummerkasse.

Die Bankierswitwe im Glück, ihr Leben im Wohlstand zu fristen, ist sich nicht zu fein, im Institut für Sozialarbeit beim Altenclub Hand anzulegen. Bei der Suche nach Unterstützung sei sie sich bewußt, „daß mir auch die gute Tradition unseres Frankfurter Namens geholfen hat" – ihren Anteil am Erfolg versucht sie mit diskretem Charme herunterzuspielen. Renate von Metzler möchte, daß möglichst viele ihre Fackel der

Leidenschaft weitertragen. Ihr gutes Beispiel dürfte auch andere Menschen für die Vernunft des Herzens empfänglich machen, damit sie die Tugenden der Solidarität, des Mitgefühls und des christlichen Anstands nicht versäumen. Das Gebot der Fairneß ist ihr fest eingewohnt.

In ihrer launig-sympathischen, selbstironisch hintergründigen Dankrede im Casino des Westend-Campus entläßt sie ihre Freunde mit einer formidablen Maxime Goethes ans Buffet: „Wenigstens in der Freundschaft wollen wir uns nicht übertreffen lassen". Ja, wer so viele gute Freunde hat, braucht keinen Therapeuten. Thomas Bernhard nannte seine guten Freunde einst „meine Lebensmenschen".

Die Verbindung zu ihren „Lebensmenschen" pflegt Renate von Metzler durch regelmäßige Einladungen in das nostalgisch-anheimelnde Flair des verwunschenen Familienschlösschens der Metzlers in Alt-Bonames, wo die berühmten Dichter in den Bücherregalen durch eifriges Lesen lebendig gehalten werden. Renate von Metzler liest auch deshalb viel, um sich der eigenen Wurzeln zu vergewissern. Schon Goethe oder Ernst Moritz Arndt hat es ehedem zur Ehre gereicht, bei den Metzlers zu verkehren.

Am Buchmesse-Mittwoch müssen sich Renates Gäste zwischen ihrem exklusiv besetzten Essen in Bonames und dem ebenfalls begehrten Empfang in Aufbau-Verleger Bernd Lunkewitz' Petit Palais an der Mörfelder Landstraße entscheiden. Als Stammgäste pflegen Renate von Metzler regelmäßig die Schriftsteller Martin Mosebach, Eva Demski, Marcel Reich-Ranicki, Peter Härtling, Katharina Hacker, Thomas Hettche, Patrick Roth und Louis Begley mit ihrem Besuch zu beehren. Mit leuchtenden Augen ihre Gäste fest im Wechselblick, pflegt sie mit ihnen die kontemplative Annäherung als angemessene Rezeptionshaltung.

Mit Eva Demski war ich mir bei einem dieser intellektuellen Rendezvous einig, unser gemeinsamer Freund Peter Härtling, dessen bloße Anwesenheit uns dazu inspiriert hatte, müsse endlich Ehrenbürger seiner Wahlheimat Mörfelden werden. Ich habe den Antrag gestellt, Eva hat die Laudatio gehalten. Viele ähnlich gute Ideen haben andere Gäste hier geboren. Die hier herrschende Gesprächsatmosphäre hat als eine Art sublimierter Think-tank schon manch nachhaltige Initiative angestiftet.

Auch der umtriebige Unipräsident Rudolf Steinberg und der Vorsitzende des Freundeskreises unserer Alma mater, Hilmar Kopper, sind Renate von Metzler für vielerlei Aktivitäten dankbar: So hat es die kunstbesessene Renate von Metzler geschafft, vier Werke des großen Architekten und nicht minder genialen Malers Hans Poelzig an die Innenwände des Poelzig-Baus zu zaubern. Mit zwei Ölgemälden aus eigenem Besitz als Dauerleihgaben hat sie das Poelzig-Ensemble komplettiert. Auch dem fast vergessenen Maler Georg Heck aus Frankfurt-Nied, einen der großen Beckmann-Schüler, hat sie wieder zu verdienten Ehren verholfen: Das notwendige Kleingeld für die Freilegung eines banausisch übertünchten allegorischen Wandbildes von Heck im Poelzig-Bau aus dem Jahre 1933 wußte sie zur Tilgung des Frevels herbeizuschaffen. Mit Bildern der klassischen Moderne auf den Tapeten ihrer Kronberger Salons will Renate ihr Leben nicht überhöhen, sie möchte sich in deren ästhetischer Tradition geborgen fühlen. Mit ihrer Fundraising-Aktivität für die Frankfurter Alma mater hofft sie jene Gräben wieder zuzuschütten, „die in den vergangenen Jahrzehnten zwischen der Goethe-Stadt und der Goethe-Universität entstanden waren".

Im nonchalanten Umgang mit dem Alter hat sie in der erwähnten Dankesrede wohltuend unprätentiös und ohne jede Koketterie mit ihrem Talent zum Understatement ihr großes Familienfest gelingen lassen. Die prominente Fünfhundertschaft fand sich in ihren familiären Kosmos eingemeindet: „Irgendwann möchte ich abgeben, loslassen, zur Ruhe kommen. Bildlich gesprochen, möchte ich in der Sonne sitzen und dumm in die Luft gucken, ohne ein schlechtes Gewissen dabei zu haben." Ja, sie würde gern auf den Spuren von Bernhard Grzimek in der Serengeti auch mal wilde Tiere umarmen.

Ihren intimeren Freundeskreis lädt sie in schöner Regelmäßigkeit in ihre großzügig dimensionierte Villa nach Kronberg ein. Mit dem Römischen Reich hat einst dessen zivilisatorischer Feldzug just hier am Limes geendet. Mit Panoramablick auf einen tief talwärts sich neigenden riesigen Rasengrund, dessen lange grüne Strecke zu einem bizarren Horizont aufsteigt, den ein Waldriegel markiert, sieht sie ihren Rauhhaardackel seine Jagdgründe abstecken (ein Rassehund übrigens aus demselben Wurf wie mein Dackel „Bastel", auch das verbindet).

Die Gespräche kreisen auf unendlichen Themenfeldern in anheimelnder Atmosphäre im eindrucksvollen Ambiente aus Gemälden, Bücherregalen – und Renates Präsenz. Ja, das ist es, die Salons atmen das Air der aparten, schlanken Hausherrin, die, von Tisch zu Tisch wandernd, ihren Gästen das Gefühl vermittelt, dankbar für jeden einzelnen Besuch zu sein.

Wenn Renate von Metzler mit ihrem Dackel allein ist, ordnet sie hier zwischen antikem Mobiliar oder sommers auf der Terrasse hoch über der immergrünen Talsohle ihre Gedanken, die einmal konkrete Pläne werden sollen. Schließlich ist sie im Vorstand der Zoologischen Gesellschaft, des Bürgerinstituts Frankfurt und der Freunde und Förderer der Goethe-Universität. Seit 1999 ist sie Vorsitzende des Landesverbandes Hessen der Deutschen Multiple Sklerose Gesellschaft. Allein in Hessen leben viele Tausend von der heimtückischen Krankheit heimgesuchte Menschen mitten unter uns. Dafür, wie emphatisch sie sich für soziale und kulturelle Organisationen ins Geschirr wirft, hat sie

Bundespräsident Köhler mit dem Verdienstkreuz höchstamtlich gewürdigt.

Die gelernte Buchhändlerin mit Faible für die zeitgenössische Literatur hat immer wieder junge Schriftsteller eingeladen, vor einem handverlesenen Kreis aus ihren neuesten Büchern zu lesen. Diese Begegnungen haben auch bei mir bleibende Eindrücke hinterlassen, auch weil Renate von Metzlers originelle Einführungen jeweils für die affektive Stimmung sorgten. Mit dem Flair betörender Smartheit macht sie auch bei solchen Gelegenheiten, bei denen sie ihre Nervosität nicht zu verbergen sucht, kein Aufhebens von sich. Sie ist eben ein unverwechselbares Original, bescheiden autonom, klug und witzig, und vor allem ist sie authentisch, eine selten gewordene Spezies unter den Damen der Gesellschaft.

In der Frühlingszeit, wenn die Kirschblüte ihren Park verzaubert und tausend Gänseblümchen den Rasen bevölkern, logieren in ihrer geräumigen Villa junge Musiker aus Europas Musikakademien, die sich am Ende ihres Workshops für die Gastfreundschaft mit einem Konzert bei Renate von Metzler bedanken.

Dem mangels Vorbildern aus der Zeit gefallenen Begriff „vornehm" hat Renate von Metzler durch ihre klassische Erscheinung und ihre hohe Gesinnung die ursprüngliche Bedeutung zurückerstattet. Sie hat Geschmack, Takt, Manieren und ist unaufdringlich bescheiden. Und sie besitzt die Fähigkeit zu unterscheiden, nicht nur zwischen Schein und Sein bei Menschen. Ihr eignet, was Walter Benjamin „Komfort des Herzens" genannt hätte.

Fragebogen

1. Ihre nachhaltigste (oder liebste) Kindheits- oder Jugenderinnerung?
Mit vierzehn der Wunsch, möglichst schnell erwachsen zu werden (und Nylonstrümpfe und Schuhe mit hohen Absätzen zu tragen!).

2. Wer oder was hat die Anfänge Ihres beruflichen Lebensweges entscheidend mitgeprägt?
Die Buchhändlerin Melusine Huss.

3. Welches bedeutende Frankfurter Ereignis (welche Begegnung) hat sich besonders tief in Ihre Erinnerung eingegraben?
Die Entstehung des Museumsufers und der Erwerb des Poelzig-Ensembles für die Johann Wolfgang Goethe-Universität.

4. Welcher Autor, Maler, Komponist, Politiker usw. hatte gehörigen Einfluß auf Ihre Arbeit?
Als ich vor 25 Jahren die Deutsche Multiple Sklerose Gesellschaft in Hessen mitbegründete, die „schützenden Hände" von Margarete und Walter Wallmann.

5. Mit welchen wichtigen Menschen sind Sie befreundet?
–

6. Welcher Typ Mensch ist Ihnen zuwider?
Kleinliche und prätentiöse Menschen.

7. Welches Faktum war rückschauend ein besonders wichtiger Meilenstein/Wendepunkt in Ihrer „Karriere"?
Als ich meinen Mann, Christoph von Metzler, heiratete und Teil einer alten Frankfurter Familie wurde.

8. Was ist von Ihren Wünschen unerfüllt geblieben oder mißlungen und warum?
Ich hätte gern Literatur studiert, aber ich war zu „abgelenkt“.

9. Was finden Sie an Frankfurt liebenswert?
Ei, das „Frankforterische“ ist für mich eine so liebenswerte Sprache wie keine andere.

10. Was verdiente Ihren Tadel an Frankfurter Verhältnissen/Strukturen, an der Kommunalpolitik usw.?
Ich hätte gern eine bessere Zusammenarbeit im kulturellen Bereich im ganzen, großen Rhein-Main-Gebiet.

11. Welche hier vergessene Frage hätten Sie gern (und wie?) beantwortet?
Die Frage nach den Büchern, die mich zu gewissen Zeiten meines Lebens am meisten beeinflußt haben, hätte ich so beantwortet:
Kindheit: Hans Christian Andersen, *Die kleine Meerjungfrau* und andere Märchen
Jugend: Max Frisch, *Stiller*
Alter: Hugo von Hofmannsthal, *Buch der Freunde*

12. Haben Sie ein Lebensmotto, eine Arbeitsdevise?
Gleich zwei:
Leben ist: „jetzt“ (Kurt Tucholsky)
Es gibt nichts Gutes, außer man tut es (Erich Kästner)

Margarete Mitscherlich

Es war eine Ehre der speziellen Art, auf Wunsch von Margarete Mitscherlich für die Stadt die Trauerrede auf ihren Mann zu halten, dessen hohe intellektuelle Reputation den Namen Frankfurts weit in die zivilisierte Welt getragen hatte. Weil er Wert darauf legte, mit mir verfeindet zu sein, erschien mir diese delikate Aufgabe kaum lösbar. Beim Verfertigen der Rede wurde mir bald klar, daß angesichts der internationalen Bedeutung Alexander Mitscherlichs auch zwischen den Zeilen für Ressentiments kein Raum bleiben dürfe, schon um sein Diktum von der „Unfähigkeit zu trauern“ nicht zu bestätigen.

Auszug aus der Rede vom 30. Juni 1982 in der Trauerhalle des Frankfurter Hauptfriedhofs: „Alexander Mitscherlich hat in ganz entscheidender Weise das Agens dafür geliefert, daß in unserem Lande so etwas wie ‚politische Kultur‘ entstehen konnte – reflektiertes, entwicklungsfähiges, seiner selbst bewußtes kritisches Denken: über die Praktiken des Umgangs der Menschen miteinander und mit dem politischen Kontrahenten, über die Bedeutung von Toleranz und schließlich über die Identifikation mit der eigenen Geschichte. Die kritische Reflexion der Nürnberger Prozesse, die moralisch-kritische Abrechnung mit einer faschistischen ‚Medizin ohne Menschlichkeit‘, die Beschreibung der Entwicklung zur vaterlosen Gesellschaft und die gemeinsam mit Margarete Mitscherlich formulierten Gedanken über die ‚Unfähigkeit zu trauern‘ sind weit über das hinaus, was einigen zum Schlagwort geriet, Bestandteil unserer noch immer anämischen politischen Kultur geworden.

Um die Präsenz von Alexander Mitscherlich ist in vielen öffentlichen Diskussionen auch in Frankfurt immer ein moralisches Leuchtfeuer gewesen, auch für Anhänger aus der Studentenbewegung.

Frau Margarete Mitscherlich möchten wir bekunden, wie sehr wir mit ihr trauern um den Verlust ihres Lebensgefährten, der in der Gemeinsamkeit mit ihrem Werk ein Teil dessen war, was Frankfurt als intellektuelle Metropole so anziehend macht.“

Nach dem Urnengang über Frankfurts Hauptfriedhof hat sich mir ein ganz anderer, hausgemachter Konflikt aufgetan. Margarete Mitscherlich und der Leiter des Sigmund-Freud-Instituts, ihr ewiger Rivale Clemens de Boor, hatten uns Hinterbliebene mit je eigenen Trauerkärtchen zum getrennten Leichenschmaus gebeten. Das schien beim Geschwisterzwist im Hause Freud manchem schon als eine pikante Posse aus dem Repertoire freudianischer Mythologie, die beide Prominente sofort unter psychoanalytischen Verdacht stellte. Als Stadtrat folgte ich „protokollarisch korrekt" zunächst der Einladung des Instituts, als Sympathisant von Margarete Mitscherlich suchte ich wie viele ihrer Freunde anschließend ihre sympathische Nähe im Hause ihrer Tochter Meret in der Eppsteinstraße.

Geboren wurde sie 1917 als Tochter des dänischen Arztes Nis Peter Nielsen und einer deutschen Lehrerin im dänischen Graasten. Schon ihr Abitur machte sie in Deutschland am Flensburger Oberlyzeum. Danach zog es sie nach München zum Studium der Literatur. Anschließend studierte sie Medizin, und in Heidelberg bestand sie 1944 ihr medizinisches Staatsexamen. Schon bald nach dem Kriege begegnete ihr in Zürich Alexander Mitscherlich. Dies war zugleich ihr erster Kontakt mit der Psychoanalyse, deren Vertreter von den Nazis fast alle vertrieben worden waren, vornehmlich nach London, wohin sich viele jüdische Emigranten geflüchtet hatten. In London erhielt Margarete Mitscherlich einen Teil ihrer psychoanalytischen Ausbildung. Sie wurde sehr bald zu einer der stärksten Fürsprecherinnen für eine Rückkehr der freudianischen Psychoanalyse nach Deutschland. Neben London wurden Stuttgart und Heidelberg wichtige Stationen der Spezialisierung in ihrer künftigen Domäne.

Margarete Mitscherlichs Hauptinteresse galt zunächst der Aufarbeitung der nationalsozialistischen Schreckenszeit und ihrem Männlichkeitswahn. Gemeinsam mit ihrem späteren Mann Alexander Mitscherlich, der auf Empfehlung der deutschen Ärzteschaft den Nürnberger Ärzteprozeß fachmännisch begleitet hatte, schrieb sie kurz vor der Studentenrevolte das berühmt gewordene Buch über kollektives Verhalten am Beispiel der unzulänglichen Aufarbeitung des Nationalsozialismus und dessen, was Freud mit dem Begriff „Verdrängung" zum Haupt-

wort der Psychoanalyse erklärte: In *Die Unfähigkeit zu trauern* (1967) fragen die Mitscherlichs, ob nicht der Mensch einen der „folgenschwersten Fehlwege der Evolution" darstelle, da doch durch ihn das Prinzip des Lebendigen offensichtlich seiner Liquidierung entgegenstrebe.

Mit diesem wichtigen Buch zur richtigen Zeit hatten Margarete und Alexander Mitscherlich Argumentationsmuster vorgestellt, in denen sich die Lektüren von Adorno, Horkheimer und hauptsächlich Freud zu einer brisanten Mischung kreuzten – intellektuelle Grundlagen für die 68er-Bewegung in der Absicht, aufzuklären statt anzuklagen. In der psychosozialen Immobilität der Deutschen gegenüber den Verbrechen der Hitlerdiktatur erkennen die beiden Autoren das Symptom einer seelischen Störung der Mitläufergeneration: „Wo Schuld entstanden ist, erwarten wir Reue und das Bedürfnis nach Wiedergutmachung. Wo Verlust erlitten wurde, ist Trauer, wo das Ideal verletzt wurde, ist Scham die natürliche Konsequenz."

Die Mitscherlichs haben mit ihrer politisch gefärbten Psychoanalyse die restaurativ gestimmte Adenauer-Republik damals gehörig aufgeschreckt und mit der Lektüre von *Die Unfähigkeit zu trauern* das Denken bereichert. Die Linken riefen Hosianna, andere: kreuziget sie! Ihre Thesen waren ebenso originell, wie sie als heterodox galten – wie einst jene von Benjamin oder Adorno. Im Erscheinungsjahr ihres aufsehenerregenden literarisch formulierten Sprengsatzes über die Grundlagen kollektiven Verhaltens, ein Jahr vor der Studentenrevolte, übersiedeln Margarete und Alexander Mitscherlich nach Frankfurt ins Westend, wo Margarete schon an dem 1960 gegründeten Sigmund-Freud-Institut in der Ausbildung psychoanalytischen Nachwuchses prägend tätig war. Im psychotherapeutischen Trakt des Instituts hat sie für „die geschundenen Seelen" noch heute einen Therapieraum mit der berühmten Couch.

Kennzeichnend für ihren unorthodoxen Stil war die bestens fundierte Arbeit am Einzelfall im Kontext einer außerordentlich weit gespannten intellektuellen und vor allem auch gesellschaftspolitischen Neugier. An dieser Tradition hält sie aus guten Gründen fest. Margarete Mitscherlichs großes Verdienst liegt in der Öffnung der Psychoanalyse in konkrete gesellschaftliche Bezüge hinein, was in den großen gemeinsamen Buchprojekten mit ihrem Mann fruchtbar werden sollte: *Die Unfähigkeit zu trauern* (1967), *Die Idee des Friedens und die menschliche Aggressivität* (1969) und *Eine deutsche Art zu leben* (1970). Auch dafür hat sie zu Recht viele Ehrungen erhalten, wie die Wilhelm-Leuschner-Medaille, das große Bundesverdienstkreuz oder erst kürzlich den Wiener Erwin-Chargaff-Preis (2005) und den Tony-Sender-Preis (2005). Chargaff ist berühmt geworden durch sein Buch *Das Feuer des Heraklit* (1979).

Nach dem Tode von Alexander Mitscherlich war sie bis 1997 Herausgeberin der noch heute hochangesehenen Zeitschrift *PSYCHE*, dem intellektuellen „Zentralorgan" der deutschsprachigen Psychoanalyse. Die beiden Mitscherlichs widmeten sich darin besonders den verschiedenen Anwendungsmöglichkeiten von psychoanalytischen Methoden und Erkenntnissen auf die Phänomene des Sozialen. Sie untersuchten vor allem jene Erscheinungsformen der Vermassung, die auf eine Ich-Schwächung hinauslaufen und die sie angesichts der Fähigkeit, aus dem Unbewußten aufsteigende Triebregungen abzufangen, sozial fruchtbar umzuformen hofften. Margarete Mitscherlich interessierte dabei vor allem die Bedeutung der gesellschaftlichen Faktoren, die geeignet sind, aufgrund leiblich-seelischer Befindlichkeiten zu menschlichen Fehlentwicklungen zu führen.

Als dessen dritte Frau heiratet Margarete Nielsen 1955 Alexander Mitscherlich. Er ist der Vater ihres 1949 geborenen Sohnes Matthias, der verheiratet ist und ihr vier Enkelkinder geschenkt hat: Katharina, Johanna, Alexander und Maxl. Thomas, den Sohn aus Alexander Mitscherlichs zweiter Ehe, riß schon mit 55 Jahren ein Herzinfarkt aus dem Leben. Der sensible Dokumentarfilmregisseur hatte unter dem beziehungsreichen Titel *Vater und Sohn* 1985 im ZDF seine persönliche Vater-Sohn-Beziehung thematisiert, indem er das schleichende Siechtum des Vaters zum Anlaß nimmt, ihm mit seiner Kamera buchstäblich auf den Leib zu rücken – ein *document humain* des Sterbens, wobei er sich des analytischen Vokabulars der elterlichen Profession versicherte. „In meiner Phantasie hätte ich den Vater erschießen können." Der übermächtig große Alexander muß ihm wie eine vom Impetus des Antiautoritären überlagerte „historische" Folie erschienen sein.

Ende der sechziger Jahre emanzipiert sich Margarete Mitscherlich vom Einfluß ihres Mannes und geht literarisch eigene Wege. Die Ehe der Mitscherlichs wurde schließlich nicht im Himmel geschlossen, sie war das Resultat einer kompliziert-gelingenden Annäherung, die gleich zu Beginn mit drei gemeinsamen Buchprojekten fruchtbar geworden war.

In ihrem ersten allein verfaßten Buch *Müssen wir hassen?* (1972) rekurriert Margarete Mitscherlich auf ihre eigenen Forschungen. Aufmerksamkeit erregt auch ihr freudianisch inspiriertes Buch über das Rollenverhalten der Frau in der Politik *Die friedfertige Frau* (1985), in dem sie ihrem jetzt bewußt artikulierten Feminismus ein Forum gibt, den sie schon in der ersten Nummer der *Emma* trotzig angekündigt hatte: „Ja, ich bin Feministin!" Auch in *Die Zukunft ist weiblich* (1987) untersucht sie das Rollenverständnis der Frau in den Feldern der gesellschaftlichen Öffentlichkeit.

Als konsequente Fortsetzung dieser Emanzipationsliteratur darf man ihr Buch *Über die Mühsal der Emanzipation* (1990) verstehen, das sie selbst für das bessere Buch hält. Eine andere lesenswerte Lektüre, die wohl nur wenige kennen, ist ein unorthodoxer Essay über den intellektuellen Spötter Karl Kraus, der übrigens die Psychoanalyse einmal schnöde verhöhnte, sie selbst sei eigentlich die Krankheit, für deren Therapie sie sich fälschlicherweise halte.

Margarete Mitscherlich ist mit der Nummer eins der Frauenemanzipation, Alice Schwarzer, befreundet, eine auf gegenseitigen geistigen Gewinn gebaute Beziehung. Margarete Mitscherlich hat nicht nur durch ihre zahlreichen Publikationen großen Einfluß auf die emanzipatorische Entwicklung des öffentlichen Lebens ausgeübt, sondern auch mit ihren Vorträgen nicht nur in Universitäten. In Talkrunden ist sie mit ihrer hinreißend-charmanten Klugheit noch im hohen Alter präsent, ein vielleicht fragwürdiger Ehrgeiz, den ihr zum 85. Geburtstag die *Süddeutsche Zeitung* zum Vorwurf machte, die ihr nachträglich riet, „das massenmediale Spektakel der Selbstdarstellung und Selbstvermarktung zu meiden“ und „Statements zu den allfälligen Seelenstörungen der Deutschen“ zu unterlassen. Auch ich habe Margarete Mitscherlich in verschiedenen Talkshows am Bildschirm erlebt und die unterschiedlich qualifizierten Reaktionen der „Ikone der Frauenbewegung“ (Maischberger) bemerkt. Sooft ihr gescheite Fragen gestellt wurden, waren ihre Repliken von erstaunlicher geistiger Vitalität und hochprofessionell, jedenfalls um Klassen besser, als die ihrer ewig verdrießlich eifernden Feminismuskohortin Alice, die Margarete besonders dafür lobte, daß sie sich nicht scheute, Freuds „Phallozentrismus“ zu kritisieren – ein den „kleinen Unterschied“ verbrämendes, gebildeteres Wort. Den Vorwurf, sie sei nie wirklich aus dem „langen Schatten des phallischen Signifikanten“ herausgewachsen, ist durch ihr reiches Œuvre aus eigener Feder überzeugend widerlegt, ein Werk, das sich eben nicht über ihren Mann definiert. Es ist diese Verknüpfung von Biographie und Werk, die eine Auseinandersetzung mit dieser großen Frau so interessant macht.

Für Horst-Eberhard Richter, den späteren Leiter des Sigmund-Freud-Instituts, ist Margarete Mitscherlich „die Psychoanalytikerin schlechthin, die jene Brücke gefunden hat, die von der Therapie zur Gesellschaftskritik führt“. Sie gibt der gelebten Erfahrung Vorrang vor der akademischen Empirie. Gemeinsam mit der Frankfurter Publizistin Helga Dierichs, ebenfalls eine starke Frau, hat sie analytische Gesellschaftskritik am Beispiel der *Männer* (1980) formuliert, ein Buch, das Alice Schwarzer auf ihrem Emanzipationskreuzzug die psychoanalytische Legitimation lieferte. *Die Zukunft ist weiblich* (1987) hieß denn auch Mitscherlichs nächste Publikation. In ihren letzten Büchern bemühte sie sich vornehmlich, die psychologischen Ursachen für sozialkulturelle Einstellungen und Vorurteile gegenüber Frauen zu analysieren sowie spezifische Erziehungsideale für die Entwicklung der Frau zu empfehlen.

Während ich mich mit Margarete Mitscherlich von Beginn unserer Beziehung an immer gut verstanden habe, wurde mein Verhältnis zu Alexander Mitscherlich durch einen läppischen Vorgang stark beschädigt. Der Autor von *Die Unwirtlichkeit der Städte* (1965), sollte 1972 unsere ersten Römerberggespräche mit einem Festvortrag über die Frage eröffnen, ob unsere Städte im Kapitalismus noch bewohnbar gemacht werden können. Zu unserer Freude hatte er bereits zugesagt. Da wir kurzfristig den Saal wechseln mußten, habe ich allen Referenten kurzerhand per Fax den Ortswechsel angezeigt. Niemand unter den 15 Referenten hat sich über die Papierform der Nachricht beschwert, außer Alexander Mitscherlich, und dies in heiligem Zorn: In einem geharnischten Dreiseitenbrief ließ er mich wissen, daß es bis dahin niemand gewagt habe, über „ein hektographiertes Medium" mit ihm zu kommunizieren. Diese mit pathologischen Formulierungen gepfefferte Philippika war von jener Art, von der unser Volksmund sagt, man könne sie sich nicht hinter den Spiegel stecken. Der Dünnhäutige hatte sich als ziemlich dickfellig erwiesen. Fazit: Absage, trotz meiner fein ziselierten handgeschriebenen Entschuldigungsepistel. Sein freudianisches Über-Ich ließ ihm keine andere Wahl als die Negation.

Seitdem ging der Star der deutschen Psychoanalyse grußlos an mir vorüber – nicht nur in Frankfurt, sondern auch am gemeinsamen Urlaubsort bei Viggione am Lago Maggiore, wo Margarete Mitscherlich noch heute Urlaub macht. Meine Frau und ich trafen im einzigen Kolonialwarenladen des kleinen Tessiner Sonnenfleckens täglich auf die Mitscherlichs, und dies, obwohl wir die Einkaufszeiten wechselten, um nicht ständig vortäuschen zu müssen, man kenne einander nicht. Diese Strategie nützte leider deshalb wenig, weil die Mitscherlichs offensichtlich ähnliche logistische Überlegungen walten ließen. Bei einer dieser zeitlichen Koinzidenzen nahm die resolute Margarete sich schließlich ein Herz und lud uns in versöhnender Absicht spontan zum Nachtmahl in ihr steinernes Haus, das per Pkw nur über eine steile private Stichstraße zu erreichen war.

Die Kochkünste von Margarete Mitscherlich erwiesen sich als *comme il faut*, die Atmosphäre als heiter-entspannt. Kein unnötiges Wort wurde über die hektographische Kommunikationsmalaise verloren. Alexander Mitscherlich erzählte von seinem nächsten Werk und amüsierte meine Frau und mich mit Histörchen seines lebensgefährlichen Hobbys, mit Hilfe einer Zwille das Grundstück schlangenfrei zu halten. Margarete sei Dank: Die Welt war wieder in Ordnung – aber leider nur für kurze Zeit. Als der Friedenspreisträger sich andiente, mich beim Wendemanöver auf allerkleinstem Raum millimetergenau zu lotsen, da sollte ein neues Malheur mein Malus-Konto belasten: Ich war beim Wechsel in den Rückwärtsgang dem Gastgeber mir nichts, dir nichts über den linken Fuß gerollt. Oh Schreck in der finsteren Abendstunde! Obwohl eine dem Druck des Gefährts nachgebende dicke Kieselschicht physische Verletzungen verhinderte, hatte meine Fahrlässigkeit doch tiefe seelische Wunden geschlagen. Alexander Mitscherlich war insofern auch ein anatomisches Wunder, als er aus lauter Achillesfersen bestand, die ihn überall verwundbar sein ließen. Einziger Trost: Mein gutes Verhältnis zu Margarete Mitscherlich blieb unbeschädigt – bis heute.

Margarete Mitscherlich ist schon zu Lebzeiten Legende geworden. Viel zu spät, erst 1990, erhielt sie die Ehrenplakette der Stadt Frankfurt, die ihrem Wirken viel zu verdanken hat. Oberbürgermeister Volker Hauff würdigte ihre intellektuelle Courage. Margarete Mitscherlich zählt ja schon von ihrem Temperament her zu den prinzipiell widerspruchfreudigen Geistern, die engagiert herkömmliche Denkmuster in Frage stellen. Ihr faltenschönes markantes Gesicht wirkt durch die Würde des Alters noch vergeistigter. Das Alter, das sonst keine Schonung kennt, ist achtungsvoll an der großen alten Dame vorbeigeschritten. Ihre Exzellenz sprüht aus allen ihren Werken, sie selber ist zur Botschaft geworden. So wie Karl Marx' Schriften die halbe Welt verändert haben, haben die Mitscherlichs die Psychoanalyse in der ganzen zivilisierten Welt unentbehrlich gemacht.

Zum 150. Geburtstag von Sigmund Freud hat Margarete Mitscherlich in erstaunlicher Frische neunundachtzigjährig den Eröffnungsvortrag in der Reihe „Freud in der Gegenwart" gehalten. Im Gedenken an Alexander Mitscherlich rekapitulierte sie ihr gemeinsames Buch *Die Unfähigkeit zu trauern.* Nach dem Kriege seien die Menschen zunächst in eine Art Gefühlsstarre verfallen und hätten sich bequem einfach mit den Siegern identifiziert. An das Grauen habe sich niemand erinnern wollen. Für diese Haltung seien Angst, Scham und Härte zu groß gewesen. „Erst seit den sechziger Jahren erinnern sich die Deutschen, erst seit den achtziger Jahren setzen sie sich tatsächlich mit dem Schrekken auseinander". Fazit: „Die Verdrängung ist noch nicht ganz abgeschlossen." Ein Grund mehr, die Selbsterkenntnis der Menschen zu befördern. „Letztlich waren es Freud und seine Psychoanalyse, die mir den Weg der Selbst- wie Fremderkenntnis möglich machten und mich vor der Entwicklung eines falschen Bewußtseins bewahrten", sagt Margarete Mitscherlich. Schließlich bleibt die Einfühlungs- und Liebesfähigkeit davon abhängig, „ob wir lernen, den anderen als anderen wahrzunehmen und dem Eigenen entsprechend zu achten, oder ob wir gerade durch das Andere des anderen neuen Sinn erkennen können."

Fragebogen

1. Ihre nachhaltigste (oder liebste) Kindheits- oder Jugenderinnerung?

–

2. Wer oder was hat die Anfänge Ihres beruflichen Lebensweges entscheidend mitgeprägt?

Sigmund Freuds Psychoanalyse.

3. Welches bedeutende Frankfurter Ereignis (welche Begegnung) hat sich besonders tief in Ihre Erinnerung eingegraben?

Vorlesungen zu Sigmund Freuds 100. Geburtstag (1956).

4. Welcher Autor, Maler, Komponist, Politiker usw. hatte gehörigen Einfluß auf Ihre Arbeit?

Thomas Hardy, D.H. Lawrence, Heinrich von Kleist, Romain Rolland und viele andere.

5. Mit welchen wichtigen Menschen sind Sie befreundet?

Wichtig für wen?

6. Welcher Typ Mensch ist Ihnen zuwider?

Angeber.

7. Welches Faktum war rückschauend ein besonders wichtiger Meilenstein/Wendepunkt in Ihrer „Karriere"?

1947 Wechsel in die Schweiz.

8. Was ist von Ihren Wünschen unerfüllt geblieben oder mißlungen und warum?

–

9. Was finden Sie an Frankfurt liebenswert?
Den Palmengarten.

10. Was verdiente Ihren Tadel an Frankfurter Verhältnissen/Strukturen, an der Kommunalpolitik usw.?
Darüber weiß ich zu wenig.

11. Welche hier vergessene Frage hätten Sie gern (und wie?) beantwortet?
–

12. Haben Sie ein Lebensmotto, eine Arbeitsdevise?
Erkenne dich selbst, bevor du Schuldige suchst.

E. R. Nele

Eine Lokalgröße ist Nele nie gewesen. Ihre ersten Einzelausstellungen hatten schon Anfang der sechziger Jahre gleich in München, London und Amsterdam Furore gemacht. 1967 widmete ihr endlich auch der Frankfurter Kunstverein eine monographische Gesamtschau. Es folgten Ausstellungen in Madrid, Basel, Salzburg, Luxemburg, Wien, Kopenhagen, Genf und immer wieder in London, wo sie die berühmte „Goldsmithhall" zum Ehrenmitglied erkor. Die Museen und Galerien deutscher Großstädte sind Legion, die mit Neles Skulpturen ein großes Publikum beglückten.

In der Stadt, die ihr seit 1966 zur Heimat wurde, hat sie in unzähligen Einzel- und Kollektivausstellungen die Frankfurter stolz auf ihre Mitbürgerin werden lassen. Nele ist bei Premieren, auf Kulturpartys und noch so schrägen Events allgegenwärtig. Wie von Dürer gezeichnet, beeindruckt ihr offenes schönes Faltenantlitz unter einer ungebändigten Wuschelhaarkrone als Blickfang. Nele ist beliebt auch als charmant und geistreich plaudernde Gesprächspartnerin und herrlich unverblümt kritischer Geist. Sie ist eine Frau mit ansteckendem Frohsinn und weithin hörbarem Lachen. Die spritzige, witzige, hitzige Nele ist am Main längst eine kulturelle Institution.

Eve Renèe Nele wurde 1932 in Berlin als Tochter des Malers Arnold Bode geboren. Wie schon durch den Namenswechsel zu dem Markenzeichen NELE vermeidet sie auch sonst jeden Bezug auf ihren berühmten Vater. Als Gründer und Erfinder der documenta hat er in den 60er Jahren mit den großen Phantasmagorien der Künstler Kulturgeschichte geschrieben. Als sie eingeschult wurde, entwendete man ihr den Vornamen Renèe (französisch) und den Rufnamen Nele (flämisch). Till Ulenspiegel hatte Nele einst seine Freundin genannt, der wie unsere Nele den Widerspruch von Sein und Schein aufzudecken zur Maxime erhoben hatte. Die in Kassel ihre Adoleszenz erlebte, wollte frei vom väterlichen Ruhm allein kraft ihrer eigenen Exzellenz ganz sie selber werden. Ohne Vorbild sie selber sein, das sollte ihr mit stetiger Bravour auch ein Leben lang gelingen.

Nele hat zwischen 1951 und 1955 bei Richard Hamilton und Nigel Henderson an der Central School of Arts und Crafts (heute Central St. Martins) in London studiert. In einer Galerie an der Themse lernte sie Henry Moore kennen, der aus Begeisterung über ihre Originalität eine Nele-Skulptur erwarb, die heute im Museum in Leeds steht. Anschließend studierte sie an der Hochschule für Bildende Kunst in Berlin bei Prof. Hans Uhlmann sowie am Studio Lacourière in Paris, wo sie mit Mirò und Musil zusammentraf. Mit Wilfredo Lam, dem großen kubanischen Maler, hat sie an der Seine engere Freundschaft geschlossen.

Nele ist eine kulturgesellschaftliche Größe inmitten der Bankenstadt. Auf den privaten Partys in ihrer reichlich kunstbestückten Atelierwohnung am Mittleren Schafshofweg geht es unter lauter Freunden so ungezwungen zu, wie deren legere Kleidung es nahelegt. Man fühlt sich bei ihr so pudelwohl wie auf einem orientalischen Basar, der hier viele selbstbereitete Speisen zur Selbstbedienung feilhält. Meine Frau steuerte gern einen selbstgebackenen Apfelkuchen bei wie andere Gäste Spirituosen. Wir hatten uns am gemeinsamen Urlaubsort auf Elba angefreundet, wo Nele jeden Sommer in ihrem originellen Domizil ihre Energien auftankt.

Auf ihren Vernissagen trifft man fast nur Kunstverständige, sie überprüfen an Neles neuen Werken ihre Wahrnehmungsqualität. In Neles Aura glänzt ein jeder irgendwie mit, die unsympathischen Snobs der feineren Gesellschaft würden hier nur stören. Unter den vielen, die Nele näher kennen, wüßte ich niemanden, der sie nicht liebte. Und: Wer Nele wo auch immer begegnet, denkt ihre Kunst immer mit.

Bevor Nele endgültig an den Main übersiedelt, zieht sie mit Klaus Riehle, den sie 1961 geheiratet hat, von München nach Zürich; das dortige Schauspielhaus hatte ihn als Dramaturgen verpflichtet.

Klaus ist der Vater von Neles Söhnen Mathis und Jan. In der Schweiz hat Nele mit dem Bühnenbildner Theo Otto manch heiße Idee ausgebrütet, zum Beispiel, wie die zementierten Grenzlinien zwischen Künsten und Medien aufzulösen wären. Oft bis tief in die Nächte hinein hat sie auch mit Ingeborg Bachmann und Max Frisch oder mit dem Bildhauer Max Bill über Gott und die Welt der Künste philosophiert.

So tauchen in ihren Arbeiten viele literarisch inspirierte Themen auf, z.B. der Epitaph für Garcia Lorca (Staatliche Museen Kassel), eine

Hommage an Else Lasker-Schüler und Rosa Luxemburg und Franz Kafka (*Bericht für eine Akademie*), der Hölderlin-Turm, das Doppelporträt *Heinrich Heine* sowie die Allegorie Bücherverbrennung. Andere Werke thematisieren Bücher von Ernst Bloch, Erich Fried, Sappho oder Henry Miller. Jede individuelle Skulptur und jede ihrer metaphorischen Figurenensembles ist von Neles ästhetischem Impetus durchpulst. Indem es ihr gelingt, die Komplexität des menschlichen Seins mit ihrem spezifischen Ferrum-Material auszudrücken, formuliert sie die Conditio humana als moralischen Imperativ.

Angesichts ihres so komplexen Œuvres scheint es geraten, ihr Genie an den inzwischen kanonisierten themenorientierten Großplastiken zu vermessen. Zum Beispiel an Neles großer Edelstahl-Skulptur *Walking man* (2000). Sie schwebt auf einem sieben Meter hohen Stahlrohr über eine dreizehn Meter lange Stange, die alte B3 im Bad Vilbeler Ortsteil Dortelweil überquerend. Ihre Inspiration für den himmelsstürmenden Seiltanz erhielt sie anläßlich von Frankfurts 1200jährigen Stadtjubiläum, als der Pariser Artist Philippe Petit auf einem Drahtseil vom Turm der Paulskirche zur Spitze des Kaiserdoms scheinbar mühelos hinaufspazierte. Was man ihrer hochgespannten Installation nicht ansieht: Der stählerne Himmelsstürmer ist mit 1,8 Tonnen um vieles schwergewichtiger als der leichtfüßige Monsieur Petit. Sie bestückte das Ende der schweren Balance-Stange mit zwei Fischen (Mann/Fischer-Symbol). Nele gilt der waghalsige Balanceakt als Allegorie auf die künstlerische Freiheit.

Den Anstoß für ihr Thema des Ausgesetztseins des Künstlers, vergleichbar einem „Leben ohne Netz und doppelten Boden", hat sie wohl in der Dichtung Hölderlins gefunden. Jean Genet aber weissagt seinem *Seiltänzer* Bentaga: „Wenn du stürzt, verdienst du die konventionellste Trauerrede: Eine Lache aus Gold und Blut. Du darfst nichts anderes erwarten" (1957). Weil Nele ihre eigene Lebensbalance immer risikobewußt ohne Alimentation und Beziehungsklüngel gelingen lassen wollte, hielt sie auch beim *Walking man* das Auffangnetz für entbehrlich.

Lange bevor der amerikanische Architekt Peter Eisenman in Berlin das Format der Erinnerung ins Überdimensionale weitet, als er 2005 den ermordeten Juden mit seinen hoch aufragenden Gedenksteinen auf einem großdimensionierten symbolischen Gräberfeld ein imponierendes Denkmal setzt, thematisierte Nele die Verwerfungen des 20. Jahrhunderts und schuf ein beredtes stummes Zeugnis für den Holocaust: Während der documenta 7 hat sie 1982 mit sparsamen bildhauerischen Mitteln das eindrucksvolle Bildwerk *Die Rampe – Ankunft und Ende* den Opfern von Hitlers Rassenwahn gewidmet. Als Chiffre für alle wie Schlachtvieh eingepferchten Juden hat Nele einen ausgemusterten Viehwaggon der Deutschen Reichsbahn auf ein Abstellgleis des ehemaligen Rüstungsriesen Henschel-Werke gestellt. Mit diesem gespenstischen Prototyp für finale Reisen hatte die SS sechs Millionen Juden in die Konzentrationslager deportiert.

Vor der weit geöffneten Schiebetür des Waggons hat Nele eine der berüchtigten Rampen installiert. Hier torkeln körperlose Mantelfiguren, mit panisch abwehrenden Gesten den Himmel vergeblich um Rettung anflehend, in die Gaskammer. Andere körperlose Hüllen sind schon zu Boden gesunken. Ein beklemmendes Szenario von geradezu mythischer Wucht. Die gewählten Hohlformen der Figuren symbolisieren den Verlust des Menschen und den Bankrott der Menschlichkeit. Erst die Entstofflichung der bronzenen Skulpturen mittels

Abstraktion konkretisiert die Situation. Neles hinfällige Figuren bilden zugleich einen dezidierten Kontrapunkt zu Arno Brekers arischen Heldenkörpern mit ihrer unverweslichen epidermischen Glätte und hypertrophen Muskelpaketen. Die Hitlers idealischen Körperkult materialisierenden Monumentalplastiken aus Brekers Heroen-Manufaktur sollten die nicht-arische Welt das Fürchten lehren. Mit ihrem Requiem-Charakter gelingt Neles skulpturaler Gebärdensprache in ihrem Rampe-Zyklus die Darstellung des Nichtdarstellbaren: als Katharsis. Die Suggestion dieses bildnerischen Meisterwerkes findet ihre musikalische Entsprechung im Adagio lamentoso des abgründigen Finales von Tschaikowskys *Pathétique* (1883). Beider Werke Weltschmerz überdauert kraft zeitloser Suggestivität.

Nachdem Neonazis Neles Holocaust-Mahnmal vierzehn Tage nach der Einweihung zerstört hatten, ist der Besuch nach dem Wiederaufbau desto zahlreicher geworden. Als weithin sichtbares Menetekel steht es auf dem Universitätscampus, dem früheren Henschel-Gelände. Dort wurden damals Panzer für Hitlers erbarmungslosen „Kreuzzug“ geschmiedet.

Nele ist eine politisch denkende Künstlerin ohne Parteibuch. Ihre Themen entlehnt sie je nachdem dem Zeitgeist, oder sie aktualisiert das heute noch Triftige einer geläufigen literarischen Antike bis hin zu romantischen Dichtungen. Nehmen wir als Beispiel den Mythos des Dädalus: Als Bildhauer gewissermaßen Neles Ahnherr aus der griechischen Mythologie, ist er auch der Erfinder des ersten fliegenden Menschen. In Neles mehrteiliger Installation beobachtet Dädalus den *Tod des Ikarus* (1996), also wie sein Sohn vergeblich versucht, dem Schicksalsnetz der Götter zu entrinnen, das hier aus metallenen Fäden gewirkt wurde.

Ihrer skulpturalen Odyssee durch die griechische Mythologie verdanken wir auch die metaphorischen Deutungen der Atriden: Agamemnon, Menelaos und Odysseus läßt Nele ebenso wie Circe, Alkibiades und Empedokles als zeitgenössische plastische Gestalten im Kampf gegen politische Macht und menschliche Ohnmacht agieren. Sie will damit weniger die archaischen Weltbilder kopieren, als sie beschwören. Das menschliche Drama ist Neles Skulpturen inhärent. Sie hat damit ihr eigenes Universum geschaffen, was nur wenigen großen Bildhauerinnen gelingt. Darin ist es die menschliche Figur, die allemal die zentrale Rolle spricht.

Mit *Die Fliehenden* (1983) setzt Nele auf den Erfolg ihrer fleisch- und kopflosen Mantelmenschen, die kein Volumen brauchen und keine Accessoires; sie machen sich allein durch ihre Gebärdensprache verständlich. Die also entmaterialisierten „Klytämnestra" und „Elektra" verschwinden unter dem Mantel der eilig „Fliehenden" ins Nirgendwo.

Für die Ausstellung „Vernetzungen" im Museum für Kommunikation baute sie auf Anregung des Hirnforschers Wolf Singer (Frankfurter Max-Planck-Institut für Gehirnforschung) ein 250 cm großes Gehirn mit intensiver farbiger Innenvernetzung. Ihre Beschäftigung mit den Vorgängen im Gehirn (Vernetzung, Ganglien) führte zu vielen Hirn- und Kopfdarstellungen. *Cebral wing wish* (1999) heißt denn auch ihre die Sinne und die Sinnlichkeit vernetzende Skulptur. „Wir haben zwar noch keine vollständigen Erklärungen, aber eine Fülle von Puzzlesteinen, die ein immer facettenreicheres Bild von der Arbeitsweise des Hirns liefern" (Singer). Nele hat hier versucht, die Skala von Sinneswahrnehmungen mit atmosphärischen Werten und geistigen Dimensionen ihrer Kunst zu entdinglichen. Hier ist es ihr einmal mehr gelungen, eine neue Beziehung zwischen Material und Ästhetik herzustellen.

Es ist unmöglich, hier alle dreißig großen Architekturplastiken oder auch nur die wichtigsten ihrer Skulpturen zu würdigen. Mehrere Großinstallationen sind in Zusammenarbeit mit der IG Metall entstanden. Insgesamt hat Nele über 120 monographische Ausstellungen bestückt und sich an vielen Kollektiv-Ausstellungen beteiligt. Mit Megaplastiken repräsentierte sie die Bundesrepublik u.a. auf den Weltausstellungen in Brüssel (1959) und in Montreal (1967).

Unbedingt nachzutragen bleibt die skulpturale Wandarbeit *Europeans 3 x 7* (2001) in der Eingangshalle der Bhf Bank Berlin. Stärker noch als bei den Plastiken *Walking man* und den drei Meter hohen *Stabtänzern* der späten neunziger Jahre verrät die Körpersprache der „Europeans" in ihrer politischen Metaphorik Neles primär gesellschaftlich konnotierte Absicht.

Wie in der realen Politik leben Neles auf dünnen Stäben balancierende 21 Bronzefiguren – Individuen und Gruppen – in einem deutlichen Spannungsverhältnis zueinander. Diese Arbeit ist weniger als ein heroisches Ideal des Aufbruchs zu deuten, sondern vielmehr als dessen Infragestellung. In Neles Kunstimperium setzen sich die Artefakte jedenfalls mit ihren paradoxen Materialien immer gegen die rauhe Wirklichkeit durch. Mit Susan Sontag ist auch für Nele die Kunst ein Weg, um mit dem eigenen Irrsinn in Berührung zu kommen.

Für ihr umfangreiches Œuvre hat Nele zu Recht viele Ehrungen erhalten, wie die Goldmedaille der Triennale Mailand oder den Dantepreis von Padua sowie den Staatspreis der Länder Hessen und Bayern, letzteren gleich zweimal – und so weiter.

Neben der Formung ihres höchst widerspenstigen Materials aus Eisen und Bronze zu großformatigen Plastiken ist Nele auch eine Meisterin der Miniatur. Ihre Schmuck-Stücke aus Gold, Silber oder Edelstein zieren manchen Finger und machen manchen Hals erst schön. So erfreuen sie nicht nur die jeweilige Besitzerin, sondern auch ihr Gegenüber. Weil ich mal zwei Bücher über Brieftauben geschrieben habe, hat Nele mir zum Siebzigsten eine walnußgroße Taube aus Silber modelliert, die so wertvoll war, daß sich bald eine diebische Elster ihrer annahm.

„Neles Schmuckstücke sind Stützen wider den Bösen Blick. Fabelwesen und hauchdünne Goldtiere entstehen, aus Schnecken und Muscheln purzeln Perlen“ (Verena Auffermann). Aber auch größere filigrane Skulpturen haben ihren Ruhm mitbegründet: „Wer sagt denn, daß man nach Giacometti keine dünnen Figuren mehr machen darf“, schmettert Nele Vorwürfe ab, die zu erheben niemand Anlaß hatte. Seltener tauchen in ihrem reichen Œuvre zweidimensionale Figuren auf wie etwa das *Fall* genannte Riesenwandrelief aus konkaven und konvexen Stahltafeln, das Begriffe wie „Light“, „Love“, „Water“ als Grundelemente des Lebens thematisiert.

Mit den frei flottierenden Ambivalenzen ihrer Ideen, ihrer Formen und Materialien ignoriert Nele absolute Kriterien der Ästhetik, sie bedeuteten das Ende ihrer künstlerischen Freiheit. Neles Künstlerleben widerspricht der vulgärromantischen Vorstellung einer Künstlerin als Sonderling und mißverstandenem Genie. Als unvergleichliches Phänomen sitzt Nele zwischen allen Stühlen – also auf einem ihr angemessenen Platz.

Fragebogen

1. Ihre nachhaltigste (oder liebste) Kindheits- oder Jugenderinnerung?
Das Ende des Krieges – die Befreiung durch die Amerikaner – ich war gerade 13 Jahre alt geworden – Ende der Tag- und Nachtängste.

Zwei Wochen später, als mein Vater an einem sonnigen Tag zu Fuß aus dem Gefangenenlager in Bayern nach Grebenstein bei Kassel zu uns zurückkam.

2. Wer oder was hat die Anfänge Ihres beruflichen Lebensweges entscheidend mitgeprägt?
Meinem Vater gelang es, mit Freunden die Kasseler Kunstakademie wieder zu eröffnen. Dort hörte ich meine ersten Vorträge über Kunst in Frankreich – England – Amerika – ein Fenster zur Welt. Ich war noch Schülerin. Am faszinierendsten fand ich Anthony Thwaites, der in seinem Vortrag die neue Generation von Metallbildhauern in England beschrieb – dort wollte ich hin. Ich war so begeistert, daß ich umgehend in einer normalen Metallwerk-

stadt das Schweißen lernen wollte – jetzt wußte ich: In London studieren war mein Ziel. Nach ein paar Umwegen fing ich mit 20 an der Central School of Arts + Crafts (heute Central St. Martins) mein Studium in der Metallklasse an.

In London gab es damals nur eine Galerie für Skulpturen. Dort lernte ich bei Vernissagen alle von A. Thwaites erwähnten Bildhauer kennen, wie Armitage, Chadwick, Turnbull und Henry Moore. Natürlich haben mich auch die erste, zweite, dritte, vierte etc. documenta geprägt.

3. Welches bedeutende Frankfurter Ereignis (welche Begegnung) hat sich besonders tief in Ihre Erinnerung eingegraben?

Als ich mit meinem Mann Klaus Riehle und Sohn Mathis von Zürich nach Frankfurt zog, kam mir alles grau und düster vor. Klaus war am Schauspielhaus engagiert. Buchwitz war damals der einzige Theaterleiter, der Brecht in Deutschland spielte. Das schien uns sehr mutig. Dort lernten wir auch Hilmar Hoffmann kennen, wurden in dessen gastfreundlichste Wohnung am Main eingeladen und lernten dort viele unserer späteren Freunde kennen. Wer nach Frankfurt kam – Peter Fitz, Abisag Tüllmann, Walter Henn, Fassbinder, Peter Weiß etc. traf sich dort bei diesen großen Treffen.

Die Experimenta, von Peter Iden und Karlheinz Braun initiiert, fand in der ganzen Stadt Plätze und Räume.

Im neuen TAT trat Beuys mit seinem Schimmel auf, es gab Peter Handke mit *Publikumsbeschimpfung* oder die Fassbinderstücke – alles aufregend neu und ungewöhnlich.

Für die Kinder schrieb Waechter *Fazz und Zwo.*

4. Welcher Autor, Maler, Komponist, Politiker usw. hatte gehörigen Einfluß auf Ihre Arbeit?

Viele meiner Arbeiten beziehen sich auf Autoren, um nur einige zu nennen: Kafka, Else Lasker-Schüler, Heinrich Heine, Sartre, Hölderlin, Sappho, Freud, Rosa Luxemburg, Garcia Lorca.

Die Bücher von Jorge Semprun über seine Fahrt von Frankreich nach Buchenwald im Viehwagen und seine Zeit im Konzentrationslager Buchenwald waren der Hauptanlaß für mein Mahnmal in Kassel auf dem ehemaligen Henschel-Gelände (Panzerfabrik) – heutiges Universitätsgelände.

Das Holocaust-Mahnmal wurde am 8. Mai 1985 eingeweiht – 14 Tage später wurde es von Neonazis völlig zerstört und 1986 wieder aufgebaut.

5. Mit welchen wichtigen Menschen sind Sie befreundet?
Da mir meine wundervollen Freunde soviel wert sind, mag ich sie nicht nennen.

6. Welcher Typ Mensch ist Ihnen zuwider?
Nicht neugierige, alleswissende, selbstzufriedene Langweiler!

7. Welches Faktum war rückschauend ein besonders wichtiger Meilenstein/Wendepunkt in Ihrer „Karriere“?
Meine beiden Söhne Mathis und Jan Valentin und der frühe Tod meines Mannes Klaus Riehle.

8. Was ist von Ihren Wünschen unerfüllt geblieben oder mißlungen und warum?
Heutige junge Künstler gehen ganz anders mit ihrer Selbstvermarktung um, Kurse an der Akademie, das Internet, die Website. Vor allem gibt es auch sehr viel mehr Künstler/innen. Ich habe eher alles dem Zufall, dem Schicksal überlassen, im nachhinein eher dumm – sicher ein Fehler.

Was mich traurig macht, ist, daß keine meiner Skulpturen in Frankfurt im öffentlichen Raum oder im Museum zu finden ist. Warum? Eine Skulpturengruppe wurde vor vielen Jahren während der Planungen zum Museum für Moderne Kunst angekauft und liegt seit der Ära Amman in einer Lagerhalle.

Was mich noch trauriger macht, ist, daß ich kein großes Atelier finde, das ich bezahlen kann, und deshalb alle meine Arbeiten nach meinem Tode auf der Schrotthalde landen werden!

9. Was finden Sie an Frankfurt liebenswert?
Lieben kann ich nur meine Familie, meine Freunde.

In Frankfurt lebe ich seit fast 40 Jahren. So sah ich es wachsen, hoch und strahlend, am schönsten von Sachsenhausen über die Brücke in die Innenstadt fahrend, die Sonne im Main untergehen sehen – das Museumsufer, die Museen und Ausstellungsorte der Stadt mit ihren anregenden Ausstellungen. Viele Theaterpremieren regen mich an, machen mich neugierig, die Stücke von jungen Autoren zu lesen. Das TAT mit seinen alternativen Auslotungen unbekannter Terrains und die Forsythe-Compagnie vermisse ich sehr. Glücklich bin ich, daß das Ensemble modern in Frankfurt probt und spielt.

10. Was verdiente Ihren Tadel an Frankfurter Verhältnissen/Strukturen, an der Kommunalpolitik usw.?
–

11. Welche hier vergessene Frage hätten Sie gern (und wie?) beantwortet?
–

12. Haben Sie ein Lebensmotto, eine Arbeitsdevise?
Neugierig sehen, hören, beobachten und wenn es gelingt, daraus etwas gestalten, entwerfen ist das größte Glück – mal gelingt's, mal nicht.

Petra Roth

Wer Petra Roth als Frau gewordene Seele Frankfurts apostrophierte, übertriebe nur wenig. Sie gilt weithin auch als das Gesicht dieser Stadt. Frankfurt am Main als Ort im ewigen Futur bekam mit dieser Oberbürgermeisterin die Chance, für den noch erfahrungsleeren „Ort Zukunft“ utopische Ziele zu imaginieren, oder feierlich gesagt: Visionen zu gebären. Aber auch Visionen brauchen Fahrpläne, wenn sie den Horizont Zukunft erreichen sollen. Weil die Utopie aber nicht in einer fernen Fremde liegt und nicht *ad calendas graecas* vertagt werden darf, ist die Zeit der Utopie jetzt, und wo wir leben ist ihr Ort. Hier sind Visionen konkret zu machen. Weil einer progressiven Petra Roth der Utopieverlust in der Hauptstadt der Kritischen Theorie bewußt ist, steuert sie die Frankfurter Kommunalpolitik auf einem der Zukunft zugewandten Kurs. Weil Frankfurt in seiner langen Geschichte im Denken immer schon weiter war als andere Städte, ist auch der Reformbedarf hier entsprechend größer als andernorts. Um so selbstverständlicher wird Petra Roth versichern müssen, ihre kommunalpolitische Strategie auf der Grundlage unseres reichen kulturellen Humus in ihrem ultimativen Zukunftsprojekt „menschliche Stadt“ transzendieren zu lassen.

Als Trendsetter war Frankfurt anderen Städten stets um Längen voraus. Wir müssen dabei gar nicht so weit zurückschauen, etwa auf die stolze Frankfurter Geschichte der Kaiserkrönungen oder die erste Buchmesse der Welt im 15. Jahrhundert. Beschränken wir uns getrost auf die bis heute beispiellosen Entwicklungen nach dem Ende der Hitlerdiktatur: Denken wir nur an Frankfurts imposante Skyline, mit der unsere Stadt bei begrenzten Raumressourcen ihre Zukunft in die Vertikale verlegt. An den größten Flughafen Kontinentaleuropas, an den weitläufigsten Autobahnschnittpunkt im Herzen Europas oder auch nur an das erste öffentliche Parkhaus in Deutschland. An den ersten großen Kuppelbau für die Messe und an die kritische „Frankfurter Schule“ mit Horkheimer, Adorno und Marcuse, von der wichtige

Impulse in die Welt gingen. Oder an den höchsten Kulturetat aller deutschen Städte. Das Perpetuum mobile vor der Messe, der Hammering Man, ist eine höchst anschauliche Metapher für Frankfurts Eigendynamik.

An der Spitze dieser Stadt steht seit zwölf Jahren eine Frau: Petra Roths steile Karriere ist ebenso gradlinig wie sie einzigartig ist. 1944 in Bremen geboren, besucht sie nach dem „Einjährigen" auf dem Bremer Kippenberg-Gymnasium die Höhere Handelsschule: Die schon als Kind ein weiblicher Professor Sauerbruch werden wollte, entscheidet sich früh für eine humanitäre Option. Konsequent steigt sie als approbierte medizinisch-technische Assistentin ins Berufsleben ein. 1970 heiratet sie in Frankfurt ihren inzwischen verstorbenen Mann Erwin, Toningenieur und späterer Leiter der Hörfunk-Technik beim Hessischen Rundfunk. Seit 1972 CDU-Mitglied, findet sie mit 28 im nördlichen Stadtteil Nieder-Erlenbach Gefallen an politischer Arbeit, die sie in einer damals noch primär sozialethischen Grundsätzen verpflichteten Volkspartei zu finden hofft. Ganz im Sinne Max Webers begreift die im Schoß der CDU sozialisierte Politikerin Politik bald als Beruf. Mit ihrem persönlichen Stil weiß sie früh eigene politische Nuancen zu setzen. An den Kreuzwegen ihres steilen Aufstiegs war ihr jenes Quentchen Glück beschieden, das eine Frau auf dem Weg nach oben immer noch braucht.

Petra Roths Kapital ist ihre Fähigkeit, Ideen auch durchzusetzen, gepaart mit den Tugenden sympathischer Fraulichkeit und natürlichen Charmes. Es waren zuerst die Frankfurter Frauen, die in der CDU „die Roth" als das politische Pfund erkannten, mit dem sich herrlich wuchern ließe. Folgerichtig wählten sie Petra Roth 1989 zur Vorsitzenden der Frauen-Union; 1992 wurde sie Kreisvorsitzende ihrer Partei. Von 1990 bis 1998 hat sie auch im Vorstand der Hessischen CDU kräftig mitgemischt. Schließlich hat sie als Mitglied der Stadtverordnetenversammlung von 1977 bis 1989 und von 1993 bis 1995 das prikkelnde Aroma der Kommunalpolitik in allen Facetten inhaliert. Als populäre Vorsitzende des Sportausschusses (1982–1989) bekam sie Gelegenheit, auf ihre sportive Klasse und ihre kommunikative Ader aufmerksam zu machen.

In diese Zeit fiel meine erste Begegnung mit der Tennissport-gestählten, attraktiven Frau: Auf der Römertreppe bat sie mich, ihr mein „Taubenbuch" zu leihen; sie müsse vor dem Brieftaubenzüchterverband „ein Grußwort sagen". Eine engere Freundschaft hat sich aber erst nach meinem Rückzug aus der Kommunalpolitik angebahnt.

1987 zog es Petra Roth zu höheren Weihen in den Hessischen Landtag; den Wahlkreis Frankfurt Ost hat sie dreimal nacheinander erobert. Bis 1995 konnte sie in Wiesbaden als wohnungspolitische Sprecherin Profil gewinnen. Weil ihre Partei die Landtagswahl nicht gewann, ihr also ein Ministeramt versagt blieb und somit wohl auch der Wirkungsradius für ihren Tatendrang in der Landeshauptstadt zu eng geworden war, konzentrierte sich ihr Interesse wieder auf Hessens eigentliche Hauptstadt, auf Frankfurt.

Als Vorsteherin der Stadtverordnetenversammlung von 1993 bis 1994 hat Petra Roth nicht nur den süßen Vorgeschmack der Macht gekostet, schnell hat sie auch die Grenzen erkannt, die den Gestaltungsmöglichkeiten in diesem Spitzenamt gesetzt sind. Die Kommunalverfassung ermächtigt nämlich allein den Magistrat, mit seinem differenzierten Beamtenapparat zu planen, zu gestalten und nachhaltige Projekte zu verwirklichen. Dem Parlament bleibt das Recht, entsprechende Magistratsvorlagen zu diskutieren und diese in den Ausschüssen Korrekturen und Modifikationen zu unterziehen, um dann die notwendigen Mittel dafür zu beschließen. Verwerfungen sind selten, solange die Mehrheiten in Magistrat und Parlament identisch sind. Das Parlament hat immerhin die Vollmacht, hauptamtliche Stadträte zu wählen und wieder abzuwählen. Sind Oberbürgermeister mit entsprechenden Führungsqualitäten begabt, dann sind Dezernenten gut beraten, für ihre Ambitionen rechtzeitig Konsens mit dem Stadtoberhaupt herzustellen. Anweisen kann ein Oberbürgermeister oder eine Oberbürgermeisterin hauptamtliche Stadträte jedoch nicht. Er/Sie ist nicht deren Dienstvorgesetzte/r. Dies war seinerzeit einer der Gründe für mich gewesen, von der Emscher statt an den Rhein lieber an den Main zu ziehen: In Nordrhein-Westfalen herrscht bis heute das anachronistische kommunale Brems-System, das etwa das Stadtoberhaupt von Köln berechtigt, Fachdezernenten anzuweisen. Nach der hessischen Verfassung obliegt die Disziplinarhoheit statt dem Oberbürgermeister dem Innenminister des Landes, und der ist weit weg. Das Stadtoberhaupt hat indessen das Recht, unfähigen Dezernenten bestimmte Bereiche, zum Beispiel die Städtischen Bühnen zu entziehen, wovon die damals in Frankfurt Zuständige im Magistrat ein Liedchen plärren konnte. Hier mußte OB Roth weit gehen, um zu testen, wie weit sie gehen kann.

Als Petra Roth 1995 mit einer Charme-Offensive und gehörigem Selbstbewußtsein gegen Oberbürgermeister Andreas von Schoeler wohlgemut in einen vermeintlich aussichtslosen Wahlkampf zog, um seinen Schreibtisch zu erobern, haben viele ihren verwegenen Mut bewundert. Nachdem sie schon im HR-Fernsehduell mit überzeugender Bescheidenheit gegen die süffisante Arroganz des Amtsinhabers gesiegt hatte, erteilte ihr im Juni 1995 ein Plebiszit von 51,9 Prozent der Stimmen die Weihen zum Stadtoberhaupt gleich im ersten Anlauf. Sechs Jahre später wurde sie in der Stichwahl gegen den populären und sympathischen Achim Vandreike gar mit 53 Prozent wiedergewählt, weniger Stimmen wären auch eine Überraschung gewesen. Für 2007 sagen die Auguren und Wahlforscher eine dritte Amtsperiode für die unentwegt wie unter Strom agierende Petra Roth voraus, was besonders für die Kultur ein Glücksfall zu nennen wäre. Ihr dienen Kultur und Künste nicht als Zierleiste für den Machtapparat, Kultur ist ihr vor allem inspirierende Substanz der Stadt. Wenn sie die Chance bekommt, ihren Ideenreichtum und Gestaltungswillen bis 2013 in unsere aufregende Kulturmetropole ungebrochen zu prolongieren, dürfte Frankfurts Frontfrau auch in der Geschichte der Republik als signifikante femina politica ein vorderer Platz gewiß sein.

Oberbürgermeister, die mit beeindruckender charismatischer Autorität regieren, werden auch Dezernenten verschiedener politischer Couleur an sich zu binden wissen, indem sie ihrer Eitelkeit genügend Spielraum für die Selbstverwirklichung lassen. Deren Erfolge werden letzten Endes ohnehin dem Konto des Oberbürgermeisters gutgeschrieben. Die glückliche Quersumme in Form des Museumsufers zum Beispiel verdankt sich einem neidfreien Team aus Oberbürgermeister (CDU), Stadtbaurat (SPD), Kämmerer (CDU) und Kulturdezernent (SPD). Und: Alle Fraktionen des Parlaments haben die Projekte einstimmig abgesegnet, weil ihre jeweiligen Stadträte involviert waren. Nachdem eine Viererkoalition ab 2001 die Stadtdynamik abgebremst hatte und deren Reißzähne bald stumpf geworden waren, herrscht seit 2006 eine schwarz-grüne Koalition, die einiges aufzuholen hat.

Wer die lange Leistungsstrecke von Petra Roth vermessen wollte, bilanzierte im Vergleich mit konkurrierenden Millionenstädten ein imponierendes Register realisierten kommunalpolitischen Ehrgeizes. Ihre bisherige Amtszeit wurde auf Fortunas Füßen schon jetzt zur Ära verklärt. Schon eine stichpunktartige Nennung auch nur der herausragenden Initiativen und Projekte während ihrer zwölf Jahre ergibt eine Bilanz, die uns bei Berücksichtigung der koalitionären Mengenlehre Respekt auch vor Roths Fähigkeit abnötigt, selber Maßstäbe zu setzen:

Neubauten: In Frankfurt werden von privaten und öffentlichen Bauträgern ständig neue Projekte realisiert: Akzente setzen das „Wohnen am Fluß" am Deutschherrnufer und im Westhafen, Neubauten wie die Messe-Halle 3 oder die Commerzbank-Arena. Wiederaufbau der Alten

Stadtbibliothek; Ausstellungshalle „Neuer Portikus" auf der Maininsel; Tiefgaragen Oper und Goethe-Platz.
Restaurierungen: Hauptbahnhof, Bockenheimer Warte, Kaiserdom, Altes Zollamt als „Haus am Dom"; auf dem Weg befindet sich Gesellschaftshaus Palmengarten, Willy-Brandt-Platz.
Planungen: Flughafen-Ausbau, Hotel an der Alten Oper, Hochhaus Opernturm anstelle des Zürichhochhauses, Umplanung Zeil und Konstabler Wache, Abriß des Technischen Rathauses, Karikaturenmuseum im Leinwandhaus. Ein besonderer Referenzpunkt ist die Neukonzeption der mittelalterlichen Altstadt geworden: Bitte keine geschichtsvergessene Rekonstruktion, die Symbolik des Raumes muß wieder zur Geltung kommen. Im Wettkampf der Städte zählt auch das Bild, das sich der Tourist von Frankfurts Geschichte macht. Die Frankfurter Aufbaugesellschaft hat ein Investitionsprogramm bis 2007 in Höhe von einer Milliarde Euro vorgelegt zur Sanierung von Wohnungen und für Passivhäuser.
Großereignisse: Fußballweltmeisterschaft: Multimedia-Spektakel mit Sky Arena und Mainarena mit weltweiter TV-Ausstrahlung; Ironman.
Neue Preise: Ignatz-Bubis-Preis, Internationaler Hochhauspreis, Deutscher Literaturpreis (Börsenverein), Hessischer Filmpreis (Landesregierung).
Kultur: Inzwischen wieder höchster Kulturetat; Fusion des Deutschen Filminstituts mit dem Filmmuseum; „Oper des Jahres 2005", „Bestes Konzertprogramm 2004/05".
Zu Ehrenbürgern wurden in der Ära Roth Helmut Kohl, Bruno H. Schubert, Siegfried Unseld, Friedrich von Metzler.

Gelänge Petra Roth die Neukonzeption des Dom-Römer-Areals aus gleich würdigen Komponenten des mittelalterlichen Ambientes und kongenialer moderner Architektur, könnte dieses zwischen Rekonstruktion und Lifestyle changierende Megaprojekt die kulturelle Apotheose ihrer Ära werden. Roth wird wohl Roland Barthes' Diktum zustimmen, daß „modern" heute bedeutet, was nicht mehr möglich ist. Die Pflege des Idylls aus dem Heimatfonds amortisiert sich jedenfalls nicht in Identifikation mit der Zukunft der Stadt.

Mit ihren flammenden Appellen hat die Oberbürgermeisterin wesentlichen Anteil am Verbleib der Börse, der Buchmesse, der Automobilmesse, des Nationalen Olympischen Komitees in Frankfurt. Mit einfühlsamer Seelenmassage hat sie in den Bleibeverhandlungen Durchsetzungsvermögen bewiesen. Ohne die wichtige Ressource Vertrauen und den Imperativ der Zuversicht funktionierte die Gesellschaft nicht.

Petra Roth ist omnipräsent. Nach Opernpremieren plaudert sie unbefangen mit den Stars der Bühne im Foyer beim Wein, im Schauspiel sehen wir sie seltener, schon weil dort dreimal so viele Premieren zu bewältigen wären. Die Oberbürgermeisterin fehlt aber bei kaum einer wichtigen Präsentation der Schirn, auch wenn sie mal nicht selber die Rede hält; und im Städel oder im Museum für Moderne Kunst besucht sie nicht nur die Vernissagen: Oft schlendert sie ohne Entourage ganz privat durch Frankfurts Bildergalerien allein der Anschauung wegen, um ungestört der Kontemplation zu pflegen. Weil die Künste integraler Teil ihres Lebens sind, bleibt Petra Roth nicht im engen Rathaushorizont gefangen. Weil sie selber ein schönes Teil des kulturellen Ambientes der Stadt ist, ist sie in der Alten Oper nicht nur Mittelpunkt beim Opernball, sie gibt auch öffentlich beredte Auskunft über ihr Lieblingsstück, den Larghetto-Satz aus Mozarts Klarinettenquintett A-Dur (KV 581) oder über ihren favorisierten Dichter Theodor Fontane. In der poetischen Versenkung versucht sie, ihre verborgene Sehnsucht nach der Blauen Blume zu stillen. Wie an Petra Roth erweislich, lebt die Bürgergesellschaft auch vom Vermögen, kulturelle Traditionen zu erkennen und zu respektieren. Im hochgradig erregten Frankfurter Kulturbetrieb weiß sie eben nicht nur trefflich zu reagieren, als deren angenehme Komponente weiß sie souverän auch zu agieren.

Nur einmal hat sie eine kardinale Fehlentscheidung nicht verhindert, nämlich als Billy Forsythes weltberühmtes Tanztheater von einer fahrlässigen Kulturpolitik der Garaus gemacht wurde, weil sie von einer verzwickten Forsythe-Ästhetik so sehr irritiert worden war, daß sie darüber in Panik geriet. Als Mitte der neunziger Jahre im Theater das blanke Chaos herrschte, hat Petra Roth der zuständigen Stadträtin kurzerhand die Kompetenz für die Bühnen entzogen und diese sich selbst unterstellt. Nachdem ihr Wunschkandidat Felix Semmelroth, auch aus meiner Sicht eine Idealbesetzung, 2006 Kulturdezernent geworden ist, wäre es nun an der Zeit, ihm die ultimative Kompetenz für die Bühnen anzuvertrauen. Weil zum Kulturressort einer Weltstadt außer dem Tanker Bühnen unverzichtbar auch das Beiboot Bibliothek gehört, wäre auch in diesem Fall Remedur dringend vonnöten.

Petra Roth versäumt kaum ein Spiel der Eintracht und zeigt unverklemmt spontane Emotionen, egal, ob die Tore für ihren Verein fallen oder ob der Gegner sie schießt. Weil die vielen Vereinsfeste und andere Jubiläen in Frankfurts 43 Stadtteilen notorisch auf den Samstag oder Sonntag verlegt werden, bleibt ihr so gut wie kein freies Wochenende zur notwendigen Entspannung. Doch hat sie „halt mehr Kraft vom Schicksal mitbekommen als andere", wie sie der *Brigitte* anvertraute. Weil sie den Kontakt mit Menschen braucht, wie der Fisch das Wasser, mag sie niemanden enttäuschen, der sich auf ihr freundliches Hallo und einen warmen Händedruck freute. Ja, sie kennt keine Berührungsängste, und nicht nur, weil diese frei nach Canetti „einzig in der Masse überwunden werden". In manchen Städten ist es weniger der Ort, als es die Aura des Oberbürgermeisters ist, die ein Gefühl von Heimat stiftet.

Petra Roth hat in den beiden Anthologien *Fünfundfünzig plus: Die Kunst des Älterwerdens* (2005) und *Frauen an der Macht* (2005) im Selbstporträt Botschaften publiziert, die für eine vergleichende psychologische Studie mit männlichen Aspiranten gleichen Alters bestens taugen könnten. Knallige Roth-Sätze wie „Ich trete bewußt selbstbewußt als Frau auf, nicht als besserer Mann" oder „Ich will bewußt machen, daß Frauen auch Frauen protegieren müssen" sind unter umgekehrten Vorzeichen von Männern kaum zu befürchten. Weil es sich hier aber nur um sehr persönliche Notate Petra Roths handelt, die im Kontext der übrigen Aufsätze zu lesen sind, bringen sie die prominente Amtsinhaberin nicht in Verlegenheit. Weil sie in ihrer Politik ohnehin anderen Gesetzen folgt, als jenen üblichen der schlichten biologischen Differenz, braucht den Männern auch nicht bange zu sein. Sie sei schließlich „keine Feministin", wie sie im „Women's Club" erklärt, sondern lediglich „feminin-emanzipatorisch" gestrickt.

Welche Eigenschaften schätzt Petra Roth bei Männern am meisten? „Kultiviertheit, Verläßlichkeit, und daß man ihnen vertrauen kann".

Weil in ihrer Aura soignierte Herren sich gerne sonnen, hat sie gleich zu Beginn ihrer Amtszeit öffentlich zu Protokoll gegeben, sie werde sogenannten guten Ratschlägen aus hinteren Herrenzimmern nicht folgen, was jene, die es betraf, arg getroffen haben soll. Mit Angela Merkel wird sie wohl auch den widerwilligen Respekt gegenüber manchen Granden der Partei teilen. Weil Petra Roths politische Lebensleistung jene Novalis-These betätigt, derzufolge jeder virtuell „thronfähig“ sei, wurde sie eine Weile als potentielle Bundespräsidentin gehandelt.

Wenn es stimmt, daß Häuser Auskunft über ihre Bewohner geben, dann können Gäste in Petra Roths gediegenem Neubaudomizil im ländlichen Nieder-Erlenbach entsprechend fündig werden: Ausladende Panoramafenster erlauben der Sonne, ihre Wohnung mit warmem Licht zu durchfluten. Im Breitwandblick erweitern sich die Räume in den naturbelassenen Garten, der an riesige Ackerflächen raint, ohne daß irgendein Gemäuer die schöne Sicht verstellte. Auf weißen Wänden wärmt vorzüglich moderne Kunst die Räume, wo immer Petra Roths vollbesetzte Bücherregale Platz dafür gelassen haben. Neben anspruchsvollem belletristischen Lesefutter dominieren hier Francofortensien und Bücher von Frankfurter Autoren, deren meiste sie persönlich kennt. Als eines ihrer Lieblingsbücher hat sie besonders Fontanes *Vor dem Sturm* fasziniert. Kein Wunder, daß sich Goethepreisträger Marcel Reich-Ranicki und seine Teofila in solch einem Ambiente inzwischen heimisch fühlen. Petra Roths burschikoser Liebreiz fördert das gesellschaftliche Flair, wie ihre kulturelle Kompetenz die ästhetische Kommunikation beflügelt. Weil Petra Roth aus Erfahrung weiß, wie leicht Politik die persönliche Sphäre enteignen kann, wußte sie sich gegen solche Unbill schon früh zu immunisieren.

Petra Roth ist ein waschechtes Hanseatenkind. Sie wurde im Frühjahr 1944 als Tochter des selbständigen Kaufmanns Heiko Martin und seiner Frau Hannelore in ein begütertes Elternhaus hineingeboren. Die heute 88jährige Mutter lebt noch in ihrem alten Bremer Haus. Die rüstige Wagnerianerin erlebe ich alljährlich in Bayreuth mit Tochter, ihr verdankt Petra Roth wohl ihre musische Mitgift. Da auch ich einer Bremer Kaufmannsfamilie entstamme, geht uns der Gesprächsstoff nicht aus. Vom Vater hat Petra den Sinn fürs Machbare und ihr ausgeprägtes

Verantwortungsbewußtsein geerbt und die Tugend hanseatischer Selbstdisziplin. Der Großvater väterlicherseits, Paul Martin, hat als Bauingenieur insofern kulturelle Spuren hinterlassen, als er Ende des 19. Jahrhunderts den imposanten Bug am Südflügel der Berliner Museumsinsel mit einer wasserdicht gemauerten Fundierung gesichert hat. Das Projekt war dem Kaiser so wichtig, daß er höchstselbst Petras Großvater zu einem zweistündigen Gespräch im Sternensaal des königlichen Schlosses empfing und am Ende sein Placet mit den Worten gab: „Nun bringen Sie mir dabei ja meinen alten Kasten, das Schloß nicht zum Einsturz." Verantwortung übernimmt Petra Roth nicht nur aus einem angeborenen preußischen Pflichtgefühl und einer wetterfesten hanseatischen Konstanz heraus, sondern weil es ihr Spaß macht, für andere die Kohlen aus dem Feuer zu holen. Dankbare Augen genügen ihr als Lohn.

Als Gegenspieler zur intellektuellen Insuffizienz des politischen Personals, teilen sich Petra Roth (CDU) und Christian Ude (SPD) die Verantwortung für den Deutschen Städtetag, diesem wichtigen Thinktank für die urbane Zukunft unserer Gemeinden. Nach Petra Roth wurde turnusgemäß ein SPD-Nachfolger gewählt, der nicht minder populäre Münchner Oberbürgermeister. Beide verbindet eine gepflegte Freundschaft. Die deutschen Städte profitieren von diesen vorwärtsdenkenden, inspirativen Oberbürgermeistern und noch von ein paar anderen lobenswerten Gemeindevorstehern. In Zeiten der Kassenstürze setzen sich beide zielorientierte Stadtoberhäupter, Ude und Roth, mit überparteilicher Verve dafür ein, den Gemeinden die Gewerbesteuer als unverzichtbare Einnahmequelle unbedingt zu erhalten – ein ewiger Zwist zwischen Bundesfinanzminister und den Kämmerern jeglicher Couleur. Roth und Ude entfachen das Debattenfeuer jedes Mal wieder neu mit ihrer Forderung, die zum Himmel schreiende Asymmetrie der Chancen, die sich mit dem semantischen Wandel des Namens „Hartz" unrühmlich verbindet, endlich in ein Mindestmaß der sozialen Gerechtigkeit münden zu lassen. Mißlänge dies den Städtetagspräsidenten, litte vor allem die kommunale Kultur unter einer dann unvermeidlichen Finanzmisere. Ohne krämerische Kosten-Nutzen-Kalkulation möchte Roth der Kultur einen festen Platz in der Stadtgesellschaft und damit in einem schon von Friedrich Schiller ausgerufenen „ästhetischen Staat“ sichern, der gleichzeitig fest auf dem Prinzip der Wohlfahrt seiner Bürger gründet.

Als perfekte und immer gutgelaunte Gastgeberin umsorgt Petra Roth nicht nur in ihren eigenen vier Wänden die Gäste. Auch im Kaisersaal oder im Limpurgsaal fühlt sich im Anschluß an eine Jubiläumsfeier oder eine Ordensverleihung jeder von ihr als wichtige Person individuell angesprochen. Sie pflegt jene Kantsche „Kultur des Gemeinsinns“ von Herzen. Im Kaisersaal mit seiner eigenen Magie durften sich natürlich nur die ganz Großen dieser Welt ins Goldene Buch einschreiben wie Yassir Arafat oder Shimon Peres, Nelson Mandela, Königin Sofia von Spanien, Michael Gorbatschow, Roman Herzog, Horst Köhler oder die Premierministerin von Südkorea Han Myeong-sook .

Einmal wurde im Kaisersaal aber auch Petra Roth geehrt: Der französische Außenminister Hubert Védrine höchstselbst verlieh der Oberbürgermeisterin für die vorbildlich gelungene „Ausländerintegration“ 2001 die höchste französische Auszeichnung, den von Kaiser Napoleon gestifteten Orden der Legion d'honneur, den vor ihr keine Geringeren als Goethe, Chaplin und Adenauer erhalten hatten. Auch zwei andere Schöne, die Deneuve und die Dietrich, ziert der fünfzackige Stern die Heroinenbrust. Im Mai 2005 promoviert sie die Universität Tel Aviv zum Dr. hc. phil.

Petra Roth beeindruckt immer wieder durch ihre fundierten Reden und wie sie diese in der Paulskirche oder im Kaisersaal rhetorisch brillant mit ihrer dunklen, sinnlichen Stimme in unsere Ohren schmeichelt. Manche ihrer Preisreden waren schon selber preiswürdig. Inzwischen hat sie die Souveränität zur Meisterschaft entwickelt, ganze Passagen zu improvisieren, und das heißt, sie steht über dem Text, auch wenn der Entwurf aus der Feder eines klugen Referenten stammt. Sie weiß in ihren Reden natürlich schon mal das symbolische Repertoire zu ziehen. Aber Politik verschafft sich ihre Legitimation ja auch durch Popularität, wie sie beim Reden entsteht. Dabei hat sie keinerlei Faible für schlechtgelaunte Begriffe.

Bei einem Anteil von 25 Prozent Ausländern in Frankfurt am Main, dem höchsten Prozentsatz in der Republik, könnte das Interessentenspektrum differenzierter kaum sein. Auch hier hat sie mit einfühlsamer

Rhetorik Wogen geglättet und die so unterschiedlich motivierten Sorgen abzumildern verstanden. Trotz einer bunten Mischung der Religionen, Ethnien und Kulturen ist Frankfurt durch seine differenzierende und harmonisierende Ausländerpolitik ein angstfreier Ort geblieben; hier wurden jedenfalls bisher keine Anzeichen aggressiven Ausländerhasses registriert. Auch das Amt für multikulturelle Angelegenheiten und der Integrationsdezernent sind frankfurttypische Inkunabeln. Frankfurt darf als das intellektuelle Fenster gelten, durch das die Welt auf Deutschland blickt. Und der Römer ist das Gravitationszentrum dieser Stadt, Petra Roth bedient das Hebelwerk.

Mit ihrer Rhetorik hat Petra Roth auch auf fremdem Terrain gute Figur gemacht – und entsprechend diplomatisch die unterschiedlichsten Interessen meist mächtiger Lobbys gewürdigt, aber keineswegs immer nur unkritisch. Alle seriösen Interessengemeinschaften nimmt sie ernst, ob Industrieverbände oder Gewerkschaften, ob christliche Kirchen, Jüdische Gemeinde oder islamische Glaubenskongregation. Fazit: Sie kommt auch dann gut an, wenn sie Tacheles redet; ihre Ecken und Kanten versteht sie mit ihrem Charme abzuschleifen, um sie im milderen Licht erscheinen zu lassen. Sie hat je nachdem Mut zur Sanftmut, aber auch zur mutwillig scharfen Pointe. Sie versteht es charmant, ihre Macht mit weiblicher Handschrift auszutarieren.

Einmal haben wir nach dem Prinzip „Nennst du mich Goethe, nenn ich dich Schiller“ öffentlich unsere Bücher vorgestellt: Petra Roth im Literaturhaus mein Suhrkamp-Buch *Erinnerungen* und ich im Saal der Industrie- und Handelskammer das im Societäts-Verlag erschienene Buch *Frankfurts First Lady.*

First Lady ist Petra Roth aber nur im übertragenen Sinne. Sie ist ja nicht irgendeine Gattin irgendeines Regierungschefs – sie steht in Frankfurt selber in der Verantwortung. Sie ist auch nicht erste Lady unter lauter Ladies, vielmehr ist sie die allererste der Frankfurter Bürger *und* Bürgerinnen. „Und das ist auch gut so.“

Wann immer es um Arbeitsplätze geht, ist mit Petra Roth nicht zu spaßen. So kritisiert sie öffentlich, wenn die Allianz ihre Zentrale in Frankfurt zur Filiale minimiert, wobei 1600 Arbeitsplätze verlorenzugehen drohen. Auch gegen den Verlust sehr vieler Jobs bei der Dresdner

Bank hatte sie schon energisch ihre Stimme erhoben. Mit einer Arbeitslosenquote von gut zehn Prozent hat Frankfurt derzeit eine der geringsten Zahlen unter den Großstädten der Republik. Unermüdlich und erfolgreich wirbt Petra Roth um Firmen-Neuansiedlungen, darunter so bekannte Namen wie Dell, Kia oder Nike.

Goethes Wort „Denken und Tun“ ist nicht nur Petras ehrgeiziges Motto, es wird sogar von der Realität gedeckt. Die Formel eines anderen Weimarer Klassikers, der Titel von Friedrich Schillers philosophischer Schrift *Anmut und Würde*, wäre kein schlechter Titel für ein nächstes Buch über Petra Roth. Im Untertitel bliebe noch ein Wort des Frankfurters Ludwig Börne hinzuzufügen: die in Petra Roth eingewohnte „Frankfurter Lebenszuversicht“, mit der sie unser emotionales Vakuum auffüllt.

Fragebogen

Ihre nachhaltigste (oder liebste) Kindheits- oder Jugenderinnerung?
Mein Elternhaus. Nichts kann mehr Halt fürs ganze Leben geben als im Kindesalter „gut behütet“ zu sein.

Welches bedeutende Frankfurter Ereignis (welche Begegnung) hat sich besonders tief in Ihre Erinnerung eingegraben?
Der – für mich – erste Frankfurter Fastnachtszug im Februar 1965, den ich in der Weißfrauenstraße miterlebt habe.

Welcher Autor, Maler, Komponist, Politiker usw. hatte gehörigen Einfluß auf Ihre Arbeit?
Gerade wenn man allein mit beruflichen Problemen fertig werden muss, und in der Politik ist man bisweilen sehr allein – dann hilft Musik, und hier ganz besonders Mozart.

Mit welchen wichtigen Menschen sind Sie befreundet?
Gerade wenn es um Freundschaft geht, ist die sog. „Wichtigkeit" von Menschen gar nicht so entscheidend. Da sind Vertrauen und Ehrlichkeit wichtiger.

Welches Faktum war rückschauend ein besonders wichtiger Meilenstein/Wendepunkt in Ihrer „Karriere"?
Die erste Direktwahl. Rot-grün war gescheitert, und es wurden über Nacht Neuwahlen zum Oberbürgermeister angesetzt. Die CDU entschied sich innerhalb weniger Tage für mich als Kandidatin, und ich bin quasi aus dem Stand – von null auf hundert – angetreten. Als Außenseiterin zur Oberbürgermeisterin mit der längsten Amtszeit in Frankfurt – das war für mich schon der Meilenstein.

Was ist von Ihren Wünschen unerfüllt geblieben oder mißlungen und warum?
Ich würde gerne ein Musikinstrument spielen können, aber das wird wohl ein Traum bleiben.

Was finden Sie an Frankfurt liebenswert?
Es sind die Menschen, die es jedem schnell leicht machen, sich hier heimisch zu fühlen. Und das Mainufer, für mich die schönste Uferpromenade in Deutschland.

Haben Sie ein Lebensmotto, eine Arbeitsdevise?
Denken und Tun (Goethe).

Renate Sautermeister

Von den fünfzigtausend in Deutschland lebenden Künstlern verdienen keine zwanzig Prozent ihren Lebensunterhalt mit ihrer Kunst. Unter den neunhundert im Frankfurter Berufsverband (BBK) registrierten bildenden Künstlern repräsentieren Renate Sautermeister und NELE die weibliche Phalanx ihrer Zunft mit Arbeiten, die aus dem statischen Establishment der Kunst exemplarisch herausragen und deshalb in diversen Ausstellungshäusern unserer Republik Aufmerksamkeit erregen. Außer sich selbst repräsentieren die beiden damit unser Frankfurt am Main in der weiten Welt der Künste.

1937 in Hamburg geboren, ist Renate Sautermeister in Freiburg im Breisgau und in Mulhouse im Elsaß mit Mutter und Großmutter aufgewachsen. Ihren Vater hat Renate erst im Alter von vierzehn kennengelernt. Seinem klugen Rat, statt Medizin lieber Gebrauchsgraphik zu studieren, verdanken wir unsere Freude an ihrer Kunst. Nach vielen Lebensstationen hat es Renate Sautermeister erst 1972 nach Frankfurt verschlagen, wo sie dreißig Jahre lang in ihrer „Traumwohnung" gelebt hat, im originellen Haus der Gründerzeit an der Ecke Batton-/ Allerheiligenstraße – mit Panoramablick auf die Leuchttürme der Stadt. Pünktlich nach der Jahrtausendwende ist sie in Frankfurts Norden nach Kalbach gezogen. Die Mineralwasserkästen 111 Treppenstufen in den 5. Stock hinaufzuschleppen war ihr nach zwei Hüftoperationen als Jogging-Ersatz doch zu mühsam geworden.

Bevor Renate Sautermeisters Bilder an Galeriewänden geprunkt und in Museen die Blicke auf sich gezogen haben, hat sie ihr Handwerk gründlich studiert. Gleich nach dem Gymnasium in Freiburg lernt sie Freie Graphik an den Werkkunstschulen Bonndorf im Schwarzwald und in Wiesbaden am Taunus; schon mit zwanzig durfte sie sich „Designer grad." nennen, aber wegen des schönen Titels werden Bilder ja nicht gekauft; doch mit der Signatur der Bilder wurde der Name Renate Sautermeister bald zum Begriff. Schon als junge Stipendiatin der „Accademia Di Belle Arti" im umbrischen Perugia durchstößt sie die Eierschalen der Tradition. 1956 konnte sie ihr Handwerkszeug zur kompositorischen Sublimation in jener ästhetischen Spezialausbildung verfeinern, die schon viele berühmte italienische Designer hervorgebracht hat. Diese Zeit im Sonnenland der Künste nannte sie ein für allemal „prägend“. Maret Oppenheim, die große Muse der Surrealisten, prostet ihr bei ihrer Vernissage im Kunstverein Frankfurt zum Abschied mit Whisky zu: „Coraggio“ – auf gut deutsch: *more courage, less oil.* Kitschresistent, hatte Renate Sautermeister diesen Spruch aber längst zur Maxime erhoben.

Ihre Ehe mit dem Graphiker und Feuilletonisten Nikolaus Jungwirth wird nach zwölf Jahren geschieden, die Individualistin will ihren Sinnhorizont erweitern und endlich auf eigenen Beinen stehen. Tochter Teresa wächst im Haushalt der Mutter zur späteren Diplom-Soziologin heran. Dank der Bandbreite ihrer ästhetischen Dispositionen hält sich die Künstlerin mit Buchillustrationen unter anderem für die Verlage Rothe (Heidelberg) und Schrödel (Hannover) eine Weile über Wasser.

Dann kann sie ihr Glück kaum fassen: Als erste Galerie ermöglicht ihr das Wiesbadener Landesmuseum 1966 eine Kabinett-Einzelausstellung. Über das Echo in den Feuilletons wird die Kunstwelt auf sie aufmerksam: Sie beeindruckt mit ihrer ästhetischen Sensibilität, ihren pulsierenden Strichen, ihrer unkonventionellen Ausdruckskraft. Ihre Energien sprengen die normativen Akademie-Ideale durch frei flottierende Phantasien und verweigern sich dem Realismusdiktat.

Ständig mit neuen Ideen schwanger, gründete sie 1972 zusammen mit Thomas Bayrle, Bernhard Jäger, Olaf Hanke, Jürgen Wölbing, Nikolaus Jungwirth die aufmüpfige Künstlergruppe „detlev“, der es bald gelang, mit ihrem Aktionismus vom Magistrat ernst genommen zu werden. Im selben Jahr organisiert Renate Sautermeister mit dem neu gegründeten „Frauen Forum“ eine Reihe von Demos mit künstlerischem Flair, für deren Notwendigkeit in Frankfurt ja immer Gründe genug zu finden sind.

Renate Sautermeisters Gründungseifer war damit keineswegs erlahmt. Mit immer neuen Einfällen hält sie nicht nur die Presse in Atem, sondern auch die Künstler auf Trab: 1975 hat sie gemeinsam mit

der Gruppe „detlev“ das „Künstler-Syndikat“ gegründet, dessen Name martialischer klingt, als es dann wirklich war, denn es ging ausschließlich darum, Ausstellungen zu initiieren, wie jene von der kollektiven Qualität der „Käfige“ (1976 und 1978 in der Rahmhof Galerie) oder der „Türen“ (1976 in der Kommunalen Galerie und anschließend in Utrecht), zu deren Realisierung Renate Sautermeister mit ihrem verschmitzten Charme die richtigen Leute zu „überreden“ wenig Mühe hatte. Da sie alle Aktionen aber nicht um ihrer selbst willen in den Erfolg führte, sondern um Kunst und Künstler in der Stadt heimisch zu machen, erntete sie als eine Art Katalysator der kulturellen Szene allgemeine Bewunderung. Für die Summe ihrer in Initiativen geflossenen substantiellen Energien und vor allem für ihr damals schon im wahrsten Sinne des Wortes ansehnliches Œuvre erhielt sie 1974 den begehrten Preis der Marielies-Hess-Stiftung „Junge Kunst in Hessen“. Der Preis war mit einer großen monographischen Werkschau im Hessischen Rundfunk verbunden: „Das war ein sehr wichtiges Datum für mich!“ Ihre magischen Parallelwelten zur Wirklichkeit weisen sie als Visionärin aus. Ausstellungen in Stuttgart, München, Berlin, Hamburg, Bonn, Lyon, Paris und immer wieder in Frankfurt hielten Sautermeisters Namen in den Feuilletons *à jour*.

Was ist Sautermeisters Geheimnis, das ihre Kunst so einzigartig macht? Die Bilder ihrer ersten Erfolgsphase changieren stilistisch zwischen Realität und Abstraktion, und aus dieser Spannung bildet sich ein neues, eigenes Genre. Im Verzicht auf farbliche Pointierung bricht sie bewußt mit der gewohnten gewöhnlichen Wahrnehmung der Wirklichkeit, um ihre Botschaft in der Abstraktion mit Hilfe gegenständlicher Requisiten desto pointierter zu konkretisieren. Zum Beispiel: Von Trostlosigkeit umschattete Türen und Fenster, funktionslose Stühle und Tische kontrastieren mit sporadischen Büscheln wild wuchernden Grases und führen ins Nirgendwo. Die in versandeten Welten, zwischen zerstörten Mauern und zerbrochenen Fliesen spärlich sprießende Natur fängt Sonnenstrahlen ein: Metaphern der Hoffnung in lebensferner Ödnis, wie in einem zarten Mörike-Gedicht. Die konkrete Botschaft wird mit abstrakten Mitteln formuliert. Oder am Beispiel eines anderen berühmten Bildes, das heute in der Henri-Nannen-Kunsthalle Emden hängt: Eine apokalyptische Landschaft mit trauernden Baumstümpfen, die, ihrer Zweige beraubt, ihre Wunden mit Verbandsmull kühlen. Sie ähneln jenem bandagierten Porträt von André Breton, auf dem die Arme durch Binden außer Funktion gesetzt sind. Wie ein sprachloser Chor neigen sie sich jener anderen Bildhälfte zu, die, vom strahlenden Himmelsblau magisch aufgeladen, Hoffnung verheißt, während die diesmal umzäunten Grasbeete auf zerbrochenem Plattengrund Optimismus dementieren. Eine bittere Allegorie auf den Kahlschlag der Bäume für eine Betonschneise der Startbahn West? Die assoziative Bedeutungsvielfalt ihrer skeptischen Bilder beglaubigen Exupérys Erfahrung: „L'essentielle est invisible pour les yeux". Die Regeln der Wahrnehmung setzt Sautermeister außer Kraft. Das von mitreißender Melancholie und „konvulsivischer Schönheit" (Breton) durchpulste Bild tarnt seine eindeutige Botschaft unter dem neutralen Titel *Wald – draußen* (1982). Die Wucht von Bildern wie diesen hat die Eigenschaft, den Betrachter nervös zu machen. Kunst ist für Sautermeister Kommunikation ohne Sprache.

In den Aufbruchjahren nach 1968 variiert Renate Sautermeister vorzüglich ihre hautnahen Erfahrungen mit der Wohnraumzerstörung im Westend. In deren Fokus verallgemeinert sie den unbehausten Menschen in einer bindungslosen Gesellschaft. Indem sie visuelles Unterbewußtsein erzeugt, macht sie uns mißtrauisch gegenüber Welt und Dingen. Ihre Bilder spiegeln seismographisch die Reaktionen auf individuelle Befindlichkeiten, wie sie auf die Zerstörungen unseres allgemeinen sozialen Lebensraumes reagieren. Manche Bilder Sautermeisters erinnern an die kafkaesken Kurzfilme des Tschechen Jan Svankmajer aus den 60er Jahren, der in irrealer Möblierung einer Albtraumwelt reale Menschen zu Statisten seiner Allegorie herabnormt. In Sautermeisters surrealer Welt gibt es aber keine Menschen, die „Erde ist unbewohnbar wie der Mond". Ja, man könnte zugespitzt von narkotischer Ästhetik sprechen. Ihre surrealistisch aufgeladene Phase war aber nur eine der Zwischenstufen ihres Bemühens, den Dingen auf den realen Grund zu gehen. Ihre Bilder sind vieldeutiger als die Assoziationen, die sie auslösen. Das Tor der Interpretation hat Renate Sautermeister immer weit geöffnet.

Da ich seit Jahren in meinem Forsthaus mit vier veritablen Sautermeister-Bildern lebe, kann ich aus Erfahrung jedenfalls für mich selbst behaupten, daß ihre nach Transzendenz strebende Kunst nicht veraltet, weder stilistisch noch thematisch, und schon gar nicht verblaßt sie emotional.

Bilder von Sautermeister zieren inzwischen zahlreiche Museen einschließlich des Städels. Man wird sie einmal als Klassiker würdigen, die man jedenfalls nicht im Fundus versteckt. Aber mit dem Diktum, Erfolg sei „eine Art Ersatzgott in unserer Gesellschaft" weist sie den Erfolgsbegriff als Motivation fürs Malen weit von sich.

Nachdem Renate Sautermeister ihre lyrischen Aphorismen eingesargt hat, begeistern Eva Demski die Bilder der zweiten wichtigen Schaffensphase Sautermeisters deshalb stärker, weil mit resoluten, kraftvollen Pinselstrichen nun leuchtende Farben das Spiel der Phantasie mit einer sensuellen Komponente beflügeln, während frühere, mehr „literarische" Artefakte Eva Demski emotional weniger berührten. „Erinnerungen eingraben" nennt Sautermeister diesen Wandel zur kompositionellen Ordnung. Sie habe zehnmal so oft auf das Rote, das Neue, das Abstrakte geschaut, sagt Demski: „Ja, und dann kommt diese Farbe, das Rot für mich, vielleicht dieses klare Blau für andere, und reißt einen raus und hoch", schreibt sie im Œuvre-Katalog *Niemals ankommen* (1991). Im selben Band habe auch ich versucht, ihren Quantensprung in eine neue Werkphase zu begründen: „Die surrealen Themen, die zu Beginn der achtziger Jahre noch vorherrschten und mit ihrer Symbolhaftigkeit die Psychologie unsere Zeitgeistlage reflektierten, sind einem freien malerischen Gestus gewichen. Seit Mitte der achtziger Jahre erreicht Renate Sautermeister eine dynamische Abstraktion, die dem Gegenstand und vor allem dem Raum aber verpflichtet bleibt." In den neueren Bildern zeigt uns Renate Sautermeister im Phantastischen, wie viele neue Register zu ziehen ihr hier möglich sind.

Um ihre überschüssige künstlerische Energie mal in einem ganz anderen, unvertrauten Medium zu erproben, hat sie Peter Roggischs Einladung angenommen, für seine Inszenierung von *Body Building* im Schauspiel Frankfurt das Bühnenbild zu entwerfen. Sie hat auch deshalb gern diese Chance ergriffen, um Bodo Kirchhoff, dem Frankfurter Autor des Stückes, zum Erfolg zu verhelfen. Schon ihr allererster Versuch im neuen Metier hat mich stark beeindruckt: Ihr ausgeprägtes räumliches Denken, das in ihren Bildern die Gestaltung dominiert, war schon in ihrem Bühnendebüt mit *Diese Geschichte von Ihnen* zur glücklichen Entfaltung gekommen. Dieses schräge Stück von John Hopkins, der für James-Bond-Filme viele Drehbücher fabriziert hatte, forderte ihre ganze Phantasie heraus, mit Anleihen an vertraute Metaphern aus ihren Bildern, um der im Text angelegten Hoffnung das komplementäre optimistische Ambiente hinzuzufügen.

Mit Sautermeisters Bühnenbild für Pierre Bylands Komödie *Autour d'une Porte*, das die aus ihren Bildern bekannten hybriden Grasbüschel auf den Boden der Bühne transplantiert, gastierte das TAT 1980 in Prag und 1984 im Centre Pompidou in Paris, wo die Kritik ihr utopisches Potential zu schätzen wußte.

Längere Zeit im Ausland, hat Renate Sautermeister 1987 für den Verlag ASIA 2000 in Hongkong diverse Buchcover entworfen, aber auch für das *Hongkong Anthropology Bulletin* und *China after Mao*.

1980 hat sie zusammen mit E. R. Nele für zehn Künstlerinnen aus Frankfurt, Marburg, Gießen und Darmstadt eine Reise nach New York organisiert, wo Kontakte über Lil Picard mit der Künstlerinnenszene in Manhattan die Präsentation der Frankfurter Frauenbilder ermöglichte. Daraus rekrutierte sich die Wanderausstellung „Wir bitten zu Tisch“, die in der Frankfurter Galerie Heberle begann und auch in Stuttgart und Bonn auf große Resonanz stieß.

Renate Sautermeister ist aber nicht nur intellektuell eine Kosmopolitin, eine Weltbürgerin ist sie auch insofern, als sie ständig auf Achse ist, um neue Eindrücke zu sammeln und um ihre Sehgewohnheiten irritieren zu lassen. Sie ist in Spanien, Italien, Frankreich und Irland zu Hause; sie reiste in die USA, nach Indien, China und Rußland. Ihre unmittelbaren Eindrücke können aber nur Kenner in ihren Bildern identifizieren.

Die Bilanz für das Jahr 1980 war auch sonst beachtlich: Renate Sautermeister erhielt den Reinhold-Kurth-Œuvrepreis und wurde Mitglied der Darmstädter Sezession sowie Vorstandsmitglied im Frankfurter Kunstverein, wo wir öfters auch schon mal heftig miteinander gestritten haben.

Eine wichtige Erfahrung nicht nur für ihre Studenten, sondern auch für sich selber war der Lehrauftrag an der Hochschule für Gestaltung in Offenbach (1984–1986) und als „Schulkünstlerin“ auch ihr hautnaher Kontakt mit Schülern aller Altersklassen an der Heinrich-Kraft-Schule in Frankfurt-Fechenheim. Den künftigen Künstlern gibt sie ihre Erkenntnis mit auf den dornenreichen Weg, wie leicht dieser mit absolut gesetzten ästhetischen Kriterien schon in die Irre führte.

Wirklich große Künstler wie Nele und Renate Sautermeister können auf eitle Mittel der Selbstinszenierung und Selbststilisierung verzichten. Beide lassen ihre Arbeiten für sich sprechen. Ihre künstlerische Moral ist mit den Begriffen Mut und Demut trefflich charakterisiert.

Sautermeisters unermüdlich experimentierendes Künstlertum läßt uns auf weitere große transzendentale Kompositionen hoffen, die im Sinne Camus „niemals ankommen“.

Fragebogen

1. Ihre nachhaltigste (oder liebste) Kindheits- oder Jugenderinnerung?
Nachhaltige Erinnerungen: Kriegszeit, Bombennächte, das brennende, zerstörte Freiburg. Beim Großangriff im November 1944 hätte es mich fast erwischt.
Schöne Erinnerung: 1948 aus der Nachkriegsnot drei Monate zur Erholung in die wohlhabende, wohlriechende Schweiz.

2. Wer oder was hat die Anfänge Ihres beruflichen Lebensweges entscheidend mitgeprägt?
Preise bei zwei Zeichenwettbewerben am Gymnasium und daraus folgend der Vorschlag meines Vaters, Graphik zu studieren.

3. Welches bedeutende Frankfurter Ereignis (welche Begegnung) hat sich besonders tief in Ihre Erinnerung eingegraben?
Ende 60er/frühe 70er Jahre: Experimenta-Veranstaltungen, Happenings bei Galerie Loehr, Galerie Patio. Frauenbewegung, Demonstrationen gegen Häuserabrisse/Flughafen-Erweiterung etc.

4. Welcher Autor, Maler, Komponist, Politiker usw. hatte gehörigen Einfluß auf Ihre Arbeit?
Autoren: Beckett, Kafka, Cioran, Schopenhauer, Nietzsche, russische Literatur.
Maler: früh schon Picasso, Francis Bacon, Magritte, Cy Twombly, Emil Schumacher – Romanik, frühe Gotik.
Komponisten: Bach, Händel, Jazz (Miles Davis, Coltrane ...).
Politiker: ???

5. Mit welchen wichtigen Menschen sind Sie befreundet?
Ich habe mit dem Wort „wichtig“ Probleme. Einige Freunde/Freundinnen sind für mich wichtig.

6. Welcher Typ Mensch ist Ihnen zuwider?
Machos – Egomanen – Fanatiker – Rassisten – Dumpfhirne – „Nashörner".

7. Welches Faktum war rückschauend ein besonders wichtiger Meilenstein/Wendepunkt in Ihrer „Karriere"?
Das Stipendium für Perugia 1956, der Preis der Marielies-Hess-Stiftung „Junge Kunst in Hessen" 1974 und der Reinhold-Kurth-Preis 1980.

8. Was ist von Ihren Wünschen unerfüllt geblieben oder misslungen und warum?
Nach dem Studium hätte ich gerne mal ein Jahr oder länger in Italien gelebt. Dem standen frühe Heirat, Geburt der Tochter, Existenzprobleme entgegen. Mein Start ins „ernsthafte" künstlerische Leben setzte so erst mit 10jähriger Verzögerung ein. Die typische „Frauen-Karriere".

9. Was finden Sie an Frankfurt liebenswert?
An Frankfurt mochte ich immer das etwas Ruppige, Unprätentiöse, das Leben mit den Widersprüchen: Metropole und Dorf. Ich liebe die glitzernden Hochhäuser, die dicken Flugzeuge, die über einen hinwegdonnern, wenn man auf der A5 von Süden einfährt. So ein bißchen „Nabel-der-Welt-Gefühl". Ich mag auch das Völker- und Sprachengemisch und die Gelassenheit und Toleranz, die hier noch immer herrscht. Gutes Kulturangebot.

10. Was verdiente Ihren Tadel an Frankfurter Verhältnissen/Strukturen, an der Kommunalpolitik usw.?
Eine gewisse Vergeßlichkeit. Immer wieder muß das Rad neu erfunden werden. Der „Prophet im eigenen Land" zählt nicht. Habe öfter erwogen, Frankfurt zu verlassen.
Für Bildende Kunst wird eigentlich wenig getan, abgesehen von Großprojekten. Zuviel Ausgaben für Prestige-Objekte (z.B. über 10 Jahre „Basteln" an der „Kulturmeile"). Immer Baustellen.

11. Welche hier vergessene Frage hätten Sie gern (und wie?) beantwortet?
–

12. Haben Sie ein Lebensmotto, eine Arbeitsdevise?
„Wir müssen uns Sisyphos als einen glücklichen Menschen vorstellen" (Camus) oder: NIEMALS ANKOMMEN.

Elisabeth Schweeger

Meine anfänglichen Irritationen hinsichtlich Elisabeth Schweegers neuem Schauspielstil verdanken sich meiner ästhetisch konditionierten Sozialisation als ehemaliger Regieassistent am Essener Schauspielhaus und als Theaterkritiker für *Die Welt* in den sechziger Jahren: Im Parkett von ehedem wichtigen Pilgerstätten des exquisiten Regietheaters habe ich noch die klassische Kunst der Wahrnehmung gelernt: Mit nachträglichem Vergnügen erinnere ich Peter Steins subtile Bremer Regiekunst wie auch seine atemberaubenden Aufführungen am Halleschen Ufer in Berlin (Antikenprojekt, *Sommergäste, Peer Gynt*). Auch das Theater von Dieter Dorn an den Münchner Kammerspielen wurde mir wegen seiner nachhaltigen Maßstabsetzungen zum wichtigen Erinnerungsgut. In den utopiegetränkten 70er Jahren habe ich mich mit Peter Palitzschs mitbestimmtem Theater identifiziert, weshalb ich den Meisterschüler Brechts 1971 von Stuttgart nach Frankfurt geholt habe. Die längst legendär gewordenen Frankfurter Inszenierungen von Palitzsch, Hans Neuenfels, Luc Bondy, Klaus-Michael Grüber, Emilio Fernándes, Thomas Langhoff, Frank Patrick Steckel oder Christoph Nel haben in den siebziger Jahren die Stadt mit dem „Frankfurter Theaterstil“ international ins Gespräch gebracht. Wenn Elisabeth Schweegers Theatergötter Grüber, Stein, Bondy, Zadek, Bob Wilson heißen, liegen wir doch eigentlich gar nicht so weit auseinander ... Sie alle forderten mit Adorno statt „Willkür am Werk“ die „bessere Treue“ zum Autor.

Als wie unterschiedlich beide Theatertemperamente bei ihrem Frankfurter Start auch wahrgenommen wurden, Palitzsch und Schweeger hatten die gleichen enormen Anfangsschwierigkeiten: Beide verprellten gleich zu Beginn ihrer ersten Spielzeit viele alteingesessene Abonnenten, die wohl befürchteten, die wärmenden Bindekräfte der Tradition erkalteten unter einer gehobenen Intellektualität. Tatsächlich war ja bundesweit eine gewisse Empfindungskälte des Gegenwartstheaters zu spüren. Aus wirtschaftlichen Erwägungen hatte Elisabeth

Schweeger sich gleich mit ihrem ersten brieflichen Kontakt bei den Premieren-Abonnenten unbeliebt gemacht, denen sie mit der Kündigung ihres Stammsitzes das Gefühl gab, wie mit einer roten Karte vom Platz verwiesen zu werden. „Was ich gemacht habe, glich einer Kriegserklärung“ an die konservative Klientel. Während die ästhetische Autonomie des Theaters beim Intendanten liegt, liegt die emotionale Autonomie beim Rezipienten.

Die 1954 geborene Wienerin Elisabeth Schweeger ist in einem akademischen Elternhaus aufgewachsen, wo sie früh zum Widerspruch als Tugend erzogen wurde. Sie hat 1973 am Wiener Lycée Française de Vienne ihre Matura gemacht und unmittelbar danach Vergleichende Literaturwissenschaft und Philosophie, Romanistik und Germanistik studiert. Nach Spezialisierungsseminaren in Paris (Sorbonne und Vincennes) promoviert die erst Fünfundzwanzigjährige 1979 in Innsbruck über das soziologische Thema des „Vater-Sohn-Konfliktes“. Im gleichen Jahr heiratet sie den Hamburger Bühnenbildner Florian Parbs, nach dreijähriger Ehe erblickt ihr gemeinsamer Sohn Benjamin das Licht der Welt. Zehn Jahre später trennen sich die beiden Individualisten wieder, professionell bleiben sie einander freundschaftlich verbunden.

Ihre erste offensive Berührung mit dem Theater verdankt Elisabeth Schweeger Arno Wüstenhöfers Spürnase für Talente, woran sie sich besonders gern erinnert: Der alte Theaterhase verschaffte ihr mit der Berufung zur Dramaturgin ans Bremer Theater die Einstiegschance in ihren Traumberuf. Um nach diesen ersten wichtigen Bühnenerfahrungen ihren kulturellen Kosmos noch zu weiten, kehrt sie dem Theater zeitweise den Rücken, um 1982 als Dozentin an die Hochschule für Angewandte Kunst nach Wien zu wechseln. Drei Jahre später folgt sie einem Ruf als Lehrbeauftragte an die Wiener Akademie der bildenden Künste. Ihre journalistischen Ambitionen befriedigt sie mit kritischen Beiträgen für die Zeitschrift *FALTER* und für das Architekturmagazin *UMRISS*, dessen Mitherausgeberin sie wird.

1986 stürzt sie sich vorübergehend in die Selbständigkeit und gründet eine Agentur für Kunst- und Künstlervermittlung. Schweeger arbeitet als Freelancerin an der Münchner Staatsoper als Dramaturgin

für einzelne Theaterproduktionen (*Ring des Nibelungen*), auch am Züricher Opernhaus. Für Herbert Achternbuschs *Mein Herbert* übernimmt sie im Auftrag der Wiener Festwochen die Produktionsleitung. Schließlich hilft sie dem Schweizer Regisseur Daniel Schmid am Opernhaus Zürich bei der Produktion seines Films *Guillelmo Tell.* Daniel Schmid hatte übrigens schon 1976 unter dem Titel *Schatten der Engel* den später spektakulär umstrittenen Fassbinder-Text *Der Müll, die Stadt und der Tod* verfilmt; der Film wurde wochenlang unbeanstandet in den ausverkauften Kinos von Jerusalem und Tel Aviv gezeigt.

Elisabeth Schweeger hat an der Akademie der bildenden Künste in Wien das Ausstellungsreferat umgekrempelt, das sie bis 1992 leitet. Hier präsentiert sie Künstler von der Provenienz eines Eric Fischl, Peter Greenaway, Remy Zaugg, Ilya Kabakov, Cindy Shermann oder Fotokunst von Imi Knöbel.

Elisabeth Schweeger hat auch die 300-Jahr-Feier der Akademie der bildenden Künste ausgerichtet und das Projekt „Im Auge des Taifun" von Eric Wonder, den Einstürzenden Neubauten und Heiner Müller kuratiert. Weitere kuratorische Tätigkeiten für die documenta Kassel, für OK Linz, das Wiener Museumsquartier, die Ars Elektronica runden ihr Profil auch als Ausstellungsmacherin. Schließlich war sie als Kommissärin für den Österreichischen Pavillon bei der Biennale von Venedig 2001 erfolgreich.

Solange sich das Theater allein auf der Existenzgrundlage der Literatur fortzeugt, gilt es jungen Theateravantgardisten als ein reformbedürftig dahindümpelndes Genre, das unverdrossen das Erhebende im Erhabenen feiert. Weil die Helden im Rampenlicht statt als Menschen aus Fleisch und Blut bloß als deren Personifikation erscheinen, schießen in den siebziger Jahren bundesweit Antitheater und Experimentierbühnen ins Kraut: in Frankfurt, Hamburg, Nürnberg, Berlin. Um den jugendlichen Hedonismus zu konterkarieren, entfalten sie munter drauflos ihre Störqualität gegen ein Theater, das der „Einschüchterung durch Klassizität" (Brecht) verpflichtet schien und nach ihrer Überzeugung nichts als erstarrte hehre Menschenkunst zu bieten hatte: Im Frankfurter TAT und später im Mousonturm, in der Hamburger Kampnagelfabrik, im Berliner Hebbeltheater, im Nürnberger Komm wurde mit je unterschiedlicher Qualität versucht, mit nicht klassifizierbaren Neuheiten und hinreißenden Unverschämtheiten große analytische Wirkungen zu erzeugen. Mit Max Frisch von der „durchschlagenden Bedeutungslosigkeit" des Stadttheaters überzeugt und der gestelzten Dramen überdrüssig, wollten sie im Zusammenspiel unterschiedlicher ästhetischer Ansätze in Kunst und Tanz, Theater und Literatur, Video und Musik jenes im ästhetischen Wohlbehagen beharrende Moment der Stadttheatertradition als anachronistisch entlarven. Die neue Theateravantgarde hoffte noch, mit ihrer Kunst die Feindbilder der Jugend verarbeiten und auch die Gesellschaft insgesamt verändern zu können. Sie wollte so Alternativen bieten zu dem, was ihnen als kulturbürgerliches, literarisch-ästhetisches Hochamt ein Graus deuchte, dessen Inszenierungen nur in verborgenen Seelentiefen herumschnorcheln, in denen sie am Ende ertrinken. Ein Theater, das dem Geschmack der Massen hinterherhechelt, tötet am Ende Schiller und Shakespeare. Geschmack ist im übrigen keine ästhetische Kategorie.

Elisabeth Schweeger fand, mit gewissen Abstrichen, die Aufbruchstimmung dieses unkonventionellen Gegen-den-Strich-Bürstens sympathisch und wollte sich als deren Trendsetter gern in München bemerkbar machen.

Auf dem Höhepunkt der Fortentwicklung dieser merkwürdig hybriden Bühnenkünste wurde Elisabeth Schweeger 1993 vom Intendanten des Residenztheaters Eberhard Witt Aufbau und künstlerische Leitung des Marstall anvertraut. Ihr Programm erweist sich bald als ebenso außergewöhnlich experimentell wie auf Anhieb erfolgreich: Mit grenzüberschreitenden Projekten zwischen bildender Kunst und Architektur, Theater und Film, Performance und Musik, simultan mit jeweils neuen Medien, brilliert sie weit über die weiß-blauen Grenzpfähle der bayerischen Kulturlandschaft hinaus. Allein in ihrer ersten Spielzeit 1993/94 läßt sie die gesamte berühmte oder auch nur berüchtigte Performance- und Multimedia-Avantgarde im Marstall die Münchner Kultur aufmischen: Während die bunten Vögel der Szene woanders keinen frischen Wind unter ihre Flügel bekamen, fanden Heiner Goebbels, Michelangelo Pistoletto, Herbert Achternbuch, Peter Greenaway, Jan Fabre und Christoph Schlingensief im kleinen Format der Marstall-Experimentierbühne ihre große Arena; durch Synergieeffekte erzeugten sie jenes unermeßliche Mehr, mit dem sie den Geltungsverlust der klassisch-hehren Inszenierungskunst zu kompensieren hofften. Statt aber die Mythen der Avantgarde zu zelebrieren, wollte Schweeger mit dramaturgischen Zuspitzungen der Elemente Spiritualität und Sinnlichkeit vor allem deren Skepsis und widerständiges Potential retten.

Es würde den Rahmen dieses Schweeger-Porträts sprengen, ließe ich auch nur die wichtigsten Protagonisten der neuen Avantgarde hier Revue passieren, denen Schweeger in ihren weiteren fünf Spielzeiten im neoklassizistischen Klenze-Bau ermöglichte, die Brechtsche „List bei der Verbreitung der Wahrheit“, hier in einer prickelnden Mixtur aus unkonventionellen, schrägen, dissonanten oder sonstwie verwegenen Mitteln, in den Erfolg zu wenden. Weil Theater für die Schweeger ein Ort für ästhetische Abenteuer ist, wo das Glück des Irregulären gefeiert wird, „mußte man sie dafür einfach lieben“ (taz). Mit Brecht verband Schweeger „die Hoffnung auf alles, auf Aufbruch und Entfesselung“. Weil es ihr gelungen war, den Marstall mit offensiv geführten offenen Diskursen ins Gelingen zu führen, erhält sie mit folgender

Begründung 1999 den Münchner Kulturpreis: Mit „schwelgerischer Kulinarik verbindet sie die jugendorientierte Club-Cultur mit ‚elitärer' Neuer Musik, und weil sie den manifest eingeforderten Kunstanspruch mit der in allen Bereichen geführten gesellschaftlichen Debatte" zu verknüpfen suchte. Der Einsicht Kants, daß das ästhetische Urteil mit der gesellschaftlichen Urteilsfähigkeit eng korrespondiert, folgt auch Elisabeth Schweeger, weil sie damit ein erkenntnishungriges Publikum vom Internet und der Bilderflut der elektronischen Medien ins Theater zurückzuholen hofft. Für sie ist Theater als Hort des Widerstands gegen allgemeine Sprachlosigkeit und grassierende Geistesarmut der wichtigste kulturelle Ort einer Stadt, wie einst bei den Athenern die Agora. Die 150 Stadt- und Staatstheater werden mit zwei Milliarden Euro jährlich alimentiert, hunderttausend Aufführungen und siebentausend Konzerte sind die Gegenleistungen, an denen sich im Jahre 2005 35 Millionen Zuschauer je nachdem erfreuten oder ärgerten.

Der Theaterkritiker Gerhard Stadelmeier hat versucht, Schweegers Marstall-Ära als „letztes Modereservat der Moderne" zu entzaubern, wo „man das zerstörte Subjekt, das Lieblingskind der Avantgarde, in seiner theoretischen Zersplitterung schön konserviert". In dieser Nische habe man sich immer „sehr sympathisch gelangweilt". Ja, die Schweeger habe dabei „eher Theatertheorien als Theater in Szene gesetzt". *Theater heute* sieht das, wie auch ich, anders: „Einen ersten Erfolg kann man doch schon im ersten Jahr verbuchen", während *Die Welt* darauf beharrt, bei Schweeger erhielten „Scheininnovationen" nur durch den Kommentar ihre Wichtigkeit.

Die inzwischen zur Chefdramaturgin am „Resi" aufgestiegene Elisabeth Schweeger wird ab Spielzeit 2001/2002 Nachfolgerin von Peter Eschberg am jetzt kleingeschriebenen schauspielfrankfurt. „Das böse Kind wird salonfähig", titelt ungalant die *Süddeutsche Zeitung.* Bevor jedoch Schweegers Unterschrift den Fünfjahresvertrag besiegelte, sorgte auf offenem Markte eine bizarre Posse unter dem Titel „Zwölf Uhr Mittags" für Schlagzeilen nicht nur im Lokalanzeiger. Die designierte Intendantin hatte sich selbstbewußt geweigert, ihr Autogramm unter das komplizierte Vertragswerk zu setzen, solange nicht alle Details auch der Finanzierung geklärt wären. Der Kulturdezernent reagierte mit einem über die Presse verlautbarten Ultimatum: Bis Glockenschlag zwölf Uhr mittags solle sie gefälligst ihren Friedrich Wilhelm unter den Vertrag geschnörkelt haben. Mit den subtilen Mitteln taktischer Dramaturgie erweist sich Schweeger als starke Frau. Sie pokert unverdrossen weiter hoch, indem sie die Autorität des Kulturdezernenten buchstäblich aufs Spiel setzt: Ihren künftigen Chef lädt sie in das ihr noch gar nicht überantwortete Theaterfoyer zur Pressekonferenz anstatt wie üblich umgekehrt: Pünktlich zum Ultimo unterschreibt sie im Blitzlichtgewitter das Dokument. Um fünf nach zwölf erteilt sie schließlich ihrem künftigen Chef huldvoll das Wort, das er schon deshalb sogleich ergreift, um sich am Schopfe seines Bartes aus dem Sumpf des Schlamassels zu ziehen. Schweeger kommentiert ihre erste Frankfurter Bewährungsprobe in manifestem Selbstvertrauen: Damit habe sich ihr „Ruf als streitbare Frau bewahrheitet, und Sie können sicher sein, daß das auch in Zukunft so bleibt". Ihr Image der streitbaren Frau wird sie wohl ein Leben lang begleiten. Gerhard Stadelmeier wollte in der *Frankfurter Allgemeinen Zeitung* seinen Kommentar dazu nicht unterdrücken, als er die „großspurige Ballermann-Nummer" des Dezernenten „zum Rohrkrepierer verkommen" sah. Anläßlich ihres Starts in eine ungewisse theatralische Zukunft nennt er Schweeger sibyllinisch eine „belehrende Katastrophe für Frankfurt" und zugleich einen „lähmenden Glücksfall". Die Farce fand im Stadtparlament ein garstig Zwischenspiel, das den Präsidenten des Deutschen Bühnenvereins, Jürgen Flimm, als denjenigen outete, dem Frankfurt die ganze Chose insofern verdankte, als er die Kandidatin nachdrücklich für höhere Weihen empfohlen hatte.

Was Elisabeth Schweeger aus dem Marstall hier in der Stadt der „Frankfurter Schule" als willkommene Mitgift ins Foyer von schauspielfrankfurt importiert hat, das sind ihre inzwischen renommierten Streitgespräche, intellektuelle Einübungen in „herrschaftsfreie Diskurse" (Habermas) über bitterernste politische Aktualitäten. Als Ergänzung zu den Römerberggesprächen auf vergleichbar hohem Niveau, haben sie auch in der Heimatstadt der „Kritischen Theorie" mit ihrer entzaubernden Dialektik der Aufklärung große Resonanz gefunden. Indem sie dabei ihre auch von habituellen Gegnern respektierte hohe Intellektualität einbringt, wird Schweeger für *diese* Facette ihrer Intendanz auch von der Kritik entsprechend gewürdigt – sozusagen als Entschädigung für so manchen Verriß ihres Bühnenrepertoires.

Auch Schweegers neue Reihe „Denkdramen" erinnert daran, daß Frankfurt mit Horkheimer, Adorno, Marcuse, Habermas einmal als Hauptstadt der „Kritischen Theorie" Bedeutung hatte: Dieser großen aufklärerischen Tradition verpflichtet, läßt Schweeger im Glasfoyer vergessene Texte wieder zum Leben erwecken, wie zuletzt Paul Valérys Dialog über *Die fixe Idee* (1932). Darin gelingt es dem großen französischen Theoretiker der reinen Poesie, hier als Aphoristiker, die Widersprüche des Lebens in einer Art Universalpoetik zu versöhnen. Valéry hinterfragt selbstreflexiv Themen wie Ordnung und Unordnung, Wahnsinn und Normalität, Körper und Geist.

Eine weitere diskursethische Schiene hat Elisabeth Schweeger mit ihren „Frankfurter Positionen" in den Chagallsaal gelegt, die sich der Kooperation mit der BHF-Bankstiftung, dem Theaterwissenschaftlichen Institut Gießen, Filmmuseum, Museum für Moderne Kunst und Städel verdankt. Besonders hilfreich für die aktuelle Definition von Theater fand ich ihre dritte Folge unter dem Titel „Das Theater als (post)moderne Anstalt". Hier wurde im Dialog Schweeger/Peter Iden mit den Regisseuren Christoph Nel und Armin Petras der Schillersche Moralbegriff vom Verdacht der restriktiven Konnotation befreit. Die Theaterbühne möge sich als eine Art Paukboden für eine Moral verstehen, die dem Menschen hilft, sich in einer veränderten Welt besser zurechtzufinden. Nachdem ihr der Kritiker Peter Iden ein Faible für nichtnarratives Theater unterstellt hatte, beantwortete Elisabeth Schweeger seine Frage, was sie denn eigentlich ins Theater locke, mit einem Rekurs auf Heiner Müller, der bekanntlich ins Theater ging, „um zu sehen, wie anders andere Menschen leben"; auch sie bevorzuge, etwas ganz anderes zu sehen, als was sie schon kenne. Entsprechend reizten sie neue Formen, und „Irritationen" beflügelten ihre Phantasie: Also plädiere sie für „Überprüfung statt Bestätigung". Auch „Weiterentwicklung" gelinge dem besser, der auch das „Scheitern" akzeptiere. Diese Maxime würde ich jederzeit unterschreiben.

Wer die Summe der Totalverrisse besonders in Schweegers ersten beiden Spielzeiten voreilig mit „Scheitern" gleichsetzt, wird sie doch immerhin für die Souveränität bewundern, mit der sie sich selbst beim Wort nimmt (siehe oben), indem sie diese Phase der „Irritationen" zur „Überprüfung" ihres Konzepts nutzt, um die „Weiterentwicklung" ihrer Intendanz gelingen zu lassen.

Schweegers Experimentierbühne an der Schmidtstraße im Gallusviertel ist eine konsequente Weiterentwicklung ihres Münchner Marstall-Modells. Obwohl die Intendantin vier Millionen Euro einsparen mußte, hat sie es geschafft, mit sechs Produktionen pro Spielzeit Aufsehen zu erregen, indem sie an diesem entlegenen Frankfurter Ort, wo die Geister sich scheiden, die Grenzen des Stadttheaters gelegentlich kühn überschreitet.

Eine solche besonders kühne Überschreitung geriet ihr im Frühjahr 2006 zum Tribunal: „Es ist das erste Mal, daß ein Frankfurter Stadtoberhaupt so drastisch eingreift in den Kunstbetrieb", zitiert die *Frankfurter Allgemeine Zeitung* ein Mitglied des Kulturausschusses, während Elisabeth Schweeger sich in den Medien über „medialen Terror" echauffiert. Ihre wüst hochgetürmte Sturmfrisur entspricht an diesem turbulenten Tag ihrer mentalen Verfassung.

Was war passiert? In dem Ionesco-Stück *Das große Massakerspiel*, dessen Text Regisseur Sebastian Hartmann zu neunzig Prozent für nicht würdig befunden hatte, auf der Bühne an der Schmidtstraße verlautbart zu werden, hatte der Gastschauspieler Thomas Lawinski den Improvisationscharakter der Inszenierung offenbar als Freibrief für extrem subjektive Extempores mißverstanden. Aus heiterem Himmel grapscht er nach dem Notizblock des Kritikers Gerhard Stadelmeier, nicht gerade bekannt als heißer Schweeger-Fan, und traktiert ihn mit obszönen Invektiven, die geeignet waren, den überrumpelten Adressaten aus der Premiere zu pöbeln: „Hau ab, du Arsch!" Der Kritiker geht und informiert seinen Herausgeber. Also solidarisiert, ruft Frank Schirrmacher die Oberbürgermeisterin zu Hause an und fordert Konsequenzen. Petra Roth weist postwendend die Intendantin an, dem ausgeflippten Akteur die Leviten zu lesen und unverzüglich zu kündigen. Vom sicheren Port seiner Berliner Volksbühne offerierte Claus Peymann dem fristlos gekündigten Schauspieler dann pressewirksam „Asyl", um das der Geschaßte gar nicht gebeten hatte. Vom genannten handelnden Personal die einzige, die hinterher zur Selbstkritik die Größe fand, war Elisabeth Schweeger. Im Schauspielhaus hat sie sich öffentlich bezichtigt, „unter dem Druck der Oberbürgermeisterin und der Medien nicht in der Lage gewesen zu sein", sich selbst „mehr Spielraum zu geben".

Ich bin sicher, daß sich Elisabeth Schweeger als das letzte Glied dieser Kettenreaktion auch ohne Fremdeinwirkung für das Richtige entschieden hätte: nämlich für die fristlose Entfernung eines blödsinnigen Provokateurs, der Brechts Begriff von einem „guten Theater", das „nicht vereinen darf, sondern trennen muß", gründlich mißverstehen wollte. Ob Peymann sich über den Asylanten vom Main immer noch freuen wird, falls dieser an der Spree auf seiner Volksbühne den Wiederholungstäter mimt?

In ihren vier Spielzeiten waren Elisabeth Schweegers Großes und Kleines Haus bei insgesamt 40 Inszenierungen mit 80 Prozent Besuchern gut ausgelastet. Im sympathischen Ehrgeiz, dem Theater seine verlorengeglaubte Intellektualität zurückzugewinnen, war die Prinzipalin zunächst erfolgreicher als in der Ausbildung sinnlicher Qualitäten mit emotionalem Approach. Erst in der zweiten Hälfte ihrer Intendanz ist es ihr weitgehend gelungen, beide Elemente in einem theatralischen Gleichgewicht auszupendeln, ohne diese immer auch zu versöhnen.

Da ich nicht alles auf Schweegers drei Bühnen sehen konnte, nenne ich die folgenden Stücke pars pro toto für den produktiven Aufwärtswind: In der sehenswerten Inszenierung von Heiner Müllers wohl wichtigstem Stück *Quartett* (1980) halten sich Intellekt und Sinnlichkeit die Waage. Spielvogt Urs Troller hatte in Frederike Kammer als Marquise und in Oliver Kraushaar als Vicomte zwei herausragende Schauspieler, die zwischen Müllers Ambivalenzen von Liebe und Lust, zwischen „denkender Wollust und triebhaftem Räsonnement" (*F.A.Z.*) changieren und die Salven von Müllers dichten Sätzen wie aus einem Repetiergewehr gegeneinander abfeuern.

Wie bravourös einige von Schweegers Schauspielerinnen den Vergleich mit großen Namen bestehen, konnte man auch in Werner Schwabs *Die Präsidentinnen* erleben, ein Stück, in dem Sprache zum eigentlichen Artefakt geriet. Saftiges Alltagsdeutsch und distinguierte

Manierismen changieren in diesem „Fäkaliendrama" (so der Untertitel) zu einem aparten österreichischen Idiom, das sich unter der Regie von Jan Bosse zum Vergnügen des Publikums verknüpft. Die Kunstfiguren mutieren zu verzweifelten, obszönen und gewaltbereit aus der Bahn geworfenen Zeitgenossen, wie von einem erbarmungslosen Schicksal gezeichnet.

In Burkhard Kosminskis Regie von Tennessee Williams' mit bösem Witz getränktem Stück *Endstation Sehnsucht* ist Susanne Lothars Herzenskunst zu bewundern, die sogar Gerhard Stadelmeier zu dem Kompliment hinriß, es scheine, als käme „sie direkt aus Shakespeares Raumschiff": „In dieser ersten wirklich großstädtischen Inszenierung, die das Schauspiel Frankfurt seit langer Zeit erlebte, triumphiert die Lothar als ‚Schneekönigin'".

Auch das *Deutschlandprojekt* von Christoph Hein in der Inszenierung von Hausregisseur Armin Petras mit seiner geglückten Verallgemeinerung eines Einzelschicksals in der DDR zur Deutschland-Diagnose bestätigt Schweegers künstlerischen Aufwärtstrend.

Auch die folgenden Aufführungen, die ich selbst nicht gesehen habe, gelten nach Einschätzung der Kritik als gelungen: *Gespenster* von Hendrik Ibsen in der Regie von Stephane Braunschweig, der „Beckettabend" in der Regie von André Wilms oder Platonov von Anton Tschechow in der Regie von Dimiter Gittscheff sowie *Floh im Ohr* von Georges Feydau in der Regie von Simone Blattner.

Elisabeth Schweeger wäre 1998 um ein Haar Kulturreferentin von München geworden, hätte Oberbürgermeister Ude nicht plötzlich Julian Nida-Rümelin aus dem Hut gezaubert, dessen erste ahnungslose Maßnahme darin bestehen wird, Dieter Dorns Erfolgsstory an den zu Recht berühmten Kammerspielen jäh zu beenden. Auch wurde Schweeger während ihrer fünften Spielzeit in München für die Intendanz des Burgtheaters gehandelt. Über solcherlei Umwege wäre sie wohl nie in Frankfurt gelandet. Wie man an diesem schönen Beispiel sieht, ist der Verlust der einen der Gewinn der anderen, also der Frankfurter: „Das aggressive Terrain aus Geld, Ausländern, Bürgertum, Wissenschaft und Kunst bietet eine Spannbreite, die ich in München nicht hatte: Ich bin deshalb froh, daß ich in Frankfurt bin." Nur weil auf der

Skala von Elisabeth Schweegers Stimmungsbarometer ein anderes Mal die Mainmetropole zur „Durchgangszone“ absank, weil sie ihr keinen heimeligen „Lebensort“ verspricht, muß die Zukunft des Theaters nicht im Ungewissen liegen.

Schließlich resümiert Schweeger die Stadt Frankfurt heute als eine *working city*, die geprägt ist von Mobilität, von einem *come and go* und von kurzen Arbeitsaufenthalten, eine Stadt also, die sich nicht auf ein seßhaftes Bürgertum verlassen kann. Dieses jedoch ist Voraussetzung für die Begleitung künstlerischer Produktion. Das war wohl der Grund, weshalb sie überhaupt hierherkam. Es schien ihr besonders interessant, die darstellende Kunst in einer der modernsten Städte Europas auf ihre Zukunftsträchtigkeit hin zu prüfen.

Geschichtlich gesehen war mit dem Trauerspiel *Emilia Galotti* (1772), in dem Lessing wesentliche Elemente seiner Dramentheorie zu verwirklichen suchte, und mit Goethes *Egmont* (1788) die Wende des Theaters zum Kulturinstrument schon Ende des 18. Jahrhunderts eingeleitet worden, das durch alle Stürme der Zeitläufte seinen Stellenwert im Leben der Menschen behaupten und dem Staat gegenüber seine Notwendigkeit demonstrieren konnte. Elisabeth Schweeger schwört beim Grabe der schönen Muse Thalia, das Theater werde auch in aller Zukunft als Sozialisationsinstanz die Leitwährung zumindest jener Menschen bleiben, die im Leben eine Rolle spielen möchten. Denn „ohne Theater geht es nicht“, wie der Schlüsselsatz in Tschechows *Die Möwe* lautet.

Die universal gebildete Elisabeth Schweeger ist auf Frankfurts gehobenen Partys als geistreiche Gesprächspartnerin immer umworben. Ihre schönen braunen Augen und ihren natürlichen Charme nutzt sie als auch für ihr Schauspiel gewinnbringendes Kapital. Auch jene, die bisher nicht zu den Platzhaltern ihrer Theatersessel zählten, geloben nach der persönlichen Begegnung mit der kettenrauchenden, eloquenten Wienerin Besserung. Bei stark nachlassenden Irritationen gehöre auch ich inzwischen zu ihren Bewunderern.

Fragebogen

1. Ihre nachhaltigste (oder liebste) Kindheits- oder Jugenderinnerung?
Die vielen Abwesenheiten meiner Mutter in Afrika, die uns Kinder trotzdem an ihren Erfahrungen teilnehmen ließ durch ihr intensives Geschichtenerzählen und ihre Fotos und Filme. Außerdem gingen viele Menschen aus Afrika bei uns ein und aus. Ich erinnere mich an allabendliche Abendessen mit heftigen Diskussionen im Familienkreis.

2. Wer oder was hat die Anfänge Ihres beruflichen Lebensweges entscheidend mitgeprägt?
Mein Stiefvater, der mir die Liebe zur Literatur vermittelt hat und die Lebenslust, stets neugierig zu sein. Er hat mir das Staunen beigebracht.

3. Welches bedeutende Frankfurter Ereignis (welche Begegnung) hat sich besonders tief in Ihre Erinnerung eingegraben?
Leider meine letzte Erfahrung mit Medien und Politik.

4. Welcher Autor, Maler, Komponist, Politiker usw. hatte gehörigen Einfluß auf Ihre Arbeit?
Könnte ich so speziell nicht sagen. Als Kind sicher Sartre. Ich liebte Karl May und verschlang alle Sagen und Märchen, die es gibt. Balzac, Zola, Baudelaire,

Diderot, Montesquieu, Musil. Bei der Musik waren wohl eindeutig Beethoven und Strawinsky sowie Mahler die Favoriten. Ins Konzert zu gehen, die Oper, ins Theater war eine allwöchentliche Selbstverständlichkeit.

In der Malerei liebte ich besonders die Maler der Renaissance, später Marc Rothko, Duchamps, Michelangelo, da Vinci, Botticelli. Mich hat die ganze italienische Kunst dieser Zeit fasziniert.

Natürlich waren da die Rolling Stones und die Beatles, v.a. erstere. Edith Piaf, Yves Montand.

Martin Luther King, Che Guevara, Kennedy, Napoleon haben mich als Kind fasziniert. Seither vor allem Menschen mit sozialer Kompetenz und politischem Engagement, die trotz Verletzlichkeit und hoher Sensibilität den Sinn fürs Reale nicht verloren und trotzdem Humor hatten.

5. Mit welchen wichtigen Menschen sind Sie befreundet?
Wer ist wichtig? Ein Freund ist wichtig. Die Reputation ist unwichtig.

6. Welcher Typ Mensch ist Ihnen zuwider?
Der Verlogene, Intrigante, der keine Haltung hat und keine soziale Kompetenz.

7. Welches Faktum war rückschauend ein besonders wichtiger Meilenstein/Wendepunkt in Ihrer „Karriere“?
Die Geburt meines Sohnes. Begegnungen mit besonderen Menschen: Florian Parbs, Erich Wonder, Peter Noever, André Wilms, Peter Greenaway, Jean-Luc Nancy, Leiris und Levy Strauss.

8. Was ist von Ihren Wünschen unerfüllt geblieben oder mißlungen und warum?
Ich wollte viele Kinder, so habe ich einen wunderbaren Sohn und viele Künstler-Kinder. Aber ansonsten habe ich nie an das Erreichen eines Ziels gedacht. Es waren Prozesse. Manchmal bedauere ich, daß die Zeit so rast und ich durch meine Ungeduld mir zuwenig Möglichkeit lasse, Prozesse in die Tiefe zu bringen. Ich langweile mich schnell. Als mißlungen könnte man wohl bezeichnen, daß ich jetzt im Alter feststelle, daß das Private zu kurz gekommen ist.

9. Was finden Sie an Frankfurt liebenswert?
Liebenswert, na ja. Es gibt sehr spannende, gescheite und neugierige Menschen in der Stadt. Die Lust am Diskurs gefällt mir.

Ihre Zerrissenheit zwischen Megalomanie und Kleinbürgerlichkeit, zwischen Weltoffenheit und Engstirnigkeit fasziniert mich. Liebenswert ist es nicht. Weiterhin fasziniert mich, daß Frankfurt der Prototyp einer modernen Stadt zu sein scheint, die einzige im deutschen Sprachraum. Das war der Grund für mich, das Angebot, schauspielfrankfurt zu übernehmen, anzunehmen. Weil ich die Kunst- und Kulturarbeit hier am genauesten überprüfen kann.

10. Was verdiente Ihren Tadel an Frankfurter Verhältnissen/Strukturen, an der Kommunalpolitik usw.?
Die Stadt ist im Beamtentum verkrustet, kleinbürgerlich bis ängstlich. Nicht souverän. Sie erkennt ihr Potential nicht und schafft es daher nicht, trotz ihrer einmaligen Situation als zentrale Stadt der Wirtschaft und der Finanzen in Deutschland sich auch als Kulturmetropole zu etablieren, obwohl doch alles da ist und in den Museen, im Theater und der Oper gute Arbeit geleistet wird. Kunst scheint noch immer mit einem Angstfaktor behaftet. Und so weltoffen sie ist, bleibt sie doch ängstlich kleinstädtisch.

Außerdem ist sie medial nicht vielfältig genug – das ist mühsam!

Die Leute reden gerne über alles, haben schnell eine Meinung, d.h. Vorurteile, aber nur wenige informieren sich tatsächlich.

Im politischen Raum gibt es keine richtige Dialogkultur.

11. Welche hier vergessene Frage hätten Sie gern (und wie?) beantwortet?
–

12. Haben Sie ein Lebensmotto, eine Arbeitsdevise?
Bleibe dir selber treu und versuche trotzdem, den anderen zu verstehen. Nimm dich nicht zu ernst. Humor ist die beste Waffe zum Überleben.

Anja Silja

Nach einer fünfzigjährigen Karriere ist sie noch da – und wie! Anfang 2006 ließ James Levine „Die Silja" nach New York einfliegen, das deutsche Stimmphänomen sollte in der Carnegie Hall mit ihrem Auftritt in Arnold Schönbergs Mono- und Melodram *Erwartung* die hohen Erwartungen der verwöhnten Konzertgourmets erfüllen. Mit dem Furor ihres modulationsreichen Stimmorgans sollte das deutsche Vokalwunder James Levines Tryptychon der klassischen Moderne krönen: Das sind die Ballette Bartoks (*Der wunderbare Mandarin*, 1919) und Strawinskys (*Le sacre du printemps*, 1913) und der Schönberg-Monolog *Erwartung* (1909). In Schönbergs wüster Seelenlandschaft hat Anja Silja im September 2006 auch an der Staatsoper Unter den Linden in dieser irritierenden Trostlosigkeit mit auf sich zielender Leidenschaft wahre Gefühlsstürme entfacht.

Im schon fortgeschrittenen Primadonnenalter von 65 Jahren ist es der Silja in New York und Berlin wieder uneingeschränkt gelungen, das Premierenpublikum mit „unerschrockener Hingabe und werkgetreu gruseligen Spitzentönen" zu beglücken, wie die *New York Times* schreibt. Die *Frankfurter Allgemeine Zeitung* lobte besonders jenen „gleißend hellen Metallstrahl" Anja Siljas: Ja, es ist dieser notorisch robuste Sopran, der in der Erinnerung ihrer großen Frankfurter Fangemeinde bis heute nachhallt.

Über viele Spielzeiten hat die in Berlin geborene Goldkehle als Fixstern am Frankfurter Opernhimmel das Publikum zu Ovationen hingerissen. Auf den Flügeln ihrer Arien schien sie aller Erdenschwere enthoben. Bei ihr fallen musikalische Form und menschlicher Ausdruck in eins. Ja, wie kaum eine andere der berühmten Gesangsikonen verwandelt Anja Silja mit stupender Virtuosität Gefühle in Kantilenen, wobei ihre angeborene hohe Musikalität als lebenslange Mitgift ihren internationalen Erfolg begleitet. Der quasi physiologischen Natur ihrer Stimme verdankt sich wohl ihr leicht metallisches Timbre, das weniger Raum läßt für die lyrische Besinnung als für das dramatische Brio.

Nach sieben Spielzeiten im Frankfurter Ensemble unter ihrem damaligen Lebensgefährten Christoph von Dohnànyi hat sich Anja Silja als nun umjubelter Weltstar nach ihrer erfolgreichen Wirkungsstätte am Main zurückgesehnt. Das Siljasche Markenzeichen, diese immer wieder gelingende einzigartige Kombination der sängerischen und darstellerischen Mittel ihrer enormen Ausdrucksskala, hat ihr, zum Beispiel 1991 mit *Lohengrin* oder 1995 mit *Jenufa*, in unserem Erinnerungsrepertoire auf ewig einen festen Platz gesichert.

In Alfred Dresens Inszenierung von Janááeks *Jenufa* sang sie bei ihrem Frankfurter Gastspiel 1995 zuverlässig intonationssicher die Küsterin und Kindsmörderin Buryia mit einer so atemberaubenden Intensität, daß es manchen im Parkett fröstelte. Sie wächst aus dem Stereotyp dieser Opernfigur souverän hinaus, indem sie nicht nur „das starre Prinzip einer von beengten Moralvorstellungen geprägten Gesellschaft verkörpert, eine mährische Verwandte der spanischen Bernada Alba. Sie spricht immer auch gleichzeitig das eigene Schicksal mit, das Wissen um das Leiden“ (Gerhard Rohde in der *F.A.Z.*).

Was bei so vielen ausländischen Sängern oft vermißt wird, die genaue Wortverständlichkeit beim Singen, ist bei der Silja Anlaß zu höchster Befriedigung, wie wir es in *Jenufa* wieder bestätigt fanden: „Die ganze Singerei ist für mich völlig witzlos, wenn Sprache und Darstellung nicht im Einklang stehen. Das Wort ist Teil der Musik, Teil des Dramas. Oper wird erst interessant, wenn all das zusammenkommt“ (Silja).

Unvergessen auch eine Wagnerrolle, die sie merkwürdigerweise in Wieland Wagners Bayreuth nie gesungen hat, die Ortrud. In Nikolaus Lehnhoffs Frankfurter Inszenierung des *Lohengrin* von 1991 war sie das eigentliche Zentrum des Geschehens, auch im ganzen 2. Akt besonders beeindruckend, wie sie mit nuancierter Körpersprache, meistens ohne sängerische Beteiligung, die Gefühlsebene der Handlung bestimmte. Auch Robert Wilson, unter dessen Regie sie kurz zuvor in Zürich die Ortrud sang, war „glücklich“, in der Silja endlich jemanden gefunden zu haben, „die einen Menschen aus der Rolle macht“. Sie möchte „starke Frauen auf der Bühne verkörpern“, weniger die hehren Lichtgestalten wie die Elsa oder lichte Mozartpartien. „Ich bin eine aty-

pische Ortrud", sagt sie selbst. Ihr helles Timbre passe gut zu deren stählernem Charakter.

Als alter Bayreuth-Habitué habe ich Anja Siljas faszinierende Darstellungskunst oft bewundern dürfen – bis zum Tode des für ihre künstlerische und menschliche Entwicklung so entscheidenden Entdeckers und Geliebten Wieland Wagner. Seit Wielands frühem Tod mied sie den Grünen Hügel wie der Satan den Gral. Wieland Wagner hat seinen weltweiten Ruhm als das Wagnerrepertoire entschlackender moderner Regisseur wohl auch der Silja mitzuverdanken. „Bayreuth war mein eigentliches Leben", sagte sie einmal und meinte damit auch ihre große Liebe zu Wieland Wagner. Als er 1966 starb, war dies „die Tragödie meines Lebens, die für mich wohl niemals beendet sein wird". Der berühmte französische Dirigent André Cluytens, der mit Wieland befreundet war und viel in Bayreuth dirigierte, half ihr über Wielands Tod hinweg und wurde ihre spätere große Liebe. Er starb nur ein Dreivierteljahr nach Wieland Wagner.

In einem Brief an mich schildert Anja Silja Cluytens als wunderbaren Charakter, der um der Freundschaft mit Wieland willen darauf verzichtet hatte, auf dem Grünen Hügel den *Ring* und *Tristan* zu dirigieren. Daß sie auch nach Wielands Tod seine Liebe, die er in vielen schönen Briefen immer wieder beschworen hatte, nicht so erwiderte, wie er hoffte, bezeichnet Anja „bis heute als die große Tragik in meinem Leben. Ich versuchte etwas wiedergutzumachen, indem ich sein Haus kaufte, in dem ich nun lebe". Was Anja Silja uns hier gestattet, das ist ein intimer Blick auf zwei große Charaktere mit ergreifenden Leidenschaften.

Verheiratet war sie später mit Christoph von Dohnànyi, dem sie drei Kinder gebar.

Einleuchtender, als dies der Philosoph Erich Fromm tut, läßt sich eine Liebesbeziehung nicht begründen, die im Gleichklang der Interessen und der wechselseitigen Empathie absolute Harmonie verspricht: „Liebe ist nur möglich, wenn sich zwei Menschen aus der Mitte ihrer Existenz heraus miteinander verbinden, wenn also jeder sich selbst aus der Mitte seiner Existenz heraus erlebt. Nur dieses ‚Leben aus der Mitte' ist menschliche Wirklichkeit, nur hier ist Lebendigkeit, nur hier ist diese Basis für Liebe." Ja, ich glaube, das ist es; statt Schillers „Seid umschlungen Millionen" ist es Goethes einfacher Begriff von der „Wahlverwandtschaft", die Anja Siljas exklusive Partnerwahl trefflich charakterisiert.

Anja Siljas kometenhafte Karriere begann mit 16 Jahren am Staatstheater Braunschweig mit der Rosina im *Barbier von Sevilla*, der Micaëla in *Carmen* und mit der schwierigen Partie der Zerbinetta in *Ariadne* von Richard Strauss. Mit 18 Jahren ging sie an die Staatsoper Stuttgart, und schon mit 19 Jahren hat sie unter Karl Böhm als Königin der Nacht an der Wiener Staatsoper Bewunderung hervorgerufen, eine Partie, mit der sie im selben Jahr auch auf den Festspielen in Aix-en-Provence die kulinarischen Gemüter erregte. Mit zwanzig hat sich ihr Lebenstraum erfüllt, als ihr die erste Wagnerbühne der Welt 1960 die Partie der Senta im *Fliegenden Holländer* anvertraute.

Während ihrer siebenjährigen Bayreuth-Zeit hat sie in allen großen Partien ihres hochdramatischen Fachs brilliert; in allen Inszenierungen von Wieland Wagner war sie die Assoluta von „Neubayreuth", in den Feuilletons gefeiert als Prototyp einer neuen Wagner-Interpretin. Mit Wieland Wagners Entsentimentalisierung des Repertoires hatte eine neue Zeitrechnung für Bayreuth begonnen und Anja Silja war dabei seine Muse. Ihre Isolde, die sie jeweils unter Wieland Wagners Regie in Brüssel, Rom, Genf und Bologna gesungen hat, ist bis heute unvergessen. In Bayreuth hatte Birgit Nilsson die Partie gesungen. Indem Anja Silja sich wie ein Naturereignis verströmte, entsprach sie in deren Gestaltung dem bei Nietzsche entlehnten Bild dionysischer Entfesselung mit dem Ineins von Liebe und Tod genialisch. Wie bei all ihren Auftritten stand sie auch im *Tristan* nicht als in Stabreimen singende Isolde und nicht als Chiffre auf der Bühne, sondern im Lichte eines „öden Tags“ als Verkörperung hingebender Liebe.

1959 debütierte die Silja am Frankfurter Opernhaus. Hier hat sie alles gesungen, was schwierig war, unter anderem alle drei Frauen in *Hoffmanns Erzählungen*, die Santuzza und die Königin der Nacht ebenso hinreißend wie die Fiordiligi, Konstanze, den Fidelio. Später dann die Salome, die Marie in *Wozzeck* und die Titelrolle der *Lulu* von Alban Berg, die Renata im *Feurigen Engel* von Prokofieff oder die Desdemona in Verdis *Othello*. Wir Frankfurter konnten uns glücklich preisen, sie außerdem noch in *Die Sache Makropoulos* und, wie gesagt, als Küsterin in *Jenufa* und als Ortrud im *Lohengrin* zu sehen und zu hören.

Außer mit ihrem imponierenden Stimmumfang von dreieinhalb Oktaven beeindruckt sie durch ihr dramatisches Darstellungstalent. Sie durfte sich rühmen, in ihrer Koloraturzeit mit fünf Hochtönen noch über dem Spitzenton von Mozarts Königin der Nacht zu singen. Mit disziplinierter Atemtechnik verstand sie es spielend, die noch so mächtigen Tutti im Orchestergraben zu überwölben.

Für Anja Silja war die Oper mit Ernst Bloch „dynamische Zeitkunst“, ganz im Sinne auch von Ruth Berghaus, mit der sie gern gearbeitet hat und als deren Fan sie sich bezeichnet. *Die Sache Makropoulos* hatte die Berghaus 1983 zwar „mit Symbolen überfrachtet“ und dabei „nicht nur das Telefon, sondern auch noch das Telefonkabel inszeniert“. Mit diesem Satz wollte Anja Silja aber nur demonstrieren, „mit welcher Akribie die Ostberlinerin Ruth Berghaus probierte“. Als Ruth Berghaus in ihrem aufreizend roten Lackkostüm mit schwarzen Schaftstiefeln nach der Premiere an die Rampe schritt, empfing sie ein Experimenten abholdes Premierenpublikum mit ungewöhnlich lauthalsiger Buhruferei.

Weil Anja Silja sich nicht auf Wagner-Opern festlegen ließ, hat sie gern auch Opern von Verdi und Richard Strauss, von Alban Berg oder Janáček das Gütesiegel ihres Temperaments aufgedrückt. Als ob Leoš Janáček ihr die Partie der Emilia Marti in *Die Sache Makropoulos* in die Kehle komponiert hätte, wurde dieser Part zu ihrer Schlüsselrolle: „Weil ich mir mit dieser Frau wie verwandt vorkomme, weil ich Menschlichkeit, aber auch Resignation und Lebensüberdruß in dieser Rolle sehe, was mich fasziniert".

Als ideale Verkörperung der weiblichen Partien des Wagnerrepertoires strebt sie ins Absolute, vergleichbar jener Künstlerexistenz des Tonsetzers Adrian Leverkühn im *Doktor Faustus*, den Thomas Mann vom Ideal eines „von jeder Empirie gereinigten Werkes" träumen läßt, von einer Musik, die sich allein im Kopf des Partiturlesers abspielt. Ich werde nie den meistersingerhaften Finaljubel vergessen, den sie nach der Premiere von *Makropoulos* mit bescheidener Geste entgegennahm. Auch die atonalen Hochseilakte Bergs und Schönbergs hat sie mit ihrem Stimmzauber mühelos mit Intelligenz und artistischer Bravour in die Zirkuskuppel der Oper geschmettert. Darin liegt ihre Magie, die uns in den Bann zieht und unser Staunen hervorruft.

Eines späten Abends im November 1976 schneiten Christoph von Dohnànyi und Anja Silja in meine zeitweilige Wohnung im Rothschildpalais, mit einer Flasche Prosecco bewaffnet: Sie wollten „Gerüchte zerstreuen", er bewürbe sich um das Regiment an der Hamburgischen Staatsoper. Weil ich mit Christoph und Anja längst freundschaftlich verbunden war und ihn 1971 zum Opernintendanten berufen hatte, hielt er es für seine „moralische Pflicht", mich als ersten ins Vertrauen zu ziehen. Beim Abschied an der Haustür flüsterte Anja meiner Frau zu, sie möge mich doch mit dem Hinweis beruhigen, Christophs Forderungen seien derart hochgeschraubt, daß der Hamburger Senat zum Beispiel seinen „Pensionsanspruch" gar nicht erfüllen könne. Er konnte. Ab Spielzeit 1977/78 hieß der Intendant der Hamburgischen Staatsoper Christoph von Dohnànyi, und Anja Silja war der neue Vorzeigestar an der Alster. Später ist Christoph zum Cleveland Orchestra aus Hamburg emigriert, aus „Ekel" über das „Spießertum in der Kunst"!

Da ich zu fast allen Premieren in die Hansestadt geflogen bin, die Christoph dirigierte, und in ihrer schönen Villa an der Elbchaussee kampieren und am imponierend mächtigen Marmortisch frühstücken durfte, habe ich Anja Silja in privater Atmosphäre als völlig unkompliziert, ja in gewisser Weise kumpelhaft erlebt, ohne jedes Stargehabe, das ihr aber auch außerhalb der eigenen vier Wände fremd war. Der hermetische Starzirkus war nicht ihre Welt. Wenn Christoph und ich beim Dejeuner über die schwierigen Anfänge der Mitbestimmung unsere unterschiedlichen Standpunkte gegeneinander abwogen, dann pflegte Anja unsere Spiegeleier mit mildem Spott kräftig nachzuwürzen. Wenn jemand über Anja Silja mitbestimmt, dann sie allein und jedenfalls „kein Kollektiv abgesungener Stimmen".

Ich sehe sie auf ihren burschikos gekreuzten langen Beinen auf dem Sofa hockend Zeitung lesen, ganz in sich ruhend, ohne Anflüge von Nervosität auch angesichts einer nahenden Premiere, eine unbekümmert koboldhafte Melange aus Witz, ironischem Augenzwinkern und vulkanischer Natur. Wie wenig sie sich von Geistesgrößen oder musikalischen Genies beeindrucken ließ, daran erinnert mich ein öffentliches Gespräch mit Hans Werner Henze in der Alten Oper, bei dem sie demonstrativ gelangweilt in der *BILD* blätterte.

Anja Silja stand mit ihren Fachkolleginnen immer auf freundschaftlichen Füßen. So war sie während ihrer gemeinsamen Frankfurter Jahre zum Beispiel mit der nicht minder berühmten Sopranistin Edda Moser (Met, Scala, Salzburg) befreundet, beide frei von jener Stutenbissigkeit, die Primadonnen à la Callas und Tebaldi in die Klatschspalten brachte. Auch mit Leonie Rysanek und Astrid Varnay war sie eng befreundet.

Anja Silja hat 1990 zum erstem Mal selber Regie geführt, *Lohengrin* am Brüsseler Théâtre Royal de la Monnaie, auf dessen Bühne sie schon alle großen Partien ihres Repertoires gesungen hat, zum Beispiel ihre erste Isolde mit 21 Jahren unter Wieland Wagners Regie. In der Sparte Regie sollte es ihr allerdings nicht gelingen, die große Sängerin Silja noch zu übertreffen.

1999 ist Anja Silja für ein paar Stunden an das Frankfurter Opernhaus zurückgekehrt, um über ihre ebenso freimütige wie fröhliche Autobiographie *Die Sehnsucht nach dem Unerreichbaren* zu sprechen.

Warum dieser Titel einer Autorin, die doch künstlerisch alles erreicht hat? Nun, der Begriff „Sehnsucht“ steht hier für die beiden liebsten Menschen, die ihr der Tod entrissen hat: Wieland Wagner und André Cluytens. Aber der Begriff Sehnsucht steht nach ihren Worten auch „für alles, was man sich wünscht, wonach man strebt und wonach man bis an sein Lebensende streben sollte, auch wenn man mehr und mehr begreift, daß es eben nur ein Streben sein kann“.

In ihrer Autobiographie erfahren wir, daß die Tochter zweier Schauspieler mit vollem Namen Anja Regina Langwagen heißt. Silja ist der vom Großvater gewählte Künstlername. Von ihrem Großvater Egon van Rijn hat sie im Alter von sechs Jahren ihre ersten Gesangsstunden bekommen. Schon mit zehn stand sie im Berliner Titania-Theater zum ersten Mal auf den Brettern einer Bühne, die fortan ihre Welt bedeuten sollten.

Musik ist für Anja Silja ein Sehnsuchtsort der Wahrheit und des Guten. Wer ihre himmelstürmenden Sternstunden etwa in Bayreuth, Frankfurt, Stuttgart, Brüssel oder Hamburg miterlebt hat, wer gehört hat, wie sie den Noten des Liebens, des Leidens, des Sterbens die menschliche Note hinzufügte, wird sich einer Anja Silja erinnern, die mit dem Bewußtsein lebt, mit „unerschrockener Hingabe“, wie die *New York Times* schrieb, ein Mensch zu sein, mit einer Aufgabe, die sie „als Geschenk“ empfindet. Außerdem habe ich an Anja Silja immer wieder bewundert, wie sie leichten Herzens darauf verzichtet hat, ihren Ruhm in Glamour verwandeln zu lassen.

Fragebogen

1. Ihre nachhaltigste (oder liebste) Kindheits- oder Jugenderinnerung?
Die Unbeschwertheit meines Elternhauses, meines Großelternhauses.

2. Wer oder was hat die Anfänge Ihres beruflichen Lebensweges entscheidend mitgeprägt?
Natürlich mein Großvater.

3. Welches bedeutende Frankfurter Ereignis (welche Begegnung) hat sich besonders tief in Ihre Erinnerung eingegraben?
Der *Othello* mit Wieland und André.

4. Welcher Autor, Maler, Komponist, Politiker usw. hatte gehörigen Einfluß auf Ihre Arbeit?
Wagner und Janáček, heute Papst Benedikt.

5. Mit welchen wichtigen Menschen sind Sie befreundet?
Alle, die ich kenne, sind wichtig.

6. Welcher Typ Mensch ist Ihnen zuwider?
Die *busybodys.*

7. Welches Faktum war rückschauend ein besonders wichtiger Meilenstein/Wendepunkt in Ihrer „Karriere"?
Die Begegnung mit Wieland Wagner.

8. Was ist von Ihren Wünschen unerfüllt geblieben oder mißlungen und warum?
Erfüllte Wünsche sind keine Wünsche mehr.

9. Was finden Sie an Frankfurt liebenswert?
Eigentlich mehr die Umgebung.

10. Was verdiente Ihren Tadel an Frankfurter Verhältnissen/Strukturen, an der Kommunalpolitik usw.?
–

11. Welche hier vergessene Frage hätten Sie gern (und wie?) beantwortet?
–

12. Haben Sie ein Lebensmotto, eine Arbeitsdevise?
Demut vor dem, was man tut.

Trude Simonsohn

Im nordmährischen Olmütz hat Trude Guttmann das Licht einer damals noch friedlichen Welt erblickt. Ihre unbeschwerte Kindheit hat sie im gutbürgerlichen Elternhaus eines jüdischen Kaufmanns erlebt. Wie in vielen Familien des Olmützer Bürgertums sind die Kinder in guter K.-und-K.-Tradition auch bei den Guttmanns bilingual aufgewachsen: Tschechisch und Deutsch als Muttersprachen. Das pünktliche Geläut vom Turm des romanischen Wenzelsdoms hat dafür gesorgt, daß die wohlbehütete, wache, sportliche Tochter Trude nie zu spät in die tschechische Volksschule und später in das deutsche Realgymnasium kam.

Zwischen Trudes Adoleszenz und ihrem 85. Geburtstag, den sie im Jahre 2006 im Jüdischen Gemeindezentrum an der Savignystraße feiert, liegen bewegte Jahrzehnte eines bewegenden Lebens. Es gratulierten ihre vielen Frankfurter Freunde mit Standing ovations, nachdem Salomon Korn bei einer koscheren Mahlzeit einmal mehr sein beneidetes Talent der einfühlsamen Rhetorik unter Beweis gestellt hatte. Dieser klügste aller Köpfe unter den jüdischen Repräsentanten fand die Latenzzeit des Schweigens in Trude Simonsohns lebendiger Erinnerungskultur beeindruckend aufgehoben. Lange genug hatte die Zeit des nachkriegsdeutschen Beschweigens auch in Frankfurt gedauert, einer Stadt, in deren Mauern vor 1933 über 30 000 jüdische Bürger unangefochten lebten.

Kaum ein anderer Lebensweg gleicht so sehr einer modernen Odyssee wie Trude Simonsohns abenteuerliche Reise durch eine aus den Fugen geratenen Welt. In der prosperierenden Tschechoslowakischen Republik der Ära Tomáš Masaryks ist Trude erwachsen geworden, unter einem Präsidenten, der Judentum nicht nur als Religion, sondern auch als eine ethnische Gemeinschaft verstand. Einem liberalen, demokratischen Humanismus verpflichtet, war der populäre Masaryk 1930 der Spiritus rector einer Volkszählung, bei der sich die Bürger seiner Vielvölker-Republik zur tschechischen, slowakischen, ungarischen, deutschen oder jüdischen Nationalität bekennen konnten. Es müsse selbstverständlich sein, diese Zugehörigkeit ohne Loyalitätsprobleme auszuleben. Dem „alltäglichen Gerücht über die Juden", wie Adorno den latenten Antisemitismus später in den *Minima Moralia* bezeichnen wird, wollte Masaryk keine Chance einräumen. Schließlich stellten die Juden in der Schar der Geistigen eine Elite dar, wie Walter Benjamin später zutreffend befand. In dieser Zeit eines von deutscher Kultur durchtränkten Judentums in der Tschechoslowakei fanden die wenigen judenfeindlichen Flüsterer nur unmaßgebliche Resonanz.

Also nicht ins Unglück geboren, hat Trude Simonsohn zwischen ihrer sorgenfreien Kindheit und dem Ende der Hitlerdiktatur alle schrecklichen Erfahrungen durchlitten, die bis dahin selbst in schlimmsten Albträumen nicht denkbar waren. Geblieben ist ihr ein traumatischer Fundus an schmerzlichen Erinnerungen, bis in unsere Tage hinein. Ohne ihren Leidensweg zu einem Rührstück zu verfugen, gemahnt sie in zahllosen Gesprächen an unsere Pflicht zur Erinnerung.

Ich mochte der charmanten Zeitzeugin immer wieder gern zuhören, wie sie im Erzählcafé des Historischen Museums, in der Adolf-Reichwein-Schule oder den Studenten an der Uni mit einnehmender Freundlichkeit ihre Erlebnisse schilderte, hochherzig, ohne Schuldzuweisungen: „Ihr habt doch damit überhaupt nichts zu tun. Ihr habt aber die Verantwortung für die Zukunft", entbindet sie die heranwachsende Generation von der Kollektivschuld. Sie widerspricht damit jenem Diktum, alle Kultur sei nach Auschwitz mit Schuld kontaminiert. Sie weiß aber auch: Wo Erinnerung mißbraucht wird, ist Versöhnung nicht mehr möglich. Meistens sind es die Lehrer, die sie nach ihrem ganz persönlichen Verhältnis zum Land der Thora und des Talmuds befragen, nach Israels umstrittener Palästinenserpolitik. Seit dem Sechs-Tage-Krieg von 1967 hat sie intensiv für die israelisch-arabische Verständigung gearbeitet. Auf antisemitische Subtexte antwortet sie mit unverzagter Miene ernsthaft argumentativ, mit feiner Witterung für den Mangel an politischer Hygiene, wie sie manchen mitgeschleppten Begriffen eignet. Es ist diese unpathetisch mahnende Kraft der Erinnerung, ihre sehr persönliche, der Zukunft zugewandte Art der Trauerarbeit jenseits der Tränen, die ihre Zuhörer mehr fasziniert als redselige Holocaustprosa. Es ist

ihrem Charakter fremd, ihre himmelschreienden Erlebnisse in zwei Konzentrationslagern nachträglich ins Heroische einzufärben. So gilt sie in Frankfurt als solitäre Brücke zwischen den Generationen, zwischen der Jüdischen Gemeinde und nichtjüdischen Frankfurtern.

Die Stadt ihrer Sehnsucht ist Jerusalem geblieben, weniger das himmlische Jerusalem als das irdische mit seiner jahrtausendealten Geschichte, als die heilige Stadt der Juden, in friedlicher Koexistenz mit Christen und Muslimen.

Nach dem erzwungenen Anschluß Österreichs an das Deutsche Reich 1938 war es die Tschechoslowakei, die als erster Staat, noch vor Hitlers Blitzkrieg gegen Polen, unter den massiven Druck des braunen Diktators geraten war. Die demokratischen Staatenlenker Chamberlain und Daladier hatten im Verein mit dem Faschisten Mussolini mit ihrer folgenschweren Unterschrift unter das sogenannte Münchner Abkommen die Menschen in der Tschechoslowakei im Stich gelassen, in der vergeblichen Hoffnung, die „Sudetenkrise" zu befrieden. Mit ihrer Unterschrift haben sie die Annexion der überwiegend von Deutschen besiedelten Grenzgebiete Böhmens und Mährens durch das Deutsche

Reich billigend in Kauf genommen. Das Sudetenland gehörte von diesem Moment an zum Deutschen Reich, dem „Dritten Reich", mit allen bitteren Konsequenzen, wie der letalen Verfolgung von Juden, Demokraten, Sozialisten und Kommunisten.

Dieser dramatische Bruch des Völkerrechts markiert die große Lebenszäsur Trude Simonsohns, den Beginn ihres Leidenswegs: In ihrer Schule wird das Münchner Abkommen mit einem lauten „Heil Hitler!" begrüßt. Zu einer Sprachübung im Englischunterricht, die eine „Klassenkameradin" Trudes mit offensiver antisemitischer Propaganda fermentiert hatte, klatschen die Mitschüler spontanen Beifall. Ein halbes Jahr später, am 15. März 1938, überschreiten deutsche Truppen die Landesgrenze. In den dröhnenden Marschtritt der Knobelbecher und dem Lärm rotierender Panzerketten auf den Straßen der Goldenen Stadt mischt sich in Trudes Ohren obsessiv der Hufschlag der apokalyptischen Reiter. Mit schleichender Beharrlichkeit dienen die Juden bald als Projektionsfläche für alle Probleme, Ängste und Sorgen, die durch keine Begriffe gebannt werden.

Widerstand war für Trude Simonsohn damals eine Frage der Selbsterhaltung. Bereits seit 1937 war sie aktiv in der zionistischen Jugendbewegung. Nach deren Verbot arbeiteten Trude und ihre Freunde illegal weiter. Ziel der Gruppe war es, sich auf ein Kibbuz-Leben in einem erträumten jüdisch-sozialistischen Palästina vorzubereiten. Auf einem Gut in Mähren hatten sie agrarische Kenntnisse erworben, die sie später in Palästina zu verwenden hofften.

Ihr Lebenstraum sollte schon bald zerplatzen, als pünktlich zu Kriegsbeginn 1939 ihr Vater in Olmütz verhaftet und nach Buchenwald, später von dort nach Dachau verschleppt wurde. Um ihre Mutter nicht im Stich zu lassen, war Trude im Land geblieben, während die meisten ihrer Freunde rechtzeitig die Reise ins Gelobte Land angetreten hatten. Nach dem Attentat auf SS-Obergruppenführer Reinhard Heydrich, stellvertretender Reichsprotektor von Böhmen und Mähren, wurde sie als politisch Verdächtige im Juni 1942 verhaftet. Nach zermürbender Einzelhaft, in der sie vom Tod ihres Vaters erfuhr, ist sie im November 1942 in das KZ Theresienstadt deportiert worden, wo sie völlig ahnungslos ihre Mutter wiederfand.

Im „Vorzeigelager“ Theresienstadt hat Trude ihren späteren Mann kennengelernt, den gebürtigen Bernburger Berthold Simonsohn (1912–1978), damals Mitglied der Sozialistischen Arbeiterpartei SAP und Zionist. Als Jurist war er während der Zeit des Nationalsozialismus von großer Bedeutung für die jüdische Sozialarbeit in Deutschland gewesen. Auch war er Mitstreiter so bedeutender Persönlichkeiten des deutschen Judentums wie Leo Baeck, Hannah Karminski und Paul Eppstein. Mit Paul Eppstein und seiner Frau verband Trude und Berthold Simonsohn in Theresienstadt eine enge Freundschaft. An einen bewegenden Vortrag von Leo Baeck auf einem lausigen Dachboden in Theresienstadt erinnert sich Trude genauer: „Ich hatte das Gefühl, einem großen Gelehrten zuzuhören, wie in einer guten Universität – und das inmitten von Krankheit, Hunger, Verzweiflung und Tod!“ Später, in der Nachkriegszeit, wird Berthold Simsonsohn die wiedergegründete „Zentralwohlfahrtsstelle der Juden in Deutschland“ aufbauen. Als Professor für Sozialpädagogik und Jugendrecht an der Goethe-Universität wurde er berühmt.

Über das Lagerleben Theresienstadt, jenem signifikanten symbolischen Ort der Terrorgeschichte des letzten Jahrhunderts, existieren widersprüchliche Bilder. *Der Führer schenkt den Juden eine Stadt* war der zynische Titel eines 1944 vom zwangsverpflichteten jüdischen Regisseur Kurt Gerron gedrehten Propagandafilms der Nationalsozialisten über das angeblich komfortable Lagerleben der Juden in Theresienstadt, einer inzwischen ausgemusterten Festungsanlage, die der habsburgische Kaiser Joseph II. zwischen 1780 und 1790 in Nordböhmen errichten ließ. Theresienstadt diente ab November 1941 als Ghetto für Juden vor allem aus dem „Protektorat Böhmen und Mähren“ und aus dem Deutschen Reich. Theresienstadt war in Wahrheit aber ein Vorhof zur Hölle. Unter unvorstellbaren Bedingungen waren die Juden aus meist bürgerlichen Verhältnissen oder künstlerischen Berufen in drangvoller Enge zu vegetieren gezwungen. In den schlimmsten Zeiten waren dort 60 000 Menschen zusammengepfercht. Kälte, Hunger, Durst, mangelnde Hygiene und vollkommen unzureichende Unterkünfte erzeugten Massenepidemien. Fehlende Medikamente ließen die Todeszahlen eskalieren. 33 500 Menschen starben in Theresienstadt, bevor sie wie 150 000 andere Häftlinge in die „Todesfabriken" nach Auschwitz oder Treblinka deportiert werden konnten.

Dem allgegenwärtigen Grauen begegneten die Häftlinge ohne Selbstmitleid, mit bewundernswerter Widerstandskraft und unbeugsamen Lebenswillen. Der erfahrene Sozialarbeiter Berthold Simonsohn spielte in dieser Pseudorealität mit seiner Überlebensstrategie eine essentielle Rolle. Ebenso Trude als Erzieherin, die mit viel Liebe junge Mädchen umsorgte, die mit ihr gegen den ausdrücklichen Befehl des SS-Lagerkommandanten Seidl mit großem Eifer diszipliniert lernten: „Denn die Kinder und Jugendlichen waren unsere Hoffnung. Wir dachten: Sie haben bessere Chancen zu überleben. Wir wollten ihnen all das Gute mitgeben, was wir ihnen geben konnten: Lebensmut, Liebe zum Mitmenschen, Liebe zur Kunst und zur Natur, Selbstbewußtsein und moralisches Rückgrat. Obwohl die Nazis uns jeden Tag nachriefen: Ihr seid weniger wert als Läuse. Trotz der Gefangenschaft, der schweren körperlichen Arbeit, der Krankheiten, des Hungers!", erinnert Trude Simonsohn die bitteren Bilder mit erschütternder Genauigkeit. „Aber wir sollten uns schrecklich getäuscht haben. Fast alle Kinder unter vierzehn schickten die Transporte in den Tod."

Zu den wenigen „ihrer Mädchen", die überlebten, pflegt Trude Simsonsohn bis heute eine enge Beziehung. Sie sind „ihre Kinder" – fast wie ihr nach dem Krieg geborener Sohn. Ihren 75. Geburtstag hat Trude bei einem ihrer überlebenden „Mädchen" in New York gefeiert. Zu ihren schönsten gemeinsamen Erinnerungen gehört die Aktion „Jugend hilft den Alten!". Die Essensrationen in Theresienstadt für die Alten waren noch schmaler als für die Jungen. Der Ältestenrat hatte das so festgesetzt, weil die Jugendlichen härter arbeiten mußten. In den Baracken der Alten waren die hygienischen Bedingungen höchst unzureichend. In ihrer karg bemessenen Freizeit gingen die jungen Menschen zu den alten, halfen ihnen beim Waschen und brachten ihnen Essen. Viele Freundschaften sind so entstanden. „Du hast kein Enkelchen – und ich hab keinen Opa. Kann ich nicht dein Enkelchen sein? sagte eines der Kinder. Diese Freundschaften endeten fast alle im Gas." Während Trude sich in unserem Gespräch daran erinnert, werden ihre Augen feucht.

Im Angesicht des allgegenwärtigen Todes half eine in Theresienstadt eingesperrte bemerkenswerte Phalanx von Malern und Musikern, Komponisten, Schriftstellern und Wissenschaftlern den Häftlingen in ihrer dauerhaften Bedrängnis den unbedingten Willen zum Leben zu stärken; mit einer unglaublichen Fülle kultureller Angebote haben sie das Lagerleben erträglicher gemacht. Auch damit sie ihre Identität nicht verlören und ihre Selbstachtung wahrten. Die Kinder haben sie in den Lebensweisheiten unterrichtet und alle Mitleidenden mit Konzerten und Lesungen (aus Goethes *Faust*), mit Theateraufführungen (Mendelssohns *Elias*) und Vorträgen (u.a. von Leo Baeck) beschenkt. So entstand, was der Häftling H. G. Adler als „eine einmalige Wahnwelt“ beschrieb, in der kaum einer zwischen Wirklichkeit und Camouflage zu unterscheiden in der Lage war.

Für Trude Simsonsohn blieben die Kunsterfahrungen dieser Illusionsidylle Theresienstadt jedenfalls prägend. Von Verdis *Requiem* als melodischem Balsam in der Bedrängnis verzweifelter Seelen im Elend schwärmt sie noch heute, als habe sie das Konzert gestern erlebt. Sie und ihre Gefährten empfanden die Kultur in Theresienstadt als eine Form geistigen Widerstands, während das NS-Regime die kulturellen Aktivitäten für seine eigenen Propagandazwecke instrumentalisierte. So hatte Zyniker Goebbels eine Delegation des Internationalen Roten Kreuzes eingeladen, Theresienstadt am 23. Juni 1944 zu besuchen. Dafür wurden in aller Eile im Lager Potemkinsche Kulissen errichtet, um die Camouflage perfekt zu machen.

Was Trude sich damals nicht vorstellen konnte: Seit Januar 1942 war Theresienstadt für die allermeisten Insassen nur noch Durchgangsstation für Transporte in den Tod, in die Vernichtungslager im Osten. Trude Simonsohns Mutter war eine der ersten, die deportiert wurden. Daß es für sie im neuen Lager noch grausamer werden würde, konnte Trude bei der Trennung nur vermuten. Als sie auch ihren Mann auf der Deportationsliste findet, meldet sie sich spontan freiwillig, um an seiner Seite zu sein. Ihr Waggon öffnet sich erst wieder an der Endstation Auschwitz. Die beiden Simonsohns erkennen sofort: Hier würde es noch viel schrecklicher werden, als sie befürchtet hatten. Vor der Trennung, der Verbringung in verschiedene Lagerbereiche, können sie sich noch versprechen: Falls wir die Hölle überleben, treffen wir uns nach dem Krieg in Theresienstadt.

Über ihre Zeit in Auschwitz-Birkenau kann Trude nur mit Schmerzen erzählen: „Ich erinnere mich nur an stundenlanges Appellstehen – während Nazi-Melodien spielten – an sonst nichts. Wer unbeschreiblich starke körperliche Schmerzen hat, fällt in Ohnmacht. Birkenau, das war ein vollkommen unerträglicher seelischer Schmerz. Auch die Seele kann bewußtlos werden." Die barbarische Selektion an der berüchtigten Rampe von Auschwitz wird sie nie vergessen, das demütigende Gefühl, kahlgeschoren zu werden, die Pein entwürdigender Nacktheit vor der entmenschten, grinsenden Kohorte der SS. Trudes Blicke waren fixiert auf die zynische Geste des SS-Mannes, die je nach Laune nach rechts oder links ausschlug und so über die letale Alternative entschied: Tod durch die Gaskammer oder zeitverzögerte Vernichtung durch Arbeit. Auch in Extremsituationen wie diesen hat Trude Simonsohn ihre Würde nie verloren.

Auch an die raren Momente menschlicher Regungen erinnert sich Trude Simonsohn mit verhaltener Stimme, etwa als im Arbeitslager Kurzbach bei Drachenberg beim Schaufeln von Panzergräben im tiefverschneiten Polen der Kommandant, diesmal kein SS-Mann, an die frierenden Frauen Wintermäntel ohne die stigmatisierenden roten Ärmelstreifen verteilte. Nur dank dieser „neutralen" Mäntel und den zu Turbanen geknüpften Kopftüchern über den kahlgeschorenen Schädeln konnte die Flucht gelingen.

„Wir fühlten uns plötzlich wieder als Menschen, wir lebten gemeinsam, sangen gemeinsam, logen gemeinsam, um zu überleben. Wir standen füreinander ein." Sie reihen sich in den Treck heimatlos gewordener Menschen ein. In Frontnähe weisen ihnen Nazibehörden Unterkünfte und Arbeitsstellen zu. Immer wieder droht ihre Tarnung aufzufliegen. Wenige Tage vor Kriegsende werden sie schließlich ein letztes Mal verhaftet. Als die fette Kommandantin des Lagers Merzdorf sie zwingen will, den roten Erkennungsstreifen auf ihre Mäntel zu malen, scheitert ihr Befehl am kategorischen Nein der Frauen. Neinsagen hat viel mit wiedergefundener menschlicher Würde zu tun. Fritz Bauers Wort, wonach der Kern des Widerstands „das Nein zum bösen Gesetz aus dem Mund des mit-leidenden Bruders“ ist, versteht man erst im Kontext des satanisch Bösen, das unschuldigen Menschen wie Trude Simonsohn widerfuhr.

Als ihr am 9. Mai 1945 ein Rotarmist zuruft: „Der Krieg ist aus!“, empfindet Trude sein Signal als wunderbare Rettung aus einer grausigen Vergangenheit. Wieder motiviert zur Zuversicht, fährt Trude Simonsohn kurz entschlossen nach Prag und dann endlich heim nach Olmütz, in die versunkene Stadt ihrer Jugend, an den Ort ihrer gemordeten Hoffnungen. Sie findet dort nichts mehr von dem, was sie einmal geliebt hat. Als sie erfährt, daß auch ihr Mann die Hölle überlebte, eilt sie nach Theresienstadt, wo sie sich beide für den Fall aller Fälle verabredet hatten. Und wie in einem kitschigen Roman fallen sie sich dort in die Arme. Diesen symbolisch aufgeladenen Moment erinnert sie ganz sachlich: „Wir mußten unsere Beziehung neu aufbauen. Man kann nicht durch die Hölle gehen, ohne sich zu verändern. Jeder mußte erst den Schock überwinden.“ Weil diese Geschichte aber das wirkliche, grausame Leben geschrieben hat, berührt sie uns um so mehr. Seit der Befreiung empfindet Trude Simonsohn „jeden Tag als Geschenk“.

Mancher, der Trude Simonsohns authentischen Berichten aufmerksam zugehört hat, wird den von Politikern gern als Ideologem verwendeten Begriff von der „Einzigartigkeit des Holocaust“ nicht ohne Erläuterung übernehmen können. Der Jerusalemer Historiker Yehuda Bauer hat in seiner Rede vor den Vereinten Nationen zum „Holocaust Memorial Day“ 2001 die „Einzigartigkeit“ durch das erklärungsbedürftige bürokratische Wort „Präzedenzfall“ ersetzt. Der Begriff „Einzigartigkeit“ ist semantisch positiv besetzt. „Singulär“ im Sinne von „unvergleichlich“ und „beispiellos“ wäre nach meiner Meinung der treffende Begriff für das Ungeheuerliche. Einzigartig aber, das sind die Geschöpfe Gottes, ist der vernunftbegabte Mensch, nicht seine massenhafte grausame Vernichtung. Einzigartig sind Beethovens Neunte Symphonie oder Gustav Mahlers Siebte. Einzigartig ist Verdis Requiem, sind die Gedichte Goethes und Hölderlins, sind Michelangelos David und Rodins Bürger von Calais oder meinetwegen die sogenannten Sieben Weltwunder. Der Holocaust ist das entsetzliche

Gegenteil der etymologischen Bedeutung des Begriffs Einzigartigkeit. Für die unverfrorene „Entgleisung" des nationalkonservativen Historikers Arnulf Baring fehlt mir jedes Verständnis, der im Herbst 2006 auf einem Wiesbadener CDU-Kongreß unter Beifall die „These von der Einzigartigkeit deutscher Verbrechen" frech als „Sünderstolz" und als „eine merkwürdige Art von Überheblichkeit" brandmarkte.

Obwohl der Begriff „Einzigartigkeit" im Kontext der Shoah ein für allemal festgeschrieben ist, darf über den philologischen Zwiespalt jedoch nachgedacht werden. Einzigartig waren allein die Menschen, die mit ihrem Tod dem Holocaust den Namen gaben.

Trude Simonsohn ist diesen Schmerzensweg gegangen, und nur wie durch ein Wunder konnte sie 85 Jahre alt werden und schließlich wieder ein fröhlicher, optimistischer Mensch – mit einem Herzen voller Würde. Sie gibt in ihren Gesprächen zu erkennen, daß sie nicht wie Martin Walser auf eine imaginäre Normalität spekuliert. Deshalb berichtet sie von dem, was ihr widerfahren ist, von ihrem Ausgeliefertsein an das Schicksal, ohne jedes Pathos.

Der Holocaust, das ist der von Hitler verantwortete Zivilisationsbruch, das historisch singuläre Verbrechen an der Menschlichkeit, und nur insofern ist er „einmalig". Diese Singularität heute zu beschreiben fehlen unserer Sprache die Worte. Als Zeugin einer gespenstischen Ära rekurriert Trude Simonsohn gelegentlich auf das wichtige Buch *Eichmann in Jerusalem* (1963), das die Banalität des radikal Bösen als Katastrophengeschichte schildert, das im industriellen Massenmord seine Klimax erreicht und im Holocaust furchtbar kulminiert. Ohne diese Aussagen zu relativieren, ist Trude Simonsohn entschieden gegen einen ritualisierten und ästhetisierenden Umgang mit dem Holocaust, wie sie auch gewissen Tendenzen widerspricht, die Shoah zu sakralisieren. Sie mag auch nicht wie Joschka Fischer den Holocaust zweckdienlich zum Gründungsmythos der Bundesrepublik erklären. Sie verkörpert ein Judentum der Vernunft, das danach strebt, daß Israel nicht allein der Staat der Juden bleibt, sondern zur Heimat aller seiner Bürger wird.

Bei aller Notwendigkeit einer sich säkularisierenden Erinnerung beharrt sie auf ihrer Meinung, daß die Shoah ein wichtiger Bestandteil der jüdischen Identität bleiben wird, ohne sie gleichzeitig zum Sinnstifter zu erheben. Vergleiche mit Stalins Genozid lehnt sie strikt ab, menschliches Leid läßt sich nicht saldieren. In der gegenwärtigen Phase der „Opferkonkurrenz“ wehrt sie sich damit auch gegen eine Hierarchisierung der Opfer. Deren Leid läßt sich nicht unter tonnenschweren Denkmälern historischer Schuld feierlich begraben.

Über Umwege führte ihr Weg kurz nach Frankfurt, um hier jenen entwurzelten Künstlern zu helfen, die Hitler überlebt hatten. Ende 1946 geht sie mit ihrem Mann für vier Jahre in die Schweiz, zunächst nach Davos. Ihr „Bertel“ studiert dann in Zürich Jura. Trude arbeitet wieder mit Kindern, darunter jüdische Kinder aus Osteuropa, die in den schützenden Wäldern überlebt haben. Später, in Hamburg, wird Berthold Simonsohn beim Aufbau der Jüdischen Gemeinde die Abteilung für Wohlfahrt übernehmen. An der Alster wird auch ihr einziges Kind geboren, Michael, heute ein bekannter Internist in Frankfurt. 1955 übersiedeln die Simonsohns endgültig nach Frankfurt am Main. Berthold wird auf den Lehrstuhl für Sozialpädagogik und Jugendrecht berufen und Trude wirkt als Jugendschöffin bei Strafprozessen mit. 1978 stirbt Berthold Simsonsohn. Trude beginnt mit ihrer ehrenamtlichen Arbeit in der Jugendgerichtshilfe der Arbeiterwohlfahrt. Ihre mütterliche Hinwendung erfahren vor allem jungendliche Straftäter türkischer, marokkanischer, kroatischer und serbischer Herkunft. Ihr Rat ist in vielen Gremien gefragt, gemeinsam sind wir beide im Vorstand der Pestalozzi-Stiftung, wo ich immer neben ihr meinen Kaffee schlürfen darf.

Wofür sie zahlreiche Ehrungen erhielt, das ist ihr soziales Engagement zum Beispiel als Sozialdezernentin der Jüdischen Gemeinde Frankfurt, deren vornehme Gemeinderatsvorsitzende sie zeitweilig war, oder auch als Aktivposten in der WIZO (Womens International Zionist Organisation). „Das Engagement der Frankfurter Judenheit heute in unserer Stadt wäre ohne ihr Wirken nicht denkbar“, summierte Oberbürgermeister Andreas von Schoeler ihre ehrenamtliche Arbeit. Noch heute geht die Überlebende von Auschwitz in die Schulen, um von ihrer dramatischen Geschichte ganz undramatisch zu erzählen – und alle hören ihr zu.

Im Wiesbadener Schloß Biebrich am Rhein wird Trude Simonsohn 1996 von Ministerpräsident Hans Eichel mit der höchsten Auszeichnung des Landes Hessen angemessen geehrt, mit der Wilhelm-Leuschner-Medaille. Leuschner, Hessischer Innenminister bis 1933, hatte postuliert: „Eine Heimstatt für Freiheit und Gerechtigkeit soll der neue Volksstaat sein." Wegen seines mutigen Eintretens für demokratische Tugenden wurde Leuschner 1944 in Berlin-Plötzensee hingerichtet. Die Stadt Frankfurt ehrte Trude Simonsohn 1993 mit der Verleihung der Ehrenplakette. Aus ihren charmanten Seelenfalten leuchteten ihre Augen milde und dankbar auf ihre vielen neuen Freunde im Limpurgsaal. Ihr mütterlicher Charme wärmte wieder einmal unsere Herzen.

Als „mein schönstes Geburtstagsgeschenk" benannte Trude Simonsohn an ihrem 85. Geburtstag die Freude, daß sie mit ihrem Sohn, mit dessen Frau und ihrem Enkel David feiern konnte – und mit den einzigen Verwandten der kleinen Familie, dem in Dänemark lebenden Sohn von Bertholds überlebenden Bruder Alfred, seiner Frau und seinen beiden Kindern. Die waren zu ihrer Überraschung eigens angereist. Angesichts dieser Freude versagte ihr sympathisch die Stimme.

Anmerkung: Carmen-Renate Köper hat für den Hessischen Rundfunk einen Dokumentarfilm über Trude Simonsohn produziert, übrigens auch einen über Anja Lundholm. Mit beiden Film-Porträts hat sie anschaulich zur Aufklärung über das Reich des Schreckens beigetragen.

Fragebogen

1. Ihre nachhaltigste (oder liebste) Kindheits- oder Jugenderinnerung?
Ich hatte eine wunderbare, behütete Kindheit.

2. Wer oder was hat die Anfänge Ihres beruflichen Lebensweges entscheidend mitgeprägt?
Der Nationalsozialismus, der mir alle Chancen genommen hat, die ich sonst gehabt hätte.

3. Welches bedeutende Frankfurter Ereignis (welche Begegnung) hat sich besonders tief in Ihre Erinnerung eingegraben?
Die Verleihung des Friedenspreises des deutschen Buchhandels an Ernst Bloch und Václav Havel.

4. Welcher Autor, Maler, Komponist, Politiker usw. hatte gehörigen Einfluß auf Ihre Arbeit?
Minister Udo Corts, weil er 2004 das „Jahr des Widerstands" ausgerufen hat und weil er meine Arbeit als Zeitzeugin schätzt.

5. Mit welchen wichtigen Menschen sind Sie befreundet?
Mit Elisabeth Abendroth, Carmen und Peter Eschberg und vielen anderen. Die wichtigsten Menschen, die in meinem Leben eine große Rolle gespielt haben, sind leider tot: Dr. Karl Brozik z.B. und Ignatz Bubis.

6. Welcher Typ Mensch ist Ihnen zuwider?
Der, der nicht ehrlich ist, der lügt und intrigiert.

7. Welches Faktum war rückschauend ein besonders wichtiger Meilenstein/Wendepunkt in Ihrer „Karriere"?
Es gab viele Wendepunkte in meinem Leben, z.B. nach der Befreiung oder dem Tod meines Mannes: Vor fast 30 Jahren begann ich als Zeitzeugin in die Schulen zu gehen.

8. Was ist von Ihren Wünschen unerfüllt geblieben oder mißlungen und warum?

Fast alle, auf Grund der NS-Zeit. Bis auf das große Glück, daß wir beide, mein Mann und ich, überlebt haben.

9. Was finden Sie an Frankfurt liebenswert?

Ich liebe die großen Grünflachen Frankfurts. Ich habe das Glück, diese ganz in der Nähe meiner Wohnung zu haben: den Grüneburg-Park, den Botanischen Garten und den Palmengarten. Ich liebe es, wie Feste in Frankfurt gefeiert werden und die Kultur (aber nicht zu jeder Zeit).

10. Was verdiente Ihren Tadel an Frankfurter Verhältnissen/Strukturen, an der Kommunalpolitik usw.?

–

11. Welche hier vergessene Frage hätten Sie gern (und wie?) beantwortet?

–

12. Haben Sie ein Lebensmotto, eine Arbeitsdevise?

–

Anne-Marie Steigenberger

Anne-Marie Steigenberger wurde längst schon zur Ikone der allgemeinen Aufmerksamkeit. Wann immer die aparte, zierliche Grande Dame eines der renommiertesten Hotelimperien Europas irgendwo aufkreuzt, findet sich ihre Ankunft vom Raunen der Sympathie begleitet. Ihr Name wurde nicht nur durch den international operierenden Konzern ein Begriff bis nach Tokio und New York. Sie repräsentiert und füllt diesen Begriff auf exemplarische Weise kraft ihrer starken Persönlichkeit, in der sich klare Intelligenz, preußische Verläßlichkeit, diskreter Charme, Mut und Edelmut, resolute Selbstdisziplin und natürliche Noblesse aufs glücklichste zum Charakterbild einer wahren Patriarchin verbinden. Ihre erstaunliche geistige und physische Vitalität noch im leuchtenden Lebensherbst entspringt einem gertenschlanken zarten Körper, der immerhin sechs Kindern das Leben schenkte. „Energie" heißt ihr Erfolgsfaktor, mit diesem einen Wort wäre die distinguierte Hüterin des Steigenberger-Erbes mit heute 82 Hotels in sechs Ländern trefflich charakterisiert.

Angesichts eines erbarmungslosen globalisierten Wettbewerbs sind Anne-Marie Steigenberger ebenso wie ihre Töchter Christine, Claudia und Bettina herausgefordert, alle ihre Energien zu entfesseln. Nach ihrer Scheidung drucken die drei Töchter wieder den stolzen Namen Steigenberger auf ihre Visitenkarten. Das Steigenberger-Quartett hält mit satten 99,6 Prozent fast das gesamte Aktienkapital. Die vier praktizieren die Klugheitsregel, wonach jede für das verantwortlich ist, worin sie jeweils höhere Kompetenz als die anderen hat, denn alle vier sind sich einig: Insolvenz möge für den Konzern gefälligst auf ewig ein Fremdwort bleiben.

Anne-Marie ist als Tochter des Rechtsanwalts Otto Bauer im beschaulichen Baden-Baden aufgewachsen, wo im Spielkasino schon damals kein Rubel des russischen Hochadels mehr rollte. 1941, im dritten Jahr des Hitlerkrieges, sind die Eltern samt Sohn Dieter und Tochter Anne-Marie nach Polen umgezogen, wo der Vater inzwischen eine exponierte Führungsposition im „Generalgouvernement" bekleidet. Vor diesem politischen Hintergrund blieb der Mord an ihrem Vater und seinem Sekretär und Fahrer auf offener Straße bis heute unaufgeklärt.

Nach dem tragischen Verlust des Vaters begleiten sie traumatische Schübe auf dem Weg zurück nach Baden-Baden ins vertraute Kinderland. Auch wenn die Familie ihr Haus in Baden-Baden mit Flüchtlingen teilen muß, erscheint dies unfreiwillige Chaos im Vergleich mit den Schrecknissen und der ständigen Angst im polnischen Lemberg als das kleinere Übel.

Nach der Einführung der D-Mark, 1948, heiratet sie den Architekten Kurt Ernst Walker. Fünf Jahre später trennen sich die beiden wieder. Ihre gemeinsamen Kinder Katharina und Ernst wachsen bei der Mutter auf.

1955 heiratet Anne-Marie ihre alte Jugendliebe, mit der sie schon im Sandkasten Törtchen formte: Egon Steigenberger. Ein Jahr nach der Hochzeit kommen die Zwillinge Christine und Albert auf die Welt. Das eheliche Glück wird durch zwei weitere Wunschkinder noch gefestigt, Claudia und Bettina, die 1959 und 1964 geboren werden. Als Egon Steigenbergers Vater stirbt, erbt der Sohn mit einer Kommanditgesellschaft einen ansehnlichen Grundstock für das spätere imposante Hotelimperium. Egon Steigenberger glaubt nicht an die magischen Tugenden des Marktes; weil die Zukunftsperspektiven heute den Kräften des Wandels ausgeliefert sind, vertraut er seinem Instinkt und erprobt erfolgreich die Möglichkeiten des scheinbar Unmöglichen.

Die Biographie von Anne-Marie beschreibt sich über dreißig Jahre lang als gemeinsame Bilderbuch-Vita mit ihrem Mann Egon. Einmal abgesehen von Anne-Maries drei Boutiquen, die sie aus Freude an der eigenen Verantwortung in Frankfurt und Bad Reichenhall 1972 gründet, war sie als Egons engste Beraterin immer und überall an seiner Seite, auch auf vielen Reisen zu den diversen Besitztümern. Ihren Rat hat ihr Mann gern gehört, oft sogar auch dann, wenn sie mit ihrer eingeborenen Menschenkenntnis etwas verwarf, was ihm vielleicht als richtig erschienen war.

Weil Anne-Marie Steigenberger mit der geschäftlichen Praxis und den weiteren Planungen bestens vertraut war, konnte sie am Ende von

Egons langer Reise aus dem Leben die Erbengemeinschaft 1985 im Vorstand der Steigenberger Hotels AG kompetent vertreten. 1989 wurde die im Testament verbriefte Betriebsaufspaltung vollzogen. 1995 wechselt Anne-Marie dann für zehn Jahre als Geschäftsführerin in die Familiengesellschaft. Seit 1972 war sie bereits im Aufsichtsrat. Als Egon Steigenberger starb, hatte er die Hotelkette auf stolze 28 Häuser erweitert. Obwohl der Tod des krebskranken Grandseigneurs sich lange vorher angekündigt hatte, traf der Verlust des liebsten Menschen Anne-Marie doch wie ein Schock. Ihre Wehmut sublimiert sie im Verantwortungsgefühl gegenüber dem großen Lebenswerk ihres Mannes, das sie schließlich zu dem macht, wofür sie heute im Rampenlicht steht. Ihre Karriere war weiß Gott nicht auf Millimeterpapier geplant.

Im neu eröffneten französischen Restaurant des Frankfurter Hofs erinnert sich Anne-Marie mit leuchtenden Augen an den Gründer des Unternehmens: „Mein Schwiegervater Albert Steigenberger war ein intelligenter, energischer und mutiger Mann. Es war an einem schwarzen Freitag des Weltkrisenjahres 1930, als der damals 40jährige vor der Alternative stand, entweder zweihunderttausend Goldmark zu verlieren, die er dem Eigentümer des Hotels ‚Europäischer Hof' in Baden-Baden geliehen hatte, oder den Europäischen Hof selbst zu übernehmen, um so sein Geld zu retten. Er entschied sich, das Hotel zu übernehmen. Wie der große César Ritz, begann er nun, daraus ein durchdachtes Luxushotel zu konzipieren."

In unserem Gespräch erinnert sich Anne-Marie ihres späteren Schwiegervaters Albert, wie er vor den Trümmern des Frankfurts Hofs stand und sich schwor, um keinen Preis einen Bau aus Sichtbeton an diesem prominenten Platz zu errichten, sondern gegen die Widerstände der Baubehörde die alte ehrwürdige Fassade mit allen Schnörkeln und Facetten wiederherzustellen: „Ich baue es wieder so auf, wie es war." Heute lobt ihn jeder für seinen Rigorismus.

Anne-Marie ist zuzustimmen, wenn sie sagt: „Ich glaube, nicht nur wir, die Familie, sind stolz, sondern alle in unserer Stadt, ein Hotel zu haben, das noch so sehr an die schönen alten Bauten Frankfurts erinnert. Kein Hotel in Frankfurt identifiziert sich so sehr mit dieser Stadt wie unser ‚Frankfurter Hof'". Kein Geringerer als Thomas Mann, dem 1949 in der Paulskirche der Goethe-Preis verliehen wurde, urteilte aus Erfahrung positiv: „Was ein wirkliches Grand Hotel ist, habe ich erst wieder in Frankfurt gesehen, im ‚Frankfurter Hof'". Sehr zu Recht wird der erznoble Frankfurter Hof 2006 zum Hotel des Jahres ausgerufen. Beim Umbau des Hauses mit Öffnung zur Kaiserstraße hatte „die Steigenberger", wie sie der Volksmund gerne nennt, offenbar der Johannistrieb des Planens gepackt.

Weil nach dem Krieg kaum noch intakte Hotels in Frankfurt existierten, pachtete Albert Steigenberger das Hotel Monopol am Hauptbahnhof und verpaßte ihm ein gepflegtes Interieur. Dieses legendäre Haus war damals für viele prominente Epochengestalten wie Ludwig Erhard oder Carlo Schmid und viele andere berühmte Politiker monatelange ideale Residenz.

Jener legendäre Wahlspruch von Albert Steigenberger, der zur Gründergeneration unserer Bundesrepublik gehört, „Das Beste geht am besten", ist von Anne-Marie ein Leben lang mit Erfolg beherzigt worden. Wenn sie von ihres Mannes Vater schwärmt, steigen immer auch Erinnerungen aus ihren glücklichen Baden-Badener Kindertagen mit auf:

„Nicht nur viele Nikolausfeiern und Geburtstage, sondern auch kleine Konzerte habe ich früh im Europäischen Hof erlebt. Mein erstes Omelette surprise habe ich dort gegessen, das werde ich nie vergessen“. Sooft sie heute nach Baden-Baden kommt, um im Festspielhaus Konzerte oder Operngastspiele zu erleben oder Vernissagen im Museum Frieder Burda zu besuchen, wohnt sie selbstverständlich in „ihrem“ Europäischen Hof. Manchmal hatte ich das Vergnügen, sie auf der Reise in ihre Vergangenheit zu begleiten. Einmal sind wir auch die Route abgefahren, die sie in der Obhut ihrer Eltern als glückliche Kinderlandschaft erinnert.

Die ungewöhnliche Expansion der Steigenberger AG verdankt sich nicht zuletzt den unsichtbaren Kraftlinien, die vom bescheidenen Egon Steigenberger ausgingen, auch dem unter ihm gewachsenen Korpsgeist eines Teams, das sich mit der Gütemarke des Hauses voll identifiziert. Highlights dieser Entwicklung waren unter anderem: das erste Flughafenhotel in Deutschland, das Steigenberger Airporthotel; die erste Internationale Marketinggemeinschaft unabhängiger Hotels (SRS) unter Egon Steigenbergers Führung; der erste deutsche Ferienclub „Robinson“; die Hotelfachschule in Bad Reichenhall oder auch die „Picnic“-Betriebe, die man damals noch Schnellimbiß nannte und Vorläufer von McDonald's waren. Ein weiteres Highlight seiner Ära waren die Robinson Club Hotels. So ist es: Aller Fortschritt verdankt sich kühnen Ideen.

Bei der 75-Jahr-Feier der Steigenberger Hotels AG im Frankfurter Hof im September 2005 hielt das immerschöne Familienoberhaupt eine ebenso erfreulich unpathetische wie bewegend luzide Rede, die sie selbstbewußt in dem Resümee kulminieren ließ: „So glaube ich, daß es uns heute, zwanzig Jahre nach dem Tod von Egon Steigenberger, auch durch den Zusammenhalt in der Familie, gelungen ist, den Steigenberger-Konzern weiterzuentwickeln und positiv zu begleiten. Weil große Manager wie Egon Steigenberger kein unfertiges Werk hinterlassen, umfaßt das Unternehmen heute 82 Hotels der unterschiedlichsten Kategorien.“

Ja, „zu erben muß man verstehen, erben, das ist am Ende Kultur“, schreibt Thomas Mann schon 1935 den potentiellen Erben ins Stammbuch.

Anne-Marie Steigenberger schließt ihre Rede mit den Worten: „Egon wäre sehr stolz zu sehen, daß unsere drei Töchter, Christine Steigenberger, Claudia Steigenberger und Bettina Steigenberger sich nun auch persönlich in unterschiedlichen Bereichen um das Wohl des Konzerns kümmern. Ich weiß, daß sie sich mit der gleichen Begeisterung wie ihr Vater für eine gute Zukunft unserer Gesellschaft einsetzen werden." Diese Bemerkung verweist auf die Kunst der familiären Logistik, die verschiedenen Koordinaten der Interessen im Fokus der gemeinsamen Unternehmensinteressen zu bündeln.

Die Steigenberger-Töchter betreuen heute Ressorts, die mit ihrer jeweiligen Begabung und besonderen Neigung korrespondieren. Die Konzernführung residiert im Flaggschiff der Steigenbergerschen Armada, im hinteren Komplex des Frankfurter Hofs, und in der Bürostadt Niederrad.

Anne-Marie Steigenberger nennt im Gespräch ihre Töchter nicht ohne Stolz „echte Granaten", sie sind Anteilseigner ihrer Autorität im Betrieb. Christines Zwillingsbruder Albert mochte sich nicht fürs Hotelgewerbe erwärmen und ließ sich seinen Anteil lieber auszahlen. Er lebt nicht wie seine Geschwister in Frankfurt, sondern in Düsseldorf.

Nicht nur der großen Familie des Konzerns ist Anne-Marie Steigenberger eine verläßliche Schirmherrin. Vor allem kümmert sie sich um ihre inzwischen größer gewordene „Sippe" mit sechs Kindern und zwölf Enkelkindern. Auch zu ihren geschiedenen Schwiegersöhnen und -töchtern hält sie Kontakt, schließlich sind sie die Väter und Mütter ihrer Enkel.

Jedes Jahr unternimmt sie mit ihrer Großfamilie eine Reise an Europas schönste Plätze, 2005 nach Rom, in die „unwahrscheinlichste aller Städte" (Thomas Mann), wo sie mit 22 kleinen und großen Steigenbergers mal nicht in einer firmeneigenen Herberge residierte, sondern in einem Forte-Hotel. Sie sahen nicht nur die kolossalen steinernen Zeugen mit Baedeckersternchen, wie Forum Romanum und Petersdom oder andere bedeutende Tempel, sondern auch das soziale Gefälle in den Gassen und Banlieues. 2006 führte Anne-Marie ihre „chaotische" Truppe diszipliniert durch die populären und die versteckten Sehenswürdigkeiten einer Stadt im Aufbruch: Istanbul, das frühere Byzanz, am Bosporus. Sie waren beeindruckt vom europäischen Gepräge und orientalischen Gepränge der ehemaligen türkischen Hauptstadt, wo sie weniger Kopftücher sahen als in Frankfurt oder Kreuzberg. Die Enkel interessierten sich besonders für den großen Basar und die Moschee Hagia Sophia aus dem 6. Jahrhundert. Die leidenschaftliche Globetrotterin lehrt ihre Enkel früh, die Augenfreuden der bildenden Kunst zu erkennen, um sie genießen zu können, ohne daß sie sich in ihrer Eigenschaft als familiärer Cicerone ein „gültiges" Urteil anmaßte.

Seit sie sich aus ihren aktiven Vorstandspflichten zurückgezogen hat, investiert Anne-Marie Steigenberger die hinzugewonnene Mußezeit in die Welt der Musen. Sie versäumt keine Opernpremiere in Frankfurt, Bayreuth, Salzburg oder Baden-Baden. Ein Konzertabonnement zwingt sie, auch schon mal Klängen zu lauschen, die sie ihrer Atonalität wegen nicht unbedingt zu ihrem Lieblingsrepertoire zählt. Gemeinsam waren wir im Vatikan, um im Beisein seiner Heiligkeit die Berliner Philharmoniker mit Wagners „Einzug der Gäste" aus dem *Tannhäuser* zu genießen. In Bayreuth erfreute uns zuletzt die Regie von Klaus Guth, der den *Fliegenden Holländer* aus der Schablone der christlichen Seefahrt zu erlösen wußte. Die Qualität einer Aufführung läßt sich zuverlässig auf Anne-Maries Stimmungsbarometer ablesen.

Anne-Marie Steigenberger engagiert sich in Frankfurt in einer ganzen Reihe kultureller und gesellschaftlicher Institutionen. Sie patroniert den Patronatsverein der Oper und das Filminstitut/Filmmuseum. Sie wirkt im Beirat der Eintracht mit sowie im Museum für Weltkulturen. Sie hält es mit Goethe: „Wer nichts für andere tut, tut nichts für sich."

Anne-Marie Steigenberger hat das Leben in seiner ganzen Fülle erfahren, wobei sie Höhen und Tiefen mit entschiedener Noblesse zu meistern verstand. Ihre Sehnsucht nach Glück hat sich in der Ehe mit Egon Steigenberger erfüllt und später in der Zuneigung ihrer Enkelkinder, die sie wie eine große Schwester lieben. Mut, Anmut, Demut – drei Komponenten, die ihr Leben gelingen ließen.

Glück ist für sie aber auch das Versenken in klassische Musik: Bei Klängen von Wagner, Verdi, Mozart oder Dvořák kann sie in der Arienseligkeit ihre Liebe zur Tonkunst am glücklichsten ausleben.

Mit der Kultur ihres exklusiven Geschmacks hat sie ihre umgebaute Villa an der Mörfelder Landstraße ihrer persönlichen Note verschrieben. Um ausnahmsweise Heidegger zu zitieren, ist ihr mit „der Pracht des Schlichten" dabei die Quadratur des Kreises gelungen. Riesige Panoramafenster erweitern den Salon in einen von Rhododendren umrainten intimen Park. An den Wänden beeindrucken zwar auch berühmte Malernamen wie Kirchner oder Klee, noch mehr aber sind es die Bildmotive, die auf Anne-Maries individuelle Ästhetik verweisen. In der heimeligen Bibliothek lassen die Bücherregale für Bilder keinen Platz, hier beschlagnahmen Klassiker und kanonisierte Schriftsteller des 20. Jahrhunderts ihre Hinwendung: Hier wärmt außer einem heimeligen Kamin die Lektüre von Musil, Thomas und Heinrich Mann ihr Herz, und natürlich sind hier alle Kochbücher dieser Welt versammelt, allein schon aus beruflichem Interesse.

Wenn Anne-Marie Steigenberger dem Großstadtlärm und ihren gesellschaftlichen Pflichten für eine Weile entkommen möchte, zieht sie sich in ihr bayerisches Landhaus in Rupolding zurück. Sie liebt dort die langen stillen Abende, um zu sich selbst zu finden. In der Prosa ihres Lebens möchte sie auch der Poesie zu ihrem Recht verhelfen. So genießt sie, was Claudel „la finesse" nannte, die Feinheit des Geistes. Mit ihrem Jaguar ist sie von ihrem bayerischen Refugium in weniger als einer halben Stunde im Salzburger Festspielhaus, ihrem dritten Zuhause.

Wer denn fragte, wie sie dieses Lebenstempo durchhalten könne, dem ließe sich mit Anne-Maries Lieblingsautor Goethe antworten, daß „bei vorzüglich begabten Menschen auch während ihres Älterwerdens immer noch frische Epochen besonderer Produktivität da sind", die ihre nicht nur gefühlte Jugendlichkeit noch verstärkt. Trotz ihrer grazilen Erscheinung ist sie kein erdenfremdes zerbrechliches Wesen, sondern im Sinne unseres Buchtitels war sie als starke Frau zu jeder Zeit ein Vorbild des sich emanzipierenden Geschlechts.

Fragebogen

1. Ihre nachhaltigste (oder liebste) Kindheits- oder Jugenderinnerung?
Die Geburt meines Bruders.

2. Wer oder was hat die Anfänge Ihres beruflichen Lebensweges entscheidend mitgeprägt?
–

3. Welches bedeutende Frankfurter Ereignis (welche Begegnung) hat sich besonders tief in Ihre Erinnerung eingegraben?
–

4. Welcher Autor, Maler, Komponist, Politiker usw. hatte gehörigen Einfluß auf Ihre Arbeit?
Kirchner, Macke, Klee, Thomas und Klaus Mann.

5. Mit welchen wichtigen Menschen sind Sie befreundet?
Was ist wichtig? Kurt Biedenkopf, Hilmar Hoffmann.

6. Welcher Typ Mensch ist Ihnen zuwider?
Opportunisten.

7. Welches Faktum war rückschauend ein besonders wichtiger Meilenstein/Wendepunkt in Ihrer „Karriere“?
Meine Ehe mit Egon Steigenberger.

8. Was ist von Ihren Wünschen unerfüllt geblieben oder mißlungen und warum?

Ich wüßte keinen.

9. Was finden Sie an Frankfurt liebenswert?

In der Hauptsache alle Menschen.

10. Was verdiente Ihren Tadel an Frankfurter Verhältnissen/Strukturen an der Kommunalpolitik usw.?

Der Platz am Roßmarkt ist ein Skandal.

11. Welche hier vergessene Frage hätten Sie gern (und wie?) beantwortet?

–

12. Haben Sie ein Lebensmotto, eine Arbeitsdevise?

Das Leben ist schön.

Jutta W. Thomasius

Der Ehrentitel „rasender Reporter“ darf nicht länger allein Egon Erwin Kisch vorbehalten bleiben, seitdem der Prager Publizist in der Frankfurterin Jutta W. Thomasius eine „rasende“ Kollegin bekam. Im knusprigen Alter von 83 rast sie mit ihrem klapprigen Citroën C 3 fast wöchentlich vom Bodensee an den Main, sooft in „ihrem“ Rémond-Theater oder in „ihrer“ Komödie zur Premiere gerufen wird oder der Zoo auf den Namen Jutta eine Giraffe tauft. Oder wenn einer ihrer vielen Freunde runden Geburtstag feiert. Auch mir hat sie zu meinem Achtzigsten diese Ehre erwiesen. Schließlich war es 1970 die *Neue Presse,* die als erste Frankfurter Zeitung den Eingeplackten aus Oberhausen mit kritischen Fragen zur neuen Kulturpolitik unter die Lupe nahm.

In meinen zwanzig Frankfurter Dienstjahren ist Jutta W. Thomasius mir immer dicht auf den Fersen geblieben, und nicht immer nur mit zustimmender Tinte im Kugelschreiber.

Indem es Jutta W. Thomasius schon bald nach ihrem Wechsel in die Mainmetropole im Jahre 1950 gelungen war, in die verschiedensten Kreise einzutauchen, war es ihr möglich, in der Vielschichtigkeit des Alltags unserer von Hysterie geprägten Welt den Mindestkonsens der Gesellschaft trefflich auszuloten und in fesselnden Essays in Sprache zu bannen. Aber wann immer sie ihre Feder spitzte, waren ihre kritischen Einwände konstruktiv und deshalb auch willkommen, weil durch schnelle Korrektive oft Schlimmeres verhütet wurde. Wer unter denen, die zwischen 1950 und 2002 in Frankfurt lebten, kennte nicht „die Jutta“, allgegenwärtig bei großen Events wie bei kleinen Vorort-Intermezzi? An hektischen Tagen hat sie oft über ein halbes Dutzend Termine berichtet. So raste sie zwischen Vernissagen, Premieren und Myriaden von Stadtteilfesten, Hauptversammlungen und Pressekonferenzen kreuz und quer durch ihre Stadt. Über alle wichtigen Leute hat sie einfühlsame Porträts verfaßt und mancher politischen Lokalgröße gehörig die Leviten gelesen, besonders wenn „diese Spießer“ gegenüber ihren Leib-und-Magen-Sympathien negative Reaktionen zeigten, also gegenüber Zoo oder Palmengarten, oder wenn sie Zores machten gegen Zuschüsse für die Privattheater.

Mit ihrem großen Herzen, das sie ungeniert gern auch auf der Zunge trug, hat sie für die Künstler, auch für deren noch so schräge Provokationen, ebenso Verständnis gezeigt wie für manche makabre Seite des Alltags, die sie unter der Rubrik „Menschlich-Allzumenschliches" abfeierte, die Juttas Leser beim Morgenkaffee als köstliche Miszellen gern verfrühstückten. Die meisten waren ja nur in den Augen der Spießer „schräge Vögel", die Jutta unter ihre Fittiche genommen hatte.

Weil sie alle einflußreichen Leute in der Stadt gut kannte, die wiederum Wert auf Juttas Bekanntschaft legten, erfuhr sie oft noch vor den Kollegen der schreibenden Zunft wichtige Tips oder skurrile Petitessen, über die man ihrer flotten Feder wegen auch dann gern las, wenn es statt um knallig-delikate Situationen um noch weniger als bloß um Peanuts ging. Ja, Jutta W. Thomasius verstand es, aus bloßen Divertimenti noch eine Pointe zu schlagen und daraus wiederum eine fette Schlagzeile. Ihre publizistische Moral hat sie wohl aus jener Anweisung Thomas Manns gespeist, derzufolge ein Autor nichts erfinden, sondern aus dem etwas machen soll, „was Du hast". Manchmal war sie auch ein kleiner Don Quichotte, der gegen die Verblendungen der Welt vergeblich die Rosinante sattelte.

Ja, dies war ihr Geheimnis: Sie konnte auch über Allerweltsthemen so hinreißend interessant schreiben, daß der Verlag seiner auflagensteigernden Reporterin jeden Auftrag genehmigte, um den sie gebeten hatte, bis sie eines Tages gar nicht mehr erst fragen mußte, ob sie denn dürfe. Die Chefredaktion wußte, daß bei ihr auch Berichte über Werte und Tugenden in guten Händen liegen, besonders wenn diese dem Gemeinwohl verpflichtet sind. Dem Stadtraum als Sozialraum und dessen kulturellem Ambiente widmete sie auch ihr ganz persönliches Augenmerk.

Ich erinnere noch lebhaft jenen Bericht mit Schmunzeln, den sie über die Weihnachtsausstellung „ihrer" Frankfurter Künstler im Römer schrieb: Der Objektkünstler Wolfgang Klee hatte als gezielte Provokation eine Leberwurst vor ein Kruzifix montiert, ein blasphemisches Machwerk um der schnöden Gewißheit willen, die Presse werde darüber groß berichten und hoffentlich seinen Namen richtig buchstabie-

ren. Der Bürgermeister ordnete sofortige Entfernung an, aber ach, am nächsten Tag war das Corpus delicti, die Leberwurst, verschwunden. Waren etwa ewig hungrige Künstler die Räuber? Nein, böse Zungen meinten, es seien Juttas gefräßige Pudel gwesen, die sich über den Lekkerbissen hergemacht hätten. Aber diese beiden, so die Wahrheit, mochten Leberwurst überhaupt nicht. Über diese schöne Petitesse mochte Jutta ausnahmsweise mal nicht in der *Neuen Presse* Zeugnis geben.

JWT war mehr als nur ein Kürzel unter längeren Artikeln, diese Versalientrias wurde ein Markenzeichen. Anfangs als freie Mitarbeiterin bei der *Frankfurter Neuen Presse*, ist sie 1951 zunächst Redaktionsassistentin im „Frauenjournal" des Hausfrauenverbandes geworden, bis ihr von *FNP*-Lokalchef Richard Kirn als „Allroundreporterin" ein festes Ressort geschneidert wurde. Fürs Feuilleton lieferte sie originelle Künstlerinterviews und verfaßte subtile Prominenten-Porträts, außerdem schrieb sie originelle Filmkritiken und kompetente Theaterrezensionen.

Erst nachdem 1978 Robert Schmelzer von den Dortmunder *Ruhrnachrichten* Chefredakteur der *Frankfurter Neuen Presse* geworden war, erhielt Jutta W. Thomasius, die hier längst Wurzeln geschlagen und viele schöne Blüten getrieben hatte, endlich ein „festes Arbeitsverhältnis“ und zusätzlich noch die Ressorts Mode und Luftverkehr anvertraut. Seitdem konnten wir uns an interessanten Reportagen über die Flughäfen Europas und der USA erfreuen. Über ihre privaten Vorlieben ließ sie ihr Herzblut verströmen, sooft sie zu Filmpremieren in die Hauptstädte Europas düste oder über die Festspiele in Bad Hersfeld oder Bregenz berichtete. Jutta W. Thomasius hatte aber nicht nur ein untrügliches Auge für hohe Theaterkunst, sondern auch für die Theatralik des Alltags.

Nicht nur so nebenbei hat sie sich für die soziale Leberecht-Aktion der *Frankfurter Neuen Presse* engagiert. Für diesen wohltätigen Zweck die Lokalprominenz mit Sammelbüchse über den Opernplatz in Marsch zu setzen, scheute Juttas Charme keine Mühe. Seit 1982 organisiert und moderiert sie die Leberecht-Open-air-Sammlung mit entsprechenden Show-Elementen auf der teuren Freßgassmeile, wo das Portemonnaie fürs Soziale leider nicht immer so locker sitzt wie an der Plöger-Theke.

Auch wenn sie sich selber nicht bewußt modisch verkleidete, hat sie 1984 den „Modekreis Frankfurt“ gegründet, um Frankfurt – mit Museumsufer und Kunstmesse „Art“ schon als Kunststadt etabliert – auch zu einem Mekka der Mode avancieren zu lassen, zur „Kreativ-Mode-Stadt“. Selber jeglicher Modeexzentrik abhold, wußte sie gleichwohl das Glamouröse, das Leichtsinnige der schillernden Modewelt sachlich zu würdigen. Denn „zur Eleganz gehört Leichtsinn“, empfahl schon der große Dichter Robert Walser. Dabei unterschlägt Jutta W. Thomasius nicht ihr persönliches Faible für eine perfekt gestylte helle Mode.

Wichtigste Protagonistin für Juttas Modeambitionen war eine andere starke Frankfurterin, die Modemacherin Toni Schiesser, eine Grande Dame der Haute Couture, die sie als Aushängeschild einzuspannen wußte. Toni Schiesser wiederum verdankte den funktionierenden Beziehungsdrähten der Jutta W. Thomasius, daß sie prominente Stars wie Eva Bartok, die Frau von Curd Jürgens, oder die Frankfurter Eisprinzessin Marika Kilius als Kundinnen für ihre feminin eleganten Kreationen gewinnen konnte, wodurch sie bald neben Joop und Jil Sander auch in den Medien ihre Auftritte bekam.

Als starke Frau schätzte Jutta W. Thomasius starke Männer, auch solche mit gehörigem Bizeps, sofern sie das menschliche Format eines

Muhammad Ali hatten. In ihrem freundlichen Blick hatte der sich in Frankfurt gern niedergelassen. Er gab ihr das Gefühl einer Punktsiegerin, als die große Boxlegende einwilligte, gemeinsam mit ihr im Nizza am Main zu joggen. Als morgens um sechs ein unfreundlicher Nieselregen den Start ins Wasser fallen ließ, wurde sie mit einem langen Gespräch beim Frühstück im Interconti entschädigt. Über diese Begegnung im September 1966 und über ihre Begleitung von Alis Mutter Odessa Clay in die City und ins Waldstadion, wo Muhammad seinen Herausforderer Karl Mildenberger in der 12. Runde besiegte, hat sie eine ihrer lesenswerten Prosaminiaturen geschrieben. Was sie nicht veröffentlicht hat, erzählte sie mir beim Gin Tonic. Als sie Ali eine dringende Botschaft seiner Mutter Odessa überbringen sollte, fand sie ihn im Stadion unter der Dusche. Da er durch die dicke Tür nichts verstand, hat sie sein „come in" befolgt – und war überwältigt von einer makellosen Figur, so wie Gott sie schuf, oder in den Worten von Jutta W. Thomasius, „wie ein marmornes Standbild von Praxitiles, ein ästhetisch vollkommener Anblick sondergleichen". Zum Abschied sagte Ali zu Jutta: „Thanks! Ich habe nie vorher soviel Freundschaft und Achtung zu spüren bekommen wie hier in Frankfurt". Dieses Kompliment an unsere Stadt war auch Jutta W. Thomasius geschuldet.

Jutta wurde als Tochter des Kaufmanns Hans Thomasius und seiner Frau Auguste, einer Tochter des Fabrikanten Friedrich Seelig, in Bad Hersfeld geboren, zehn Jahre vor Hitlers Machtergreifung. Um den jüdischen Zweig der Familie zu schützen, hatte sich Juttas Vater als Wehrmachtsoffizier reaktivieren lassen. 1930 zog er nach Stuttgart um, wo er beim Singer-Nähmaschinen-Konzern einen lukrativen Job erhalten hatte, dem er zwei Jahre später bei derselben Firma dann in Ulm nachging. An der Donau bestand Jutta 1940 auch ihr Abitur. Heute gilt sie als „Frankforter Mädche", hierorts ein Ehrentitel.

Jutta W. Thomasius hat über ein halbes Jahrhundert hinweg in der wahrhaft mirakulösen Summe ihrer Texte Frankfurts Stadtgeschichte geschrieben. Diese Leistung wurde zu Recht mit der Ehrenplakette der Stadt Frankfurt, dem Stoltze-Preis, und dem Bundesverdienstkreuz gewürdigt. Als größte Auszeichnung gilt ihr aber die Verankerung in den Herzen ihrer vielen Leser und Freunde.

Fragebogen

1. Ihre nachhaltigste (oder liebste) Kindheits- oder Jugenderinnerung?
Mein erster Flug als 7jährige 1930 in der einmotorigen Maschine der Berliner Brüder König, die in einer der Fabrikhallen meines Großvaters, Friedrich Jacob Seelig, und mit dessen finanzieller Unterstützung in Bad Hersfeld gebaut wurde. Hinterher verfaßte ich mein erstes Jubel-Gedicht auf den jüngeren der König-Brüder.

2. Wer oder was hat die Anfänge Ihres beruflichen Lebensweges entscheidend mitgeprägt?
Der Wunsch, über „Geschehenes" und Erlebtes zu schreiben, entstand bereits unmittelbar nach dem kriegsbedingten Studienabbruch in Freiburg sowie der Flucht von mir und meiner Mutter aus Straßburg 1944, wo wir unser gesamtes Hab und Gut zum zweiten Mal zurücklassen mußten. Ohne zu wissen, ob wir meinen kriegseingesetzten Vater je wieder sehen würden. Es vertiefte sich während jahrelanger sehr bitterer Flüchtlingserlebnisse in Ravensburg, Isny, Lindau und Kressbronn. Und wurde dann, nach meiner Scheidung und Übersiedlung nach Frankfurt, entscheidend geprägt von ersten „Einsätzen" bei der amerikanischen Deutschen Zeitung sowie durch Richard Kirn bei der *Frankfurter Neuen Presse.*

3. Welches bedeutende Frankfurter Ereignis (welche Begegnung) hat sich besonders tief in Ihre Erinnerung eingegraben?
Es waren mehrere Ereignisse: Kennedy-Besuch in Frankfurt inkl. persönlicher Begegnung mit ihm. Berichterstattung und Begegnung mit US-Präsident Carter und Familie. Meine persönliche und dienstliche Begleitung von US-Regisseur Zinnemann während des Auschwitz-Prozesses. Der Nitribitt-Mord. Die Ermordung von Minister Heinz Herbert Karry. Die Sanierung von Römerberg und „Römerzeile". Der „1. Welt-Orchideen-Kongreß" im Palmengarten unter Gustav Schoser. Meine mit OB Walter Wallmanns Hilfe installierte erste „Mode made

in Frankfurt"-Modenschau vor 8000 Zuschauern auf dem Römerberg und im Römer. Meine erste Rettung des „Rémond-Theaters". Mein Einsatz für den von OB Wolfram Brück „abgemahnten" Palmengartendirektor Prof. Gustav Schoser. Meine Aktionen mit und Hilfen für die Zoo-Chefs Richard Faust und Bernhard Grzimek (Nidda-Zoo, Menschenaffen).

4. Welcher Autor, Maler, Komponist, Politiker usw. hatte gehörigen Einfluß auf Ihre Arbeit?
Als Autoren waren und blieben es Bertolt Brecht und mein Ulmer Tanzstundenfreund Siegfried Unseld. Als Maler ist es Gaugin; als Komponisten sind es Bernstein, Bach, Duke Ellington, Count Basie, Ella Fitzgerald und Miles Davis. Als Politiker waren es Friedrich Ebert, Reinhold Maier, Helmut Schmidt und Heinz Herbert Karry.

5. Mit welchen wichtigen Menschen sind Sie befreundet?
Mit dem Volkstheater-Regisseur Wolfgang Kaus, dem Palmengartendirektor Dr. Matthias Jenny, der Hotel-Ikone Anne-Marie Steigenberger; befreundet war ich mit Filmstar van Eyck bis zu seinem Tod. Betreue nach wie vor sein Grab in St. Margarethen, Schweiz; mit Dir, lieber Hilmar, hoffentlich immer noch!!!

6. Welcher Typ Mensch ist Ihnen zuwider?
Karrieregeile, überwiegend Geld-orientierte, Publicity-süchtige. Showtypen.

7. Welches Faktum war rückschauend ein besonders wichtiger Meilenstein/Wendepunkt in Ihrer „Karriere"?
Das Vertrauen meines hochverehrten ehemaligen *FNP*-Verlegers Werner Wirthle sowie des Chefredakteurs Robert Schmelzer und seiner „Nachfolger", mit nur einer Ausnahme (Raue), mich als Allround-Reporterin einzusetzen und auch so gewähren zu lassen. Man erwartete von mir keine Fachgebiet-Talente, sondern Initiativen „quer Beet": von Luftverkehr über Literatur, Theater, Kino, Interview, Gesellschaft, Vereinsleben bis Sozialengagement, Mode, Bürgersorgen usw. Und man

verlangte dabei nicht „Teamwork", sondern vertraute meinem Einzelengagement.

8. Was ist von Ihren Wünschen unerfüllt geblieben oder mißlungen und warum?

Ich konnte, à conto Veränderungen in der FNP, nicht – wie es mir Verleger Wirthle in schönstem Schwäbisch zugesagt hatte – „bleibe bis'de neinzig wirscht!" Und ich mußte, da meine Gehälter niemals üppig waren, meine geliebte, leider teure Frankfurter Mietwohnung aufgeben, das dortige Stück für Stück mühsam erworbene Mobiliar zum Teil als „Sperrmüll" auf der Straße zurücklassen und mich für meine kleine, sehr bescheidene Eigentumswohnung am Bodensee entscheiden. Einziger Trost: Ich werde nach wie vor oft in Frankfurt gebraucht und nach dort eingeladen!

9. Was finden Sie an Frankfurt liebenswert?

Die „Offenheit", die ich schon als Kind und junges Mädchen hier gegenüber „Ortsfremden" kennenlernte; ihre kosmopolitische Qualität

ohne „Schickimickitum" – was sich jedoch leider etwas änderte. Ihre immer erlebenswerte Theater- und Museums-Szene!

10. Was verdiente Ihren Tadel an Frankfurter Verhältnissen/Strukturen, an der Kommunalpolitik usw.?

Tadel verdienen die gegenwärtig überhand nehmenden Verbindungen der Stadtregierung mit dem privaten Kapital, sowohl was Bauvorhaben (es entstehen nur noch Luxus-Hotels) oder Prestige-Initiativen betreffen. Auf Mittelstand und Kleinverdiener wird kaum noch Rücksicht genommen oder gehört. Man verläßt sich fast ausschließlich auf Sponsoren oder „der Stadt dienliche" Investoren. Ich habe oft das Gefühl, daß die Großmannssucht den Ton angibt.

11. Welche hier vergessene Frage hätten Sie gern (und wie?) beantwortet?

Warum ich Single blieb, bleiben mußte?

a) Meine „Wunschgatten" starben im Zweiten Weltkrieg an der Front oder an ihren Verwundungen später.
b) Meine Kinderwünsche blieben, weil ich in Frankfurt entweder schon zu alt dafür war oder sie wegen Geldmangel nicht realisieren konnte, unerfüllt. Daß es heute Politiker gibt, die „Kinderlose" höher besteuern wollen, erfüllt mich mit heftigem Zorn. Man sollte nicht heutige „Singles" mit jenen, die Opfer des Krieges wurden, über einen Kamm scheren!!!

12. Haben Sie ein Lebensmotto, eine Arbeitsdevise?

Sich nie hängen lassen. Immer spontan helfen, wo immer es nötig ist. Meinen Eltern danken, die mich streng und zu Disziplin und Hilfs- bzw. Einsatzbereitschaft erzogen haben. Meine Mutter, die nach dem Verlust ihrer Bad Hersfelder Heimat mit meinem Vater, der dieselbe zweimal im Elsaß verlor, immer wieder von Null anfing und dabei jedes Mal alles, was wieder aufgebaut worden war, unverschuldet erneut verlor, ist mein größtes Vorbild einer „starken Frau" geblieben.

Helga Trösken

In der Pröpstin Helga Trösken würdigt unser Buch eine wahrhaft waschechte Frankfurterin. 1942 im Diakonissenhaus geboren und in Fechenheim aufgewachsen, hat sie an der Herderschule das Abitur gemacht, an unserer Goethe-Universität hat sie ihr Theologiestudium begonnen. Als erste Pröpstin der Evangelischen Kirche im Bischofsrang hat sie hier in Frankfurt 18 Jahre lang buchstäblich segensreich gewirkt.

Als die Pröpstin im Frühjahr 2006 ihr Amt in die Hände einer Jüngeren legte, mutierte in den publizierten wie in den mündlichen Würdigungen das Adjektiv „streitbar" unisono zum Hauptwort. Auch aus meiner Sicht war Helga Trösken ein sympathisch streitbarer Geist und eine selbstkritische Geistlichkeit, die ihren Respekt vor noch so dezidierten Meinungen anderer nie vermissen ließ. Tief beeindruckt hat mich einer ihrer öffentlichen Dialoge als Pröpstin gemeinsam mit dem Katholischen Stadtdekan Raban Tilmann im Frankfurter Dom am 31. Oktober 2005. Im fröhlichen Schlagabtausch über die Bedeutung des Papst-Amtes unter dem Titel „Wie viel Papst brauchen wir?" versuchte der eher konsensgeneigte Stadtdekan die Pröpstin vom anderen Ufer über seine Brücke der Annäherung zu lotsen, indem er sie mit samtener Stimme beschwor: „Evangelische Christen brauchen nicht so viel Papst wie die Katholiken. Das ist doch konsensfähig, oder?" Dieser Art von Konsens erwehrte sie sich mit wortlos verneinender Geste. Wortreicher hatte sie schließlich schon kurz zuvor auf dieser ökumenischen Veranstaltung zum Reformationstag unmißverständlich verlautbart: „Wir brauchen keinen Papst! Die Bibel allein genügt, um universal glauben, denken und handeln zu können." Einen Papst als eine die Christenheit überwölbende große Kuppel des Glaubens lehnt sie kategorisch ab. „Für uns ist ein Papstamt unnötig, denn *wir* sind Papst." Das sagte schon Martin Luther, und Trösken sagt es im Subtext der überdimensionierten Schlagzeilen im „Papstjahr": Jeder sei ein Stellvertreter Christi, nicht nur der Oberhirte in Rom. Mit gewissen repressiven Richtlinien des Vatikans wie dem Verbot von Verhütungsmitteln in den aidsverseuchten Ländern Afrikas oder dem Berufsverbot für weibliche Priester mag sie sich nicht befreunden. Und sie ärgert maßlos, daß der Papst die aus der Reformation hervorgegangene protestantische Kirche zur „Kirchlichen Gemeinschaft" herabwürdigt.

Wie hoch Raban Tilmann seine protestantische Amtsschwester gleichwohl schätzt, hat er in seiner Rede zur Verabschiedung „meiner Pröpstin" auf den Punkt gebracht: „Was bleibt? Respekt und Dank. Respekt vor der Ehrlichkeit dieser Pröpstin und ihrer Unerschrockenheit in Konflikten, die ich noch lernen mußte. Dank für die Verläßlichkeit in Absprachen, zuletzt beim Kampf gegen die Ladenöffnung am 1. Advent." Im gemeinsamen Gottvertrauen hatten beide Kirchenvertreter aus Protest gegen den Magistrat das traditionelle „große Stadtgeläut" ausfallen lassen.

Obwohl Helga Trösken politisch eher mit dem linken, sozialen Flügel der SPD sympathisiert, hat sie im Wahlkampf wortgewaltig gegen die Frankfurter Sozialdemokraten gewettert, als deren „sexistische Straps-Plakate" an den Litfaß-Säulen die Grenzen des sittlich Zumutbaren unterlaufen hatten. Auch an die Adresse der Christdemokraten verteilte sie verbale Ohrfeigen, als diese den 1. Advent durch verkaufsoffene Ladentüren entheiligen wollten: „Frau Roth ist nicht davon überzeugt, daß der Sonntag so heilig ist, wie wir es betonen." Politische Diplomatie war für Helga Trösken immer ein Fremdwort. Auch kirchenintern hat sie mit undogmatischer Argumentation stets allein ihrem Gewissen verpflichtet gestritten, etwa bei der gewalttätigen Demonstration der Kurden, die in der Katharinenkirche Asyl finden sollten.

Die Euphemismen der politischen Klasse verabscheuend, blieb ihre Einmischung nicht regional begrenzt: Auf dem protestantischen Fundament ihrer politischen Überzeugung kanzelte sie den amerikanischen Präsidenten wegen seiner Wortschöpfung „Achse des Bösen" ab, wobei sie sich auf relevante Bibeltexte stützen konnte, „in denen die Propheten im Namen Gottes gegen entsprechende Haltungen zu ihrer Zeit protestiert hatten". Einen Dauerkonflikt sieht sie auch in Zukunft mit der römisch-katholischen Kirche, solange deren Abendmahls- und

Amts-Theologie sich nicht ändert. „Spitzfindigkeiten“ und „kleinkariertes“ Denken findet sie aber auch in der eigenen Kirche. Für den Glauben sei es zum Beispiel unerheblich, ob beim Abendmahl Traubensaft oder Wein gereicht werde.

Helga Trösken war schon eine kritische Theologin, bevor sie zur Pröpstin aufstieg: Als bekennende 68erin hat sie mit offenem Visier gegen den Bau der Startbahn West gekämpft, und in ihren Predigten geißelte sie ohne Predigerton die große Politik für die ungerechte Verteilung des Reichtums, die zunehmende Armut. Mit tiefer Empathie für das Schicksal der Beherrschten beantwortet sie ihre eigene Frage: „Wer sonst könnte Stimme für die sein, die keine Stimme haben?“

Weil Helga Tröskens Naturell nicht nur metaphorisch gegen das Läuten schwerer Glocken gestimmt ist, wollte sie auch ihre Verabschiedung so bescheiden gestalten, wie ihr hohes Kirchenamt dies gerade noch gestattet. In der kleinen Heiliggeistkirche des Dominikanerklosters zitiert sie aus dem 21. Kapitel der Offenbarung des Johannes: „Die Herrlichkeit Gottes erleuchtet die Stadt“. In Frankfurt leuchten zwar viele Lichter, die Vielfalt der Glaubensrichtungen und Lebensmodelle macht es den Menschen aber schwer, sich zu orientieren, lautet ihre Lesart dieses Verses. Wo früher einmal die Religion und ihre sakralen Sinngehalte zuständig waren, versprechen heute die profanen Oberflächenreize populärer Eventkultur Ersatz, freilich ohne das Vakuum füllen zu können. Deshalb ist Helga Trösken ganz sicher, daß sich die Religion als Sinn-Ressource keineswegs erschöpft hat. Entsprechend intensiv beschäftigt sie sich mit Fragen nach dem Sinn des Lebens, wie sie sich in einer säkularisierten Welt vermehrt stellen.

Kirchenpräsident Peter Steinacker würdigte sie in der Heiliggeistkirche insbesondere als Kämpferin für die Rechte der Frauen, ohne daß sie deshalb „eine Feministin des Klischees gewesen sei". Auch die Aussöhnung zwischen Juden und Deutschen sei ihr immer Herzenssache gewesen.

Bei nachlassender Bindungskraft der Religionen lechzen die Menschen in seelischer Bedrängnis nach Sinnstiftung. Gegen die Legitimationskrise der Kirche in gottloser Zeit ist Helga Trösken in ihren dreißig Jahren geistlicher Berufung wortreich zu Felde gezogen, mit dem Erfolg, daß sich in ihrer hessischen Pröpstei die Zahl der Rückkehrer in den Schoß der evangelischen Kirche seit den siebziger Jahren verdoppelt hat. Heute leben in Hessen 2,5 Millionen Protestanten und 1,5 Millionen Katholiken.

Als Jugendliche hat Helga Trösken mit ihren Freundinnen in der Frankfurter Katharinenkirche monatlich den Predigten Martin Niemöllers gelauscht. „Ohne diese Predigten wäre ich wahrscheinlich nicht Pfarrerin geworden." Ihre frühe Vision von Kirche hat sie im 12. Kapitel des 1. Korintherbriefs gefunden: „Wir sind durch einen Geist alle zu einem Leib getauft, seien wir Juden oder Griechen, Sklaven oder Freie, und sind alle mit einem Geist getränkt." Als Ort für die Antrittspredigt als Pröpstin hat sie im Mai 1988 ganz sentimentalisch „ihre" Katharinenkirche ausgewählt. Auf vertrautem Boden wetterte sie damals „gegen alle Häuptlinge und Häupter, die in Gefahr stehen, sich an Christi Stelle als Haupt der Gemeinde zu setzen. Von daher begrüße ich mein eigenes Amt als Mandat auf Zeit und als ständig in Frage gestellt".

Schon während ihres theologischen Studiums in Frankfurt, Berlin, Heidelberg und Mainz durchlief Helga Trösken zwischen 1962 und

1967 viele kirchliche Stationen: Die erste Stufe auf ihrer beeindruckenden Karriereleiter absolvierte sie als Lehrvikarin in Dillenburg. Sie arbeitete beim Ökumenischen Rat der Kirchen und an der Ökumenischen Hochschule in Bossey bei Genf. Danach praktizierte sie in einer ökumenischen Gemeinde in London, und nachdem sie 1970 mit der Verwaltung einer Pfarrstelle in Langen betraut worden war, übernahm sie als inzwischen approbierte Pfarrerin die Langener Johannesgemeinde. Von 1977 bis 1986 bekleidet sie das ehrenvolle Amt der Vorsitzenden des Pfarrerausschusses (Pfarrervertretung) der Evangelischen Kirche in Hessen-Nassau.

Was sind die Aufgaben einer Pröpstin im Bischofsrang? Ganz wichtig: Die Ordination! Kaum im Amt, hat Helga Trösken einen Pfarrer erstmals nicht in einem sakralen Ambiente vor einem Altar, sondern in einer profanen Turnhalle ordiniert, das heißt auf deutsch: in den Beruf des Pfarrers eingeführt. Mit der Wahl einer Berufsschule wollte sie ihre Verbundenheit auch mit der nichtgläubigen Bevölkerung ausdrücken, „ohne dabei an einen Ort – Kirche – oder eine bestimmte Zeit – Sonntagvormittag – gebunden zu sein". Die meisten Aufgaben der Pröpstin sind jedoch weniger öffentlichkeitswirksam, so zum Beispiel die seelsorgerische Tätigkeit, das heißt die Begleitung der haupt- und ehrenamtlich in der Kirche Arbeitenden, vornehmlich der Pfarrer und Pfarrerinnen sowie der Kirchenvorstandsmitglieder. Ungezählte Gespräche unter vier Augen sind zu führen. Bei Kirchenvorstandssitzungen steht die Bilanzierung zur Ausschreibung der Pfarrstelle an und oft auch die Begleitung bei der Besetzung von Stellen. Bei Konflikten in Gemeinden, meist zwischen Pfarrer oder Pfarrerin und Kirchenvorständen, ist Mediation gefragt. Menschen korrespondieren, stellen kritische Fragen oder wünschen theologische Auskunft.

Zu Helga Tröskens Verpflichtungen zählen natürlich auch die Gottesdienste und die Predigten bei Ordinationen und Festen oder einfach „nur so". Vorträge zu theologischen Fragen, Grußworte zu vielerlei Gelegenheiten und theologische Arbeit für die Gesamtkirche im Namen des Leitenden Geistlichen Amtes gehören ebenfalls zu ihren Aufgaben, vor allem in ihren thematischen Spezialgebieten „Ökumene" (insbesondere in Polen, Korea und Indien) sowie „Frauen" und

„Juden". Gerade gegen einen obsessiven Antisemitismus hat Helga Trösken eine besondere moralische Sensibilität entwickelt. Zahlreiche Reisen nach Osteuropa dienten der Hege der protestantischen Minderheitskirchen sowie der Kontaktpflege mit den früheren jüdischen Gemeinden Osteuropas. Ein wichtiger Teil ihrer Arbeit ist die Repräsentanz der Evangelischen Kirche im Pröpsteibereich im Auftrag der Gesamtkirche.

Im November 1987 zur Frankfurter Pröpstin gewählt, folgte Helga Trösken in ihrer zweiten Amtszeit 1997 einem ehrenvollen Ruf in die Synode der Evangelischen Kirche in Deutschland. Als sie 1999 zum zweiten Mal als Pröpstin wiedergewählt wurde, verdoppelte sich in Anerkennung ihrer seelsorgerischen Exzellenz der Pröpsteibereich um das riesige Einzugsgebiet von Ginsheim-Gustavsburg bis Seligenstadt, vom Frankfurter Norden bis Egelsbach sowie um die Dekanate Rüsselsheim, Groß-Gerau, Dreieich, Offenbach und Rodgau. Damit waren ihrer geistlichen Obhut 350 000 evangelische Hessenseelen, 360 Pfarrerinnen und Pfarrer in 150 Kirchengemeinden anvertraut.

Nach ihrem Rückzug aus der oberen kirchlichen Hierarchie ist Helga Trösken sich nicht zu schade, in Buchschlag und Langen, wo man sie von 1970 bis 1988 als Gemeindepfarrerin hochzuschätzen wußte, kirchliche Vertretungsdienste für das Dekanat Dreieich als protestantische Mühsal auf sich zu laden. In der Politik unvorstellbar, daß ein gewesener Minister aus purer Lust am Dienen noch einmal niedere Weihen akzeptierte. Wenn sie die 65 erreicht hat, wird sie endlich die langersehnten Fernreisen machen können, vielleicht ein 16. Mal nach Indien? Wozu hat sie schließlich Englisch, Französisch, Latein, Russisch, Neu-Hebräisch gelernt? Dann kann Helga Trösken, die immer gern auf lästige Etikette pfiff, auch nach Herzenslust alternative Kleidung tragen und in ihre geliebten Jesuslatschen schlüpfen, ohne sich um scheele Blicke blöder Männer scheren zu müssen. Deren einer, offenbar ein atheistischer Zyniker, hat ihr einmal hinterhergeflüstert: Weil sie keine Beine habe, die Männerherzen höher schlagen lassen, müsse sie sich halt verkleiden. Zur telegenen Geistlichkeit mochte sie sich ebensowenig bequemen wie zur anheimelnden Frömmigkeitsrevue auf dem Marktplatz der Eitelkeiten.

Wie sind die im Zeitalter der Globalisierung stumpf gewordenen Seelen zu retten? Nach Hannah Arendt ist das eigentliche Grundübel der Neuzeit ja weniger die „Verweltlichung", als vielmehr jene „Innerlichkeit", die ohne Gemeinschaft auszukommen glaubt, also auch ohne die *communio religio*. Nicht in der Transzendenz des kirchlichen Glaubens, sondern im abgeschotteten Ego wird das Seelenheil gesucht, für den materiellen Segen sorgt der Mehrwert aus dem heillosen Wettbewerb. Die himmlische Währung hat ihren Kredit verloren. Nietzsches Wort von der Umkehrung der Werte bekommt im egozentrischen 21. Jahrhundert eine ganz neue Bedeutung.

Nun wieder in ihrem engeren kirchlichen Sprengel, mitten im sozialen Alltag von Langen, bemüht sich Helga Trösken in seelsorgerischer Feldarbeit darum, daß die Religion wieder als Quelle ethischer Weisheit und spiritueller Orientierung anerkannt wird. Religion darf nicht zur pragmatischen Lebenshilfe für Ungläubige degenerieren. So weigert sie sich zu akzeptieren, daß die Menschen ihre religiösen Restbestände lediglich in einer folkloristischen Weihnachtsfrömmigkeit abfeiern oder für eine pfingstelnde Andachtsroutine hervorkramen. Sie möchte erreichen, daß der Glaube nicht als lästige Bringschuld eine Heimstatt im Menschen findet, sondern als Herzensbedürfnis.

Leute, die den Allmächtigen leugnen, dessen Existenz in seiner Beschimpfung aber voraussetzen, mag Helga Trösken nicht leiden. Weil sie sich trotz aller Strenge in Fragen der Theologie und der daraus abgeleiteten Moral ihren Humor aber bewahrt hat, kann sie andererseits über ein Bonmot des von ihr geschätzten Woody Allen herzlich lachen: „Natürlich gibt es eine jenseitige Welt. Die Frage ist nur: Wie weit ist sie von der Innenstadt entfernt und wie lange hat sie offen?"

Fragebogen

1. Ihre nachhaltigste (oder liebste) Kindheits- oder Jugenderinnerung?
Der Garten am Haus, in dem wir bis 1952 gewohnt haben. Er war ein Paradies, weil es dort Bäume gab, Pfirsichbäume, einen Kirschbaum, einen Riesenwalnußbaum und einen Apfelbaum mit Grafensteiner Äpfeln. Jedes von uns Kindern hatte ein eigenes Beet, das wir nach eigenen Wünschen bepflanzen und abernten konnten. Bei mir gab es meistens Radieschen und viele Blumen!

2. Wer oder was hat die Anfänge Ihres beruflichen Lebensweges entscheidend mitgeprägt?
Die Religionslehrerin in der Herderschule in der Oberstufe, Mechthild Winkler, die uns mit historisch-kritischer Theologie vertraut machte. Die Religionslehrerin der Mittelstufe, Dr. Else Köppe, die uns als verantwortliche Persönlichkeiten ernst nahm, nicht als dumme Schülerinnen betrachtete. Sie vermittelte z.B. soziale Praktika im Krankenhaus der Diakonissen.

Martin Niemöller, der erste Kirchenpräsident unserer Kirche, der in der Frankfurter Katharinenkirche predigte, den ich regelmäßig hörte, mit dem ich lange Jahre befreun-

det war. Und schließlich mein Lehrpfarrer in Dillenburg, Klaus-Peter Mücke, dem ich die Liebe zum Gemeindepfarramt verdanke.

3. Welches bedeutende Frankfurter Ereignis (welche Begegnung) hat sich besonders tief in Ihre Erinnerung eingegraben?
Oberbürgermeister Walter Kolb bei der Eröffnung des Kirchentags 1956 auf dem Römerberg vor der Kulisse der Trümmer der Altstadt. Theodor W. Adorno in meinem ersten Semester an der Frankfurter Universität.

4. Welcher Autor, Maler, Komponist, Politiker usw. hatte gehörigen Einfluß auf Ihre Arbeit?
Es waren sehr viele, die ich kaum alle nennen kann. Außerdem wechselte es; einige zur Auswahl: Johann Sebastian Bach, Marc Chagall, Willy Brandt, Rosa Luxemburg, Dietrich Bonhoeffer.

5. Mit welchen wichtigen Menschen sind Sie befreundet?
–

6. Welcher Typ Mensch ist Ihnen zuwider?
Intolerante, selbstbezogene, humorlose Menschen.

7. Welches Faktum war rückschauend ein besonders wichtiger Meilenstein/Wendepunkt in Ihrer „Karriere“?
Der Mut, eine außersynodale Opposition zu gründen, die später als „Gruppe offene Kirche“ anerkannt wurde.

8. Was ist von Ihren Wünschen unerfüllt geblieben oder mißlungen und warum?
Ich hätte gern mehr zur Bewußtseinsbildung der Region Rhein-Main erreicht.

9. Was finden Sie an Frankfurt liebenswert?
Es ist meine Heimatstadt, die ich mag in all ihren Widersprüchen, ihrer Großzügigkeit und Kleinkariertheit. Ich erlebe mich ihr sehr verwandt.

10. Was verdiente Ihren Tadel an Frankfurter Verhältnissen/Strukturen, an der Kommunalpolitik usw.?

Jede neue Stadtregierung tut so, als müßte sie das Rad neu erfinden, statt für Bürger und Bürgerinnen wirklich dazusein. Ich glaube nicht, daß auf Dauer die Eventkultur eine lebenswerte Zukunft hat. Ich glaube auch nicht an den Wert ausschließlich ökonomischer Gesetzmäßigkeiten. Deshalb bleibt der Schutz des Sonntags ein Thema. Und die Frage, wie mit Armen (Obdachlosen) in dieser Stadt umgegangen wird. Stichwort: Gefahrenabwehrverordnung, Bettler-freie Innenstadt usw.

11. Welche hier vergessene Frage hätten Sie gern (und wie?) beantwortet?

Mich beschäftigt seit langem die Frage der Beerdigungskultur im großstädtischen Raum, der Umgang mit Tod und Sterben, die Veränderung der Friedhöfe usw.

12. Haben Sie ein Lebensmotto, eine Arbeitsdevise?

Nein, aber es gibt biblische Texte, die mir wichtig sind:

- Psalm 31: Gott, du stellst meine Füße auf weiten Raum.

- Jesaja 40: Die auf Gott vertrauen, schöpfen neue Kraft, daß sie auffahren mit Flügeln wie Adler, daß sie laufen und nicht matt werden, daß sie wandeln und nicht müde werden.

- Matthäus 6: Sorget nicht, denn der morgige Tag wird für das Seine sorgen. Es reicht, daß jeder Tag seine eigene Plage hat.

Ingmar Zeisberg

Ingmar Zeisberg war im deutschen Nachkriegsfilm die Traumfrau aller Jahrgänge und Gesellschaftsschichten, vom Bauarbeiter bis zum Bankdirektor. Als schöne Helena des Kinos war sie Idol und Phantasma der Beglückungssehnsüchte in Männerphantasien. Die Magazine nannten sie mal „eine Mischung aus Ingrid Bergman, Kim Novak und Grace Kelly“, mal „halb Marilyn Monroe, halb Jayne Mansfield“. Wie diese fünf arg blonden Stars war damals auch Ingmar Zeisberg blond, machte aber keinen Gebrauch davon. Zwar bewundert sie mit ihren großen grünblauen Augen die eine oder andere der Hollywood-Heroinen, sie selber möchte aber mit deren keiner tauschen: Denn: „Ich bin ich!“ In ihren 80 Kino- und Fernsehfilmen war sie meistens nicht sie selbst, vielmehr identifizierte sie sich so sehr mit ihrer jeweiligen Rolle, daß der Zuschauer vergaß, daß sie Ingmar Zeisberg war.

Aber auch ein Star wie Ingmar Zeisberg hat einmal klein angefangen. Ingmar Muhe wurde 1933 in der Freien Stadt Danzig in ein gutbürgerliches Milieu eines Compagnon von Perus-Fotofilm hineingeboren. Ihren auch musisch gebildeten Eltern verdankt Ingmar ihr frühes Interesse an Kunst, die bis heute ihr Lebenselixier geblieben ist. Aus dieser behüteten Kindheit in einer an kulturellen Impulsen reichen alten Handelsmetropole an der Weichselmündung in die Ostsee hat sie der Hitlerkrieg jäh herausgerissen. Der Krieg begann am 1. September 1939 in unmittelbarer Nähe zur Danziger Bucht auf der Westernplatte, die das Kadettenschulschiff „Schleswig-Holstein“ nicht nur mit propagandistischem Kanonendonner befeuert hatte. Mit Hitlers folgenschwerem Satz „Seit 5 Uhr 45 wird zurückgeschossen!“ nahm der Untergang des „Dritten Reiches“ seinen schicksalhaften Lauf.

Inzwischen Witwe geworden, floh Mutter Muhe mit Tochter Ingmar über viele abenteuerliche Irrwege nach Dänemark, wo die beiden in einem erbärmlichen Internierungslager unter entwürdigenden Bedingungen zwei Jahre lang überlebten. Um ein Minimum an Selbstachtung und Lebensmut zu retten, hatten Optimisten in die große geistige Leere des Lagers eine Laienbühne gebaut. Auf improvisierten Brettern wollten sie mit Stücken wie Karl Theodor Körners Komödie *Der Nachtwächter* (1812) die Zukunftsangst besiegen. Hier spielte sie als Hosenrolle den Studenten Wachtel; den Text kann sie noch heute fließend auswendig. Backfisch Ingmar ist auf der Bühne je nachdem als „Sentimentale" oder als „Naive" mit ihrer schönen Präsenz auf einer Woge des Erfolgs geschwommen.

Nach Auflösung des Lagers 1946 nach Berlin verschlagen, ging ihre Hoffnung auf Schauspielunterricht verloren, weil sie für ihre kränkelnde Mutter und für sich selbst mit mehreren zeitraubenden Beschäftigungen den Lebensunterhalt verdienen mußte: Als teppichklopfende Putzfrau für 80 Pfennig die Stunde, als Serviererin bis spät in die Nacht, als Zeitungsbotin schon früh um fünf, als Bürohilfe. Nebenbei unternahm sie Hamsterfahrten übers Land, um sich und ihre Mutter zu ernähren. Jede Mark legte sie auf die hohe Kante, um sich doch noch den Traum zu erfüllen, auf einer Schauspielschule das Mimen-Handwerk zu erlernen. Schon damals hat sie große Energie und Ausdauer als ihre besonderen Eigenschaften erkennen lassen, die bis heute unverbraucht geblieben sind. 1950 bestand sie die Aufnahmeprüfung an der Max-Reinhardt-Schauspielschule des Deutschen Theaters, die später in Max-Reinhardt-Seminar umbenannt wird. Mit Auszeichnung absolvierte sie die Abschlußprüfung. Noch als Schauspielschülerin wollte sie Karl Paryla für ein Gastspiel nach Wien holen. Die schöne Elevin darf „die Schöne" der Walpurgisnacht im Goetheschen Faust spielen, immerhin in einer Inszenierung von Wolfgang Langhoff am Deutschen Theater. Für die jugendliche Idealistin bedeutete das Theater noch Existenzerhellung nicht nur für das Publikum, sondern vorzüglich auch für sich selber.

Weil sie die Mitgliedschaft in der FDJ ablehnte, erhielt sie in der DDR und in Ostberlin kein Engagement. Beim Vorsprechen auf verschiedenen Schauspielbühnen erwiesen sich aber wohl auch das schöne markante Gesicht mit hohen Wangen und sinnlichem Vollmund sowie die erotische Ausstrahlung eher als Hemmnis: Wer so gut aussah, konnte keine gute Verwandlungskünstlerin sein.

Die *Kölnische Rundschau* wußte dagegen immerhin ihr geschmeidiges Schreibtalent zu entdecken und engagierte sie als Redaktionsmitglied. Sie schrieb Theater- und Filmkritiken und Reportagen. Durch ihre journalistische Arbeit bekam sie Kontakt zum Norddeutschen Rundfunk, der damals noch NWDR hieß, und arbeitete als Partnerin von Paul Bildt im Hörspiel. Sie hat auch für Rolf Hädrich Drehbücher geschrieben, zum Beispiel 13 Folgen der *Waldenser Geschichten.* In ihren Drehbüchern zeigt ihre Phantasie unendlich viele Facetten, sie sind, ähnlich den Goldberg-Variationen, ein dicht gewobenes Netzwerk der Veränderungen und Eingebungen. Ihr Material sind die Wörter, die aber von den Akteuren mit Leben zu füllen sind. Ihre dunkle Stimme gefiel bald auch den TV-Leuten, die ihr in dem Fernsehspiel *Chiarevalle wird entdeckt* (1955) unter der Regie von Franz Peter Wirth neben Martin Benrath damit die Chance gaben, als schauspielerisches Talent entdeckt zu werden.

Als Ingmar Zeisberg im Auftrag der *Kölnischen Rundschau* den Produzenten Klaus von Stapenhorst interviewte, mochte er seinen Blick nicht von der aparten, reizvollen Reporterin wenden – und heiratete sie prompt. Um den Eindruck zu vermeiden, sie habe den erfolgreichen Produzenten nur geehelicht, um an große Rollen zu kommen, hat sie sich in fünfjähriger Ehe geweigert, in seinen Filmen auch nur den kleinsten Part zu übernehmen. Gleichwohl hat sie während dieser Ehe in zehn Filmen große Rollen gespielt: unter keinen Geringeren als den Regie-Assen Arthur Maria Rabenalt, Helmut Käutner und Geza von Cziffra. Schließlich avancierte sie zur Vertragsschauspielerin von „Constantin Film". Bei Proben erfand sie manchmal Rollen selber und wurde durch ihre originellen Einfälle ein Schrecken für die Drehbuchautoren.

Als Ingmar Zeisberg als Journalistin den legendären Regisseur der *Dreigroschenoper* (1931) G. W. Pabst interviewte, fand der prima vista so großes Gefallen an dieser „spröden, nordischen Schönheit", daß er ihr spontan eine Rolle in dem Film *Das Bekenntnis der Ina Kahr* (1954) anbot, über den sie eigentlich nur eine Reportage schreiben wollte. In diesem Kriminalfilm spielt sie die betrogene Gattin von Curd Jürgens. Als dessen Giftmörderin kann sie mit ihrer *bella figura* vor Gericht aber mildernde Umstände geltend machen. Noch nie habe sie „soviel Angst vor einer Aufgabe gehabt wie vor diesem Debüt", bekennt die Schauspielerin. Gleichwohl wurde sie als die große Entdeckung des deutschen Films gefeiert, von der man sich noch viel erhoffte. Ihr Filmdebüt war auch dank Günther Anders ein großer Erfolg, der sie mit der virtuosen Beherrschung seiner Kamera zur Leinwand-Göttin stilisierte. Ansonsten ist Pabst mit der Verfilmung dieses Dreigroschenromans weit unter das Niveau seiner Meisterwerke wie *Die freudlose Gasse* (1925) geraten.

Ihren Durchbruch schaffte Ingmar Zeisberg zwei Jahre später mit der Rolle der Hauserin Agnes an der Seite von Walter Richter in Heinz Pauls Heimatfilm *Wo der Wildbach rauscht* (1956). In alpenländischer Heimatidylle mit trotzigen Einödbauern, mit Raufereien und Totschlag ist Ingmar Zeisberg der schauspielerische Mittelpunkt dieses unsäglichen Schicksalsdramas. Auch der folgende zwischen Bergmassiven in Wolkennebel gehüllte Film läßt schon im Titel *Dort oben, wo die Alpen glühen* (1956) nichts Gutes ahnen. Allein der Zeisberg wegen strömen die Massen ins Dunkel des Kinos. Als ihr Double den Stunt als waghalsige Bergsteigerin vermasselte, weil sie schlicht schlapp machte, packte die hier herb und kühl agierende Zeisberg der Ehrgeiz: „Das mach' ich doch besser selber!" Und tatsächlich hat sie forsch den Sprung über die Klippe gewagt.

Abwechslungsreiche Kinounterhaltung bietet die italienisch-französische Koproduktion *Wolgaschiffer* (1958) nach einem Drehbuch immerhin von Damiani Damiano. Der hatte für Ingmar Zeisberg zwar nur eine kleinere Rolle geschrieben, diese bot ihr aber die Möglichkeit, ihre schauspielerische Bravour ins rechte Licht zu rücken. In *Für zwei Groschen Zärtlichkeit* (1957) gab Arthur Maria Rabenalt der Zeisberg Gelegenheit, alle Höhen- und Tiefenregister im Leben eines zur Prostitution gezwungenen Mädchens zu ziehen, ohne den Zuschauer gleich zum Voyeur zu machen. Die Komödie *Tante Wanda aus Uganda* (1957) von Geza von Cziffra, in der sie neben den Altvorderen Grete Weiser, Georg Thomalla und Rudolf Platte auftrat, fand als unsäglicher Klamauk keine Gnade vor der Kritik, und Ingmar Zeisberg hätte als Rezensentin diese Klamotte wohl auch selbst verrissen.

1958 lernt Ingmar Zeisberg den großen Starregisseur der DDR, Wolfgang Staudte kennen. Da zu dieser Zeit der westdeutsche Film mit seiner verbrauchten Ufa-Ästhetik im Koma lag, blieb es Wolfgang Staudte vorbehalten, mit *Die Mörder sind unter uns* (1946), *Rotation* (1948), *Der Untertan* (1951) oder *Rosen für den Staatsanwalt* (1959) auf Festivals die Ehre des deutschen Films zu retten. Alle seine Defa-Filme hatten im westdeutschen Kino ein begeistertes Publikum gefunden. Ihm gefällt die Zeisberg auf Anhieb so sehr, daß er sie nicht nur in seinem nächsten Film *Kanonenserenade* (1958) für die Hauptrolle besetzt, sondern auch im wirklichen Leben. Die Ehe dieses merkwürdig gegensätzlichen Paares hielt gleichwohl sechs Jahre, schließlich haben die beiden unverbesserlichen Individualisten auch außerhalb des Filmgeschäfts für notwendige tägliche Spannung gesorgt.

In *Kanonenserenade* erleben wir mit Vittorio de Sica eine burleske Satire auf einen Hurrapatriotismus typisch italienischer Provenienz. Mit einer hinfälligen Bordkanone wollen die „Helden" britische U-Boote auf die Sandbänke des Mittelmeeres schicken. Ingmar Zeisberg zeigt hier, daß sie auch skurrile Charakterrollen überzeugend spielen kann. Eine unvergeßliche Szene ist jene mit Vittorio de Sica, der mit militärischem Gruß zwischen lauter schwimmenden Kohlköpfen in den Fluten der Adria dorthin versinkt, wo es laut Kafka „kein Wohnrecht im Grabe" gibt. *Kanonenserenade* ist übrigens der einzige Film geblieben, den Zeisberg unter Staudtes Regie gedreht hat.

Die Staudtes residierten in Berlin-Dahlem in einer geräumigen Villa aus der Gründerzeit, die genügend Platz für ihre häufigen Partys ließ. An Ingmars 30. Geburtstag ließen sich vor allem Regisseure in ihrer aufregenden Aura nieder: Helmut Käutner, Axel von Ambesser, Rolf Hädrich, Helmut Wildt, aber auch Hollywoodstars wie Ann Smyrner oder Lex Barker sowie eine ganze Phalanx von Mimen, Tänzern, Kameraleuten. Politiker hat hier niemand vermißt. Als natürlicher Mittelpunkt fühlte sich Ingmar in der Rolle der Gastgeberin sichtlich wohl. Nicht nur ihre elegante Erscheinung empfanden die Gäste als Augenweide, mit der gewinnenden Wärme ihrer sonoren sinnlichen Stimme ließ sie bei manchem die Eiswürfel im Whiskyglas schmelzen.

Auch Helmut Käutner hat Ingmar Zeisberg lange umgarnt, bis sie ihm für eine Rolle in *Schwarzer Kies* (1961) den Zuschlag gab. Obwohl Käutner mit dieser düsteren Moritat nicht an seine großen Filme *Unter den Brücken* oder *In jenen Tagen* anknüpfen konnte, imponierten doch die schauspielerischen Leistungen insbesondere von Ingmar Zeisberg und Helmut Wildt als Liebespaar, das sich in einen Schwarzmarkthandel mit geklautem Kies tödlich verstrickt.

Zwischen den enervierenden Drehs am Set gönnt sich Ingmar Zeisberg längere Ruhepausen für eigenschöpferische Arbeiten: Mit Intelligenz und Phantasie schreibt sie Drehbücher, eines nach dem anderen. Nach ihren ersten erfolgreichen TV-Drehbüchern wagt sich die Autorin an eine 13teilige populäre TV-Familienserie, *Fragen Sie Sibylle*, wobei ihre eigenen Erfahrungen in anderen Fernseh-Formaten hilfreich sind. Auch ihre acht Drehbücher zur Serie *Unser Sohn Nicki* mit Margot Trooger steigert die Quote des WDR.

Nach ihren ersten Fernsehfilmen *Ich fand Julia Harrington* (1960) mit Lil Dagover und *Ruf zur Leidenschaft* (1961) ist sie nur noch selten in Kinofilmen zu bewundern. Wer sie in Spielfilmen wie *Schlachtvieh* (1962), *Das Unheil* (1972) oder *Der Madonna-Mann* (1987), im letzteren neben Marius Müller-Westernhagen, bewundert hat, wird das bedauern.

In dem Drama *Biographie* von Max Frisch, in *Das Schloß* nach Kafka unter der Regie von Sylvien d'Homme, in *Von Menschen und Mäusen* (Steinberg), in *Wassa Schelesnowa* mit Therese Giese (Regie: Egon Monk) und in *Haben* von Julius Hay hatte sie triumphale Erfolge als Hauptdarstellerin. Ja, für *Haben* bekam sie sogar bessere Kritiken als die große Giese.

Viele kennen heute Ingmar Zeisbergs Kinofilme nicht mehr, die jüngere Generation hat aber noch ihre Fernsehfilme in bester Erinnerung. Zum Beispiel ihren Durbridge-Dreiteiler *Wie der Blitz* (1970) erinnert jeder, der sie in dieser atemberaubenden Krimi-Serie in der Rolle der Diana Steward lächeln sah. Der Dreiteiler mit Ingmar Zeisberg *at her best* wurde zum Straßenfeger. *BILD*: „Magisch!" In den siebziger und achtziger Jahren erlebten Millionen von Fernsehzuschauern eine schön gereifte Zeisberg in vielen spannenden *Tatort*-Krimis wie *Zwei Flugkarten nach Rio* (1976), *Der King* (1979) oder als Ursula von Lieth in *Schattenboxen* (1981). Ihr schön distanzierter erotischer Auftritt als Frau Franziskus in der *Tatort*-Folge *Rikki* (1990) blieb leider ihr letzter.

80 Kinofilme und Fernsehauftritte ergeben zwar eine beeindrukkende Menge Zelluloid und Magnetband, es hätten aber noch viel mehr Rollen sein können, hätte Zeisberg nicht immer wieder auch verlockende Angebote abgelehnt. Entweder hat sie gepaßt, weil sie dem Gesetz der Serie mißtraute, oder weil ihr das Privatleben mehr bedeutete als Ruhm am laufenden Filmband, weil ihr Mann ihr wichtiger war als alle Männer auf der Leinwand. Als der berühmte Bühnenregisseur Rudolf Noelte die Zeisberg mit der Hauptrolle in der *Wildente* an der Berliner Volksbühne besetzen wollte, hat sie blindlings abgesagt. „Ist die verrückt geworden? Nur weil sie ihren Mann nicht allein lassen will?" Ihr Mann, das ist seit über 30 Jahren Albert Speer, einer der großartigsten Menschen, denen ich begegnet bin. Ein Genie als Städteplaner – und das nicht nur im saudi-arabischen Riad und in Shanghai, dieser Megastadt im Aufbruch, der er eine neue Infrastruktur gibt. Das

berühmte Paar wohnt sympathisch bescheiden in einer Etagenwohnung auf dem Frankfurter Lerchesberg.

Meine nachhaltige Beziehung zu Albert Speer verdanke ich Ingmar Zeisberg, die ich bis 1982 nicht persönlich kannte. Um so mehr hat mich ihr Anruf elektrisiert, aus heiterem Himmel verlangte am anderen Ende der Leitung die warmherzige Stimme der von mir im Film bewunderten Ingmar Zeisberg, mich zu sprechen. Ohne Federlesens fragte sie mich unverblümt, im Tonfall einer Löwin, die ihren Löwen beschirmt: „Was haben Sie gegen meinen Mann?" – „Nicht das Geringste, wieso?" – „Weil Sie ihn heute in der Zeitung so angreifen." Tatsächlich waren wir in einer bestimmten Frage hinsichtlich des Museumsufers unterschiedlicher Meinung. Am Ende nahm das Gespräch eine versöhnliche Wendung mit einer Einladung in ihren geliebten „Alten Haferkasten", wo ich mit Ingmar, dem „Goldkind in der Mitten", und Albert Speer bei einem italienischen Rotwein schließlich Freundschaft schloß. Das eben ist Ingmar auch: ein charmantes Medium der Vermittlung. Wen alles hat sie nicht schon mit wem versöhnt oder gar verbandelt.

Ingmar hält nichts von flüchtigen Liebesromanzen. Sooft (oder so selten) sie in einen Mann verliebt war, hat sie ihn entweder gleich geheiratet oder auf das verzichtet, was vielleicht nichts als eine schöne Erinnerung geblieben wäre. So hat sie lieber fünfmal das Standesamt gestürmt, um ihre Lieben zu legalisieren. Ihr fünfter Ehemann, Albert Speer, ist ihre letzte große Liebe, die nun schon 34 Jahre währt und immer noch als vorbildlich glücklich gilt. Ingmars erster Mann, Rolf Zeisberg, war Jazzpianist. Ihr zweiter Mann, Klaus von Stapenhorst, war Filmproduzent, ihr dritter und vierter Mann, Wolfgang Staudte und Rolf Hädrich, waren Regisseure. Gleichwohl verdankt sie ihre Karriere nicht den drei Filmemachern, sondern allein ihrer soliden schauspielerischen Ausbildung, ihrem gottgegebenen Talent, ihrer Selbstdisziplin und natürlich ihrer ungeschminkten Schönheit und ihrem spröden Charme, ja – und natürlich ihrer Aura. Wo sie privat den Raum betritt, ist sie einfach da. Wenn sie auf der Bühne erscheint, knistert's im Parkett. Als Ingmar Zeisberg in den fünfziger Jahren erstmals in Berlin aufkreuzte, war sie „die aufregendste Blondine, die je über die Weichsel schwamm", erinnert sich Filmmogul Will Tremper.

Ingmar Zeisbergs liebster Ort ist das selbstgewählte Abseits fern von eitlem Partyrummel und glamourösen Galagetöse. Am liebsten ist sie mit ihrem Albert allein in ihrem idyllischen Refugium oder zusammen mit engen Freunden wie den Fests in ihrer arkadischen Sommerwelt am Riegsee bei Murnau. Das flüchtige Dasein als Star schrumpft hier zur unsentimentalen Erinnerung. Sooft sie sich aber in einem ihrer eigenen Lieblingsfilme auf dem Bildschirm spielen sieht, sprudeln Geschichten, Anekdoten, Petitessen und diskrete Andeutungen nur so aus ihr heraus. Vom Anlegesteg schwimmt Ingmar täglich die lange Strecke bis zum anderen Ufer und zurück. So hält sie sich auch im siebzigsten Lebensjahr schlank und rank und geistig fit. Ich durfte dort winters einmal vier Wochen in Klausur Texte schreiben. Der Geruch flackernder Holzscheite in einem riesigen Kamin sorgte für ein inspirierendes Aroma. Gelegentlich schaut ein berühmter Nachbar über den Zaun, der Schauspieler Siegfried Rauch, der dort mit Gattin Karin wohnt.

„Liebe ist ein Wort mit fünf Buchstaben, und jeder versteht etwas anderes darunter", weiß sie zusammenfassend ihre fünf Ehen auf den Punkt zu bringen. Ingmar Zeisberg legt Wert auf die Feststellung, daß sie ihre ersten vier Ehemänner verlassen hat, ohne auch nur eine Mark mitzunehmen. Ingmar hatte immer das moralische Format, buchstäblich sich selber abzufinden.

Als Albert und ich im „Grünen Baum" in Neu-Isenburg mit Ingmar ihren Fragenbogen durchgingen, war uns ihre beherzte Verteidigung ihrer Ansichten ein sympathisches Beispiel dafür, daß Frauen den Männern wohl ein schönes ewiges Rätsel bleiben müssen.

Fragebogen

1. Ihre nachhaltigste (oder liebste) Kindheits- oder Jugenderinnerung?
Krieg und Internierungslager.

2. Wer oder was hat die Anfänge Ihres beruflichen Lebensweges entscheidend mitgeprägt?
Das Überlebenmüssen.

3. Welches bedeutende Frankfurter Ereignis (welche Begegnung) hat sich besonders tief in Ihre Erinnerung eingegraben?
Keines.

4. Welcher Autor, Maler, Komponist, Politiker usw. hatte gehörigen Einfluß auf Ihre Arbeit?
Ludwig Marcuse: *Nachruf auf mich selbst.*

5. Mit welchen wichtigen Menschen sind Sie befreundet?
Ich unterscheide Menschen nicht in wichtige und unwichtige.

6. Welcher Typ Mensch ist Ihnen zuwider?
Alle, durch die die Armen noch ärmer und beschissener dran sind.

7. Welches Faktum war rückschauend ein besonders wichtiger Meilenstein/Wendepunkt in Ihrer „Karriere"?
Keines, ich hasse das Wort „Karriere".

8. Was ist von Ihren Wünschen unerfüllt geblieben oder mißlungen und warum?
–

9. Was finden Sie an Frankfurt liebenswert?
Die kleinen Läden um den Schweizer Platz (Bio Kaiser, Käse Becker und Reformhaus Fink).

10. Was verdiente Ihren Tadel an Frankfurter Verhältnissen/Strukturen, an der Kommunalpolitik usw.?
Ich bin froh, daß Politiker wie Hauff keine Verantwortung mehr haben, und ich wünschte mir, daß Cohn-Bendit bestimmend dabei wäre.

11. Welche hier vergessene Frage hätten Sie gern (und wie?) beantwortet?
Keine.

12. Haben Sie ein Lebensmotto, eine Arbeitsdevise?
Wer spricht von Siegen – Überstehen ist alles.

Literaturverzeichnis

Adorno, Theodor W.: *Prismen. Kulturkritik und Gesellschaft.* Frankfurt am Main: Suhrkamp Verlag 1955

Auffermann, Verena: *Wie spät ist es?* In: Süddeutsche Zeitung, 9. April 1996

Baumgartl, Annette: *Fragmente einer Liebe.* In: Eva Demski: Bilder und Schriften. Begleitheft zur Ausstellung der Stadt- und Universitätsbibliothek Frankfurt a. M., 13. Januar bis 26. Februar 1999. Frankfurt am Main 1999

Baer-Bogenschütz, Dorothee: *Odysseus aus Stahl.* In: Frankfurter Rundschau, 20. November 1987

Börchers, Sabine: *Müßiggang ist ihr ein echter Greuel.* In: Frankfurter Neue Presse, 15. April 2006

Börchers, Sabine: *Nicht ohne meine Töchter.* In: Frankfurter Neue Presse, 2. Dezember 2005

Brecht-Levy, Angelika: *Die Leidenschaften einer Archivarin.* In: Frankfurter Neue Presse, 1. Dezember 1999

Demski, Eva: Nachwort zu *Das Höllentor. Bericht einer Überlebenden* von Anja Lundholm, Reinbek bei Hamburg: Rowohlt Verlag 1988

Demski, Eva: *Sumsemann und ehrbare Dirne.* Theater Regensburg 2005

Engelmeier, Peter W.: *Das Glück der Erde – Der Schafhof in Kronberg.* München: Prestel 2005

Fischer, Peter: *Frankfurts First Lady.* Frankfurt am Main: Societäts-Verlag 2005

Göpfert, Claus-Jürgen: *Die Linke und die Schönheit.* In: Frankfurter Rundschau, 24. Mai 2006

Hap, Frauke: *007 als erotischer Entwicklungshelfer.* In: Frankfurter Rundschau, 16. August 2003

Hierholzer, Michael: *Abort und Verklärung.* In: Frankfurter Allgemeine Zeitung, 27. September 2005

Hierholzer, Michael: *Mythos und Milchstraße.* In: Frankfurter Allgemeine Zeitung, 17. März 2006

Hildebrandt, Irma: *Tun wir den nächsten Schritt.* München: Diederichs/Hugendubel 2000

Höbel, Wolfgang: *Wunderbarer Minister.* In: Der Spiegel, Nr. 46, 15. November 1995

Hoffmann, Hilmar: *Erinnerungen.* Frankfurt am Main: Suhrkamp Taschenbuch Verlag 2003

Hoffmann, Hilmar: *Die großen Frankfurter.* Frankfurt am Main: Societäts-Verlag 2004

Holler, Ulrike: *Wir werden sie vermissen.* In: Evangelische Kirche intern, Nr. 4, April 2006

Kaaden, Stefan: *Entzauberte Elefanten. Elisabeth Schweeger und die Presse.* Ludwig-Maximilians-Universität München, Institut für Theaterwissenschaft, WS 1999/2000, http://www.stud.uni-muenchen.de/~stefan.kaaden/sucher.htm

Kocian, Erich: *Hannelore muß zurück auf die Schulbank.* In: Berliner Morgenpost, 6. Dezember 1968

Lohmann, Hans-Martin: *Starke Männer, friedfertige Frauen.* In: Süddeutsche Zeitung, 17. Juli 1997

Lückemeier, Peter: *Frankfurter Gesichter.* In: Frankfurter Allgemeine Zeitung, 22. Juli 2006

Maier, Andreas: *Ewiger Wäldchestag.* In: Frankfurter Allgemeine Zeitung, 6. Juni 2006

Manes, Philipp: *„Als ob's ein Leben wär“.* Berlin: Ullstein Verlag 2005

Mick, Günter: *Das Gemeinwohl als Maxime.* In: Frankfurter Allgemeine Zeitung, 6. September 2004

Mitscherlich, Margarete: *Autobiografie und Lebenswerk einer Psychoanalytikerin.* Wien: Picus Verlag 2005

Pohl, Kitty: S*ie gibt gern richtig Gas.* In: BILD, 21. Januar 2006

Rohde, Gerhard: *Die Gesellschaft auf dem Dachboden.* In: Frankfurter Allgemeine Zeitung, 4. Oktober 1995

Scholz, Dieter David: *„Kindertrompete“ und Lolita. Der letzten noch aktiven Neubayreuther Tragödin, Anja Silja, zum 65. Geburtstag.* http://www.dieter-david-scholz.de/dieter_david_scholz_portraits_silja.htm

Spiegel, Hubert: *König Lear auf der Heide.* In: Frankfurter Allgemeine Zeitung, 20. April 2000

Stadelmeier, Gerhard: *Frau Mode.* In: Frankfurter Allgemeine Zeitung, 14. Februar 2000

Stedenbiedel, Christian: *„Ham er se? – Hurra mer hamse!“* In: Frankfurter Allgemeine Zeitung, 30. Oktober 2005

Toepfer, Stefan: *„Die Kirchen sind an manchen Stellen kleinkariert“.* In: Frankfurter Allgemeine Zeitung, Mitte April 2006

Tremper, Will: *Kohl und Zeisberg.* Welt am Sonntag, 11. Februar 1979

Weiss, Christina: *Hommage an den Menschen in Bedrängnis.* In: Katalog der Galerie Monika Beck, Homburg an der Saar 1988

Zeisberg, Ingmar: *Um Kopf und Kragen.* Drehbuch zur vierten Folge der „Waldenser Geschichten“. Neue Filmproduktion GmbH